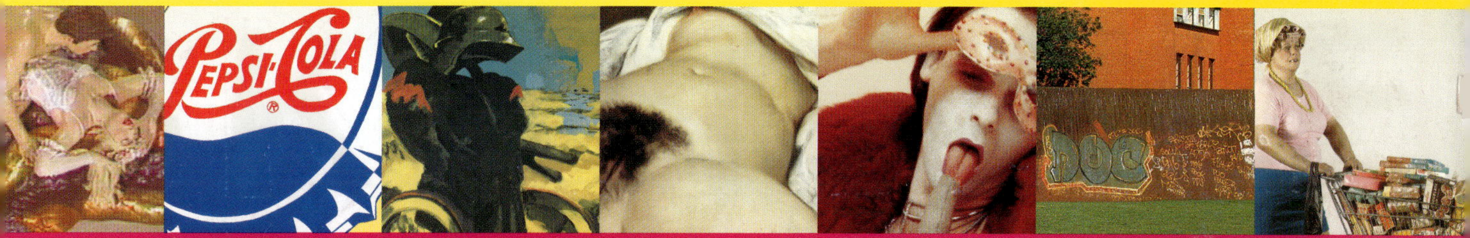

ÜBER SPONTANE ABLEHNUNG
UND NACHTRÄGLICHE ANERKENNUNG,

HEINZ PETER
SCHWERFEL

KUNST-

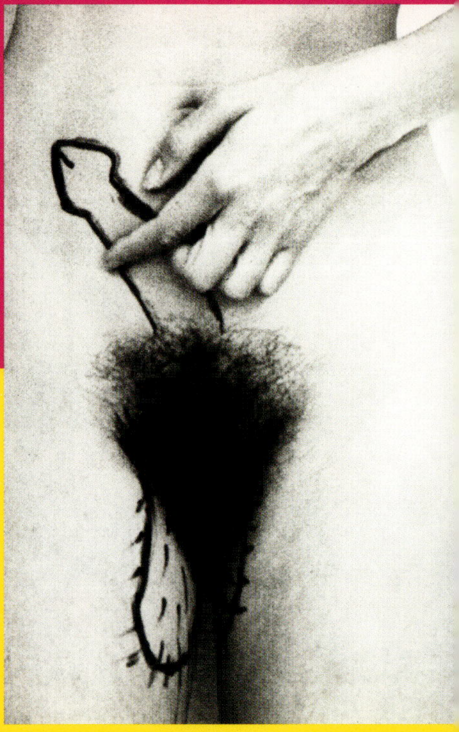

ÜBER TABU UND SKANDAL, VERDAMMUNG UND VEREHRUNG ZEITGENÖSSISCHER KUNST

DUMONT

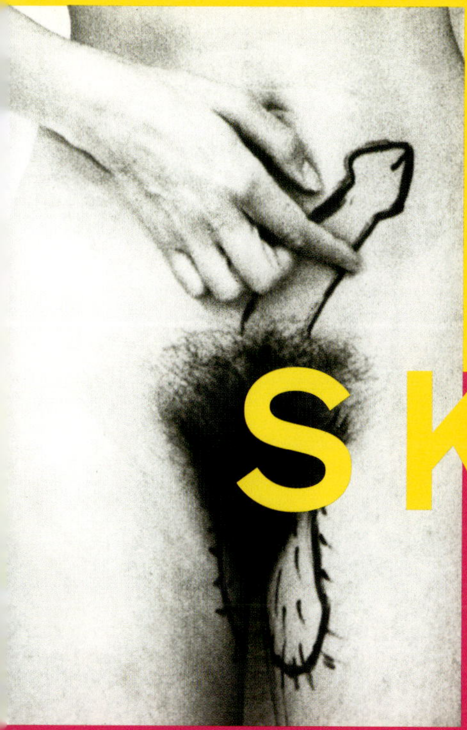

SKANDALE

Annette Messager,
»La Femme-Homme«

inhalt

vorwort: vom wunder der kunst

Megaloponera foetens muss ein Wunder sein. Oder wie darf man ein Phänomen nennen, das keine Wissenschaft zu klären vermag?

Die zur Familie der Roten Ameisen zählende Megaloponera wohnt in den tropischen Regenwäldern Westafrikas. Neben ihrem außergewöhnlichen Gestank zeichnet sie sich durch eine helle, durchdringende Stimme aus, einem Kinderschrei nicht unähnlich. Aber nicht Stimme oder Odorat machen die Megaloponera zu einem Wunder, sondern ihr Verhalten: Nach ausgiebigem Verzehr von Sporen eines nicht weiter bekannten Pilzes vom Stamme der Tomentella – die Eingeborenen Westafrikas verwenden seine Blüten als Heilmittel – klimmt die normalerweise auf dem Waldboden krabbelnde Stinkameise Megaloponera plötzlich auf hohe und höchste Farne, klammert sich mit ihren Zangen an deren Spitze fest und wartet dort, allem Irdischen enthoben.

Was bringt einen so winzigen Erdbewohner dazu, unbezwingbar geglaubte Gipfel zu ersteigen? Und worauf wartet Megaloponera foetens, an ihren Farn geklammert?

Die Sporen der Tomentella, so haben Biologen entdeckt, gelangen über den Blutkreislauf ins Gehirn der Ameise, setzen sich dort fest und fressen langsam die Hirnzellen auf. Das erzeugt bei der Megalopona Verhaltensstörungen – sie klettert scheinbar unmotiviert auf Farne und verharrt dort in Wartestellung. Aus ihrem Kopf wird nach knapp zwei Wochen ein dornähnliches Gebilde wachsen, das sich bald zu einer auffällig schönen, farbenprächtigen Blüte öffnet – der Blüte des Pilzes vom Stamme der Tomentella.

Megaloponera foetens klettert also in luftige, schwindelerregende Höhen, um zu erblühen und um ihre Blüte weithin zu zeigen. Aus dieser regnen Tausende von Sporen herab auf den Waldboden – um dort von hungrigen Stinkameisen gefressen zu werden.

Megaloponera fasziniert, weil sie uns so ähnlich ist in ihrem halb tragischen, halb glorreichen Schicksal. Sie hält uns einen Spiegel vor, sie ist ein Kunstwerk. Denn die Stinkameise mit der durchdringenden Kinderstimme gibt es nicht, sie existiert lediglich als winziges Modell, und zwar in Los Angeles, im Museum of Jurassic Technology. Der angebliche Bewohner der westafrikanischen Regenwälder ist in Wirklichkeit ein frei erfundenes, aber absolut glaubhaftes Beispiel für Gehorsam wider Willen – ein Lebewesen, das scheinbar aus freien Stücken zum Träger von Killerzellen wird, die das Überleben des eigenen Mörders garantieren. Eine für das Individuum nicht erkennbare Kraft der Natur, des Metasystems jeglicher Form von Gesellschaft, treibt jenes Individuum in ungeahnte Höhen, nämlich auf die Palme – oder den Farn. Dort oben hat die Stinkameise, haben wir, den absoluten Überblick, wir sehen und werden gesehen, wie wir Blüten treiben – doch anstatt diesen artfremden Augenblick zu genießen, warten wir apathisch aufs Sterben.

Lassen wir die Metaphysik aus dem Spiel. Gäbe es das Museum of Jurassic Technology nicht, könnten wir nicht die Geschichte der Stinkameise, und unserer eigenen Existenz, erzählen. Mit einem kleinen Trick, nämlich einer Lüge, schafft es die Kunst, unbewusste gesellschaftliche Verhaltensweisen deutlich zu machen. Ist das zu weit hergeholt als Vorwort für die faszinierende Geschichte der Kunst als Tabubrecher? Manchem Leser werden der tödliche Farn und die zeitgenössische Kunst zu hoch sein. Andere werden dem Autor seine Parteilichkeit nicht verzeihen, sie werden anstelle gewollter Subjektivität auf historische Vollständigkeit und wissenschaftliche Beweisführung pochen. Trotzdem hoffe ich, die Lektüre dieses Buches hilft möglichst vielen Kunstinteressierten zu verstehen, wie viel Mühen die Künstler manchmal aufwenden, um uns liberale, bürgerliche oder einfach faule Stinkameisen endlich auf die Palme zu treiben.

Heinz Peter Schwerfel

made in heaven: kunst und sex

**Jeff Koons,
Carolee Schneemann,
Chris Ofili,
Robert Mapplethorpe,
Andres Serrano,
Annette Messager,
Louise Bourgeois
und andere**

Constantin Brancusi, »Princesse X«, 1916

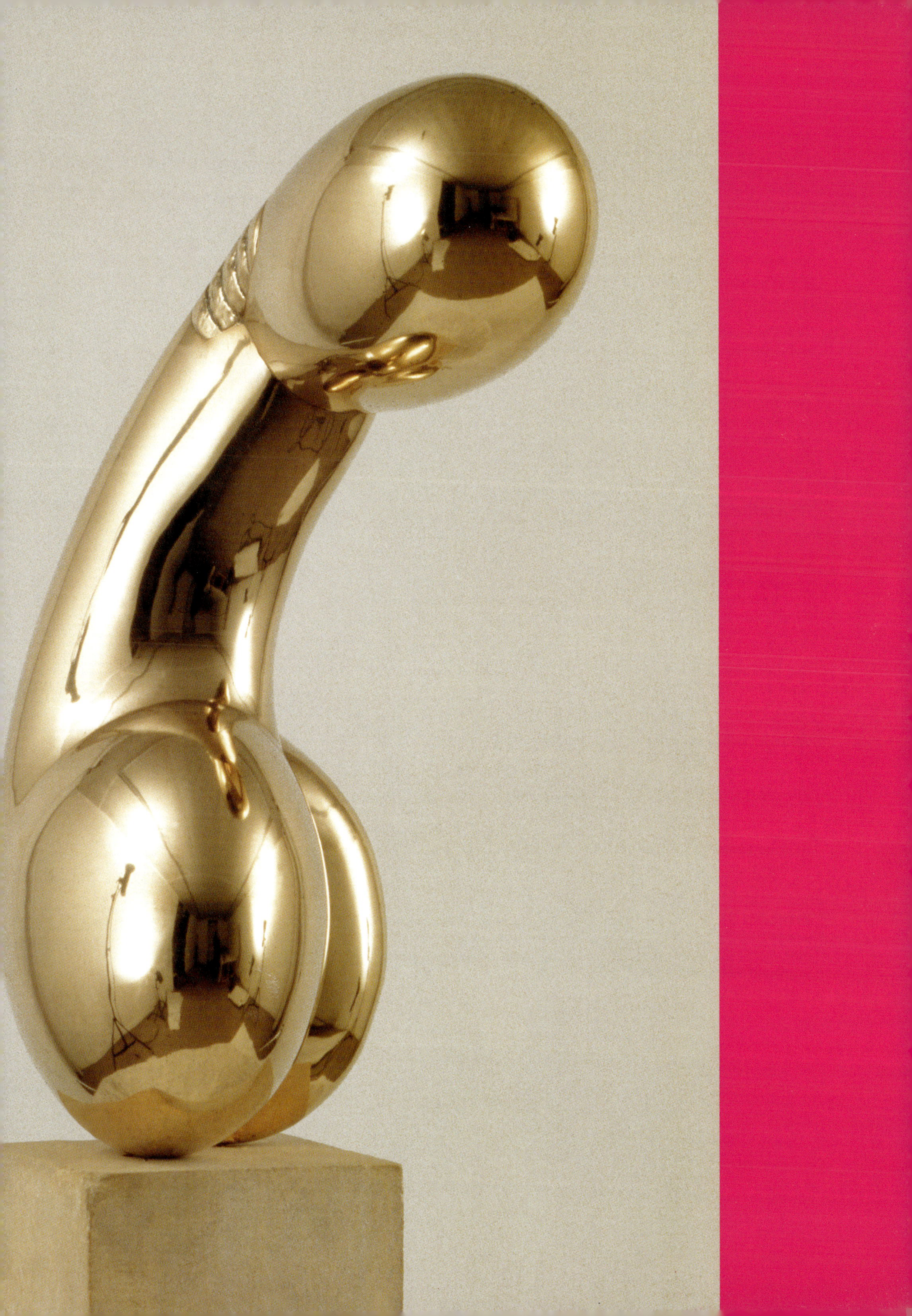

Chronique scandaleuse

1999
New Yorks Bürgermeister Rudolph Giuliani will die Ausstellung »Sensation« im Brooklyn Museum schließen lassen, weil der farbige, britische Turner-Preisträger Chris Ofili eine gemalte Madonna mit Pornofotos und afrikanischem Elefantendung schmückt und damit die sittlichen und religiösen Gefühle der gläubigen Katholiken verletzt habe

1993
Im New Yorker Metropolitan Museum wird eine Retrospektive des britischen Malers Lucian Freud wegen eines vollschlanken Akts zensiert

1990
Jeff Koons zeigt erst auf der Biennale von Venedig und dann in drei Galerien explizite Sex-Szenen mit seiner Verlobten Ilona Staller alias Cicciolina

1990
Der Direktor des Cincinnati Kunstmuseums, der eine Wanderausstellung von Robert Mapplethorpe zeigt, wird vor Gericht gestellt. In Washington wird die geplante Schau storniert, London zieht lediglich das Foto »Honey« zurück

1980
Robert Mapplethorpe fotografiert den »Man in Polyester Suit«

1975
Harald Szeemann illustriert u.a. in Düsseldorf und Paris mit der Ausstellung »Junggesellenmaschinen« Thesen des Autors Michel Carrouges von 1954 und beschwört den Mythos der Mechanik von Masturbation in Literatur und Kunst, von Edgar Allen Poe und Franz Kafka bis Marcel Duchamp

1967
Die Cellistin Charlotte Moorman wird in New York bei der Aufführung von Nam June Paiks »Opéra sextronique« verhaftet

1961
William Copley malt die »Capella Sextina«

1954
Francis Bacon malt das Bild »Two Figures«, das bald darauf verboten wird

1934
Balthus versteckt in Paris sein Gemälde »La leçon de guitare« hinter einem Vorhang

1922
Brancusis Skulptur »Princesse X« wird erst vom Salon verdammt, dann wieder aufgenommen. Sie zeigt einen marmornen Phallus. Der Titel ist eine ironische Hommage Brancusis an Prinzessin Bonaparte, die als erste Sigmund Freud ins Französische übersetzt hat

Venedig, in einer warmen Juninacht des Jahres 1990. Ilona Staller hat Sex. Nicht beruflich, rein privat. Im Granhotel Danieli. Ilona liebt in jener Nacht nicht irgendjemand, sie liebt ihren Verlobten. Der allerdings versteht besagten Liebesakt durchaus als Arbeit. »Das Interessante an der Zusammenarbeit mit meiner Verlobten ist, dass wir uns gegenseitig beschenken. Sie schenkt mir ihre Popularität, denn in Europa ist sie so populär, dass sie auf der Straße unentwegt gegrüßt wird und Hände schütteln muss. Ich dagegen schenke ihr das gebildete, höhere Publikum.«

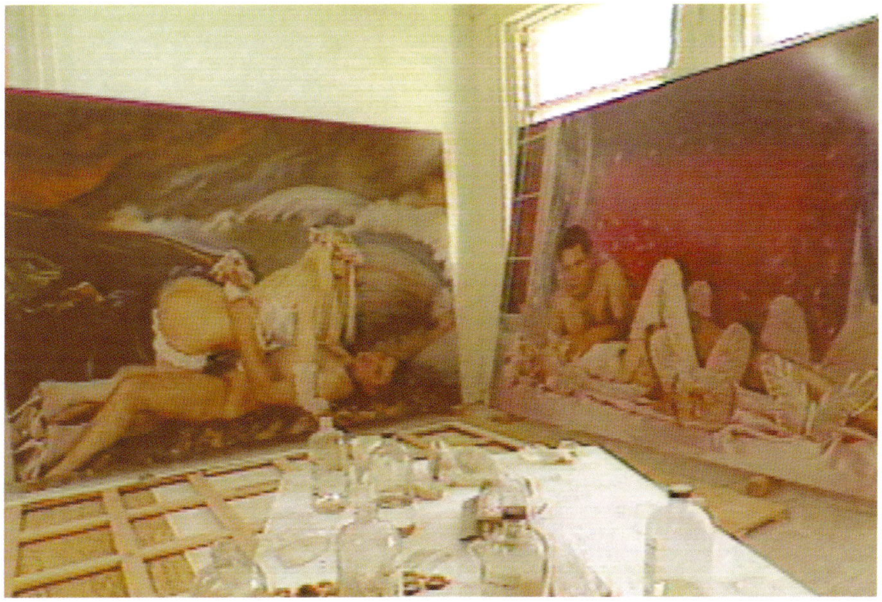

Das Atelier von Jeff Koons am New Yorker Broadway (Videostill)

Zusammenarbeit? Publikum? Ilonas künftiger Gatte kommt aus New York und ist Künstler. Seit Jeff Koons Ilona kennt, treibt er Bodybuilding. Wöchentlich viermal kommt ein Privattrainer in das kleine Stadthaus nahe Washington Square und peitscht Koons durch die Geräte. Der Künstler will gut aussehen, wenn er seine künftige Frau liebt: harte Bauchmuskeln, breite Schultern, Nackenwulst. Alles, was man sich so antrainieren kann. Er will mithalten können mit Ilonas Filmpartnern, wenn er den berühmtesten Pornostar der Welt zum Kunstwerk macht.

Jeff Koons ist im Jahre 1990 nicht irgendein Künstler, er ist ein Star, die Antwort der New Yorker Kunstszene auf die jungen deutschen Wilden. Innerhalb eines Jahrzehnts brachte es der 1955 in Pennsylvania geborene Koons vom Anwerber des New Yorker MoMA, der am Haupteingang um Spenden bittet, zu Amerikas bekanntestem Künstler seiner Generation. Er ist die Inkarnation der achtziger Jahre, kulturelle Variante des Reaganismus, künstlerisches Pendant zu den Golden Boys,

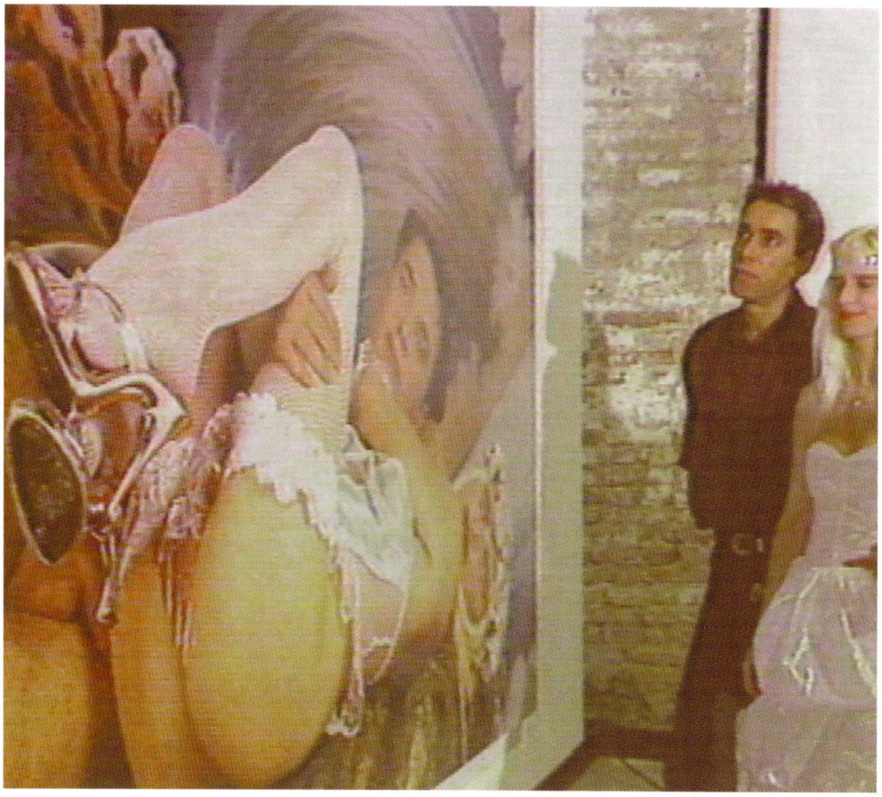

Koons und Cicciolina auf der Biennale von Venedig, 1990 (Videostill)

die dank Werbeindustrie oder Wall Street zu schnellen Dollars kommen. Längst kämpft das MoMA darum, ein Schlüsselwerk seines ehemaligen festen Freien zu erwerben: den *Bunny*, einen in Dreierauflage in Edelstahl gegossenen Playboy-Hasen. Der Londoner Sammler Saatchi soll einen *Bunny* zum Verkauf bieten, für rund eine Million Dollar. Vermutet New Yorks wichtigster Galerist, Leo Castelli, der Koons schätzt, aber nicht ausstellt, und selbst eine Spielzeugeisenbahn aus Edelstahl von ihm besitzt.

Koons verherrlicht, verballhornt, vergoldet in seiner Kunst das Kind im Manne. Und die Naivität der amerikanischen Konsumgesellschaft. Er lässt Inkunabeln des volkstümlichen Geschmacks teuer nachbauen, etwa Michael Jackson oder den Rosaroten Panther. In Porzellan. Den Durchbruch schafft er 1979 mit antiquarisch präsentierten Alltagsrelikten: Staubsauger, wie maschinelle Lungen in gläsernen Vitrinen präsentiert. Eine Plakatkampagne zeigt ihn wenige Jahre später beim luxuriösen Nichtstun, eine andere beim Unterricht an der Schultafel. Koons doziert Ausbeutung. Privat investiert er in eine Werbeagentur, verehrt Pop-Künstler Andy Warhol und den französischen Soziologen Jean Baudrillard, den er im Text nie gelesen hat. Trotzdem beruft er sich auf die Baudrillard'sche Simulationstheorie, derzufolge in der postmodernen

Jeff Koons,
»Pink Panther«, 1988

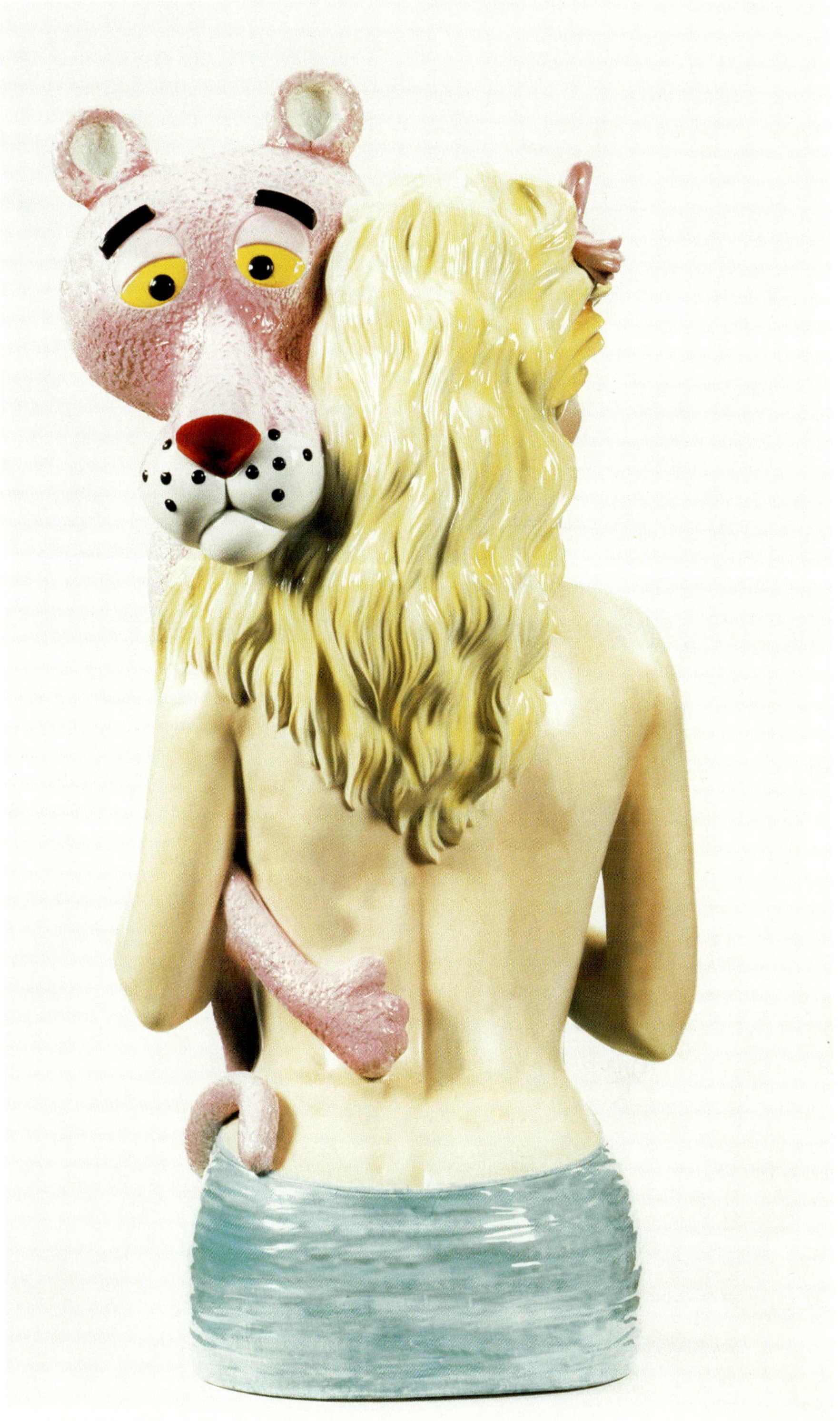

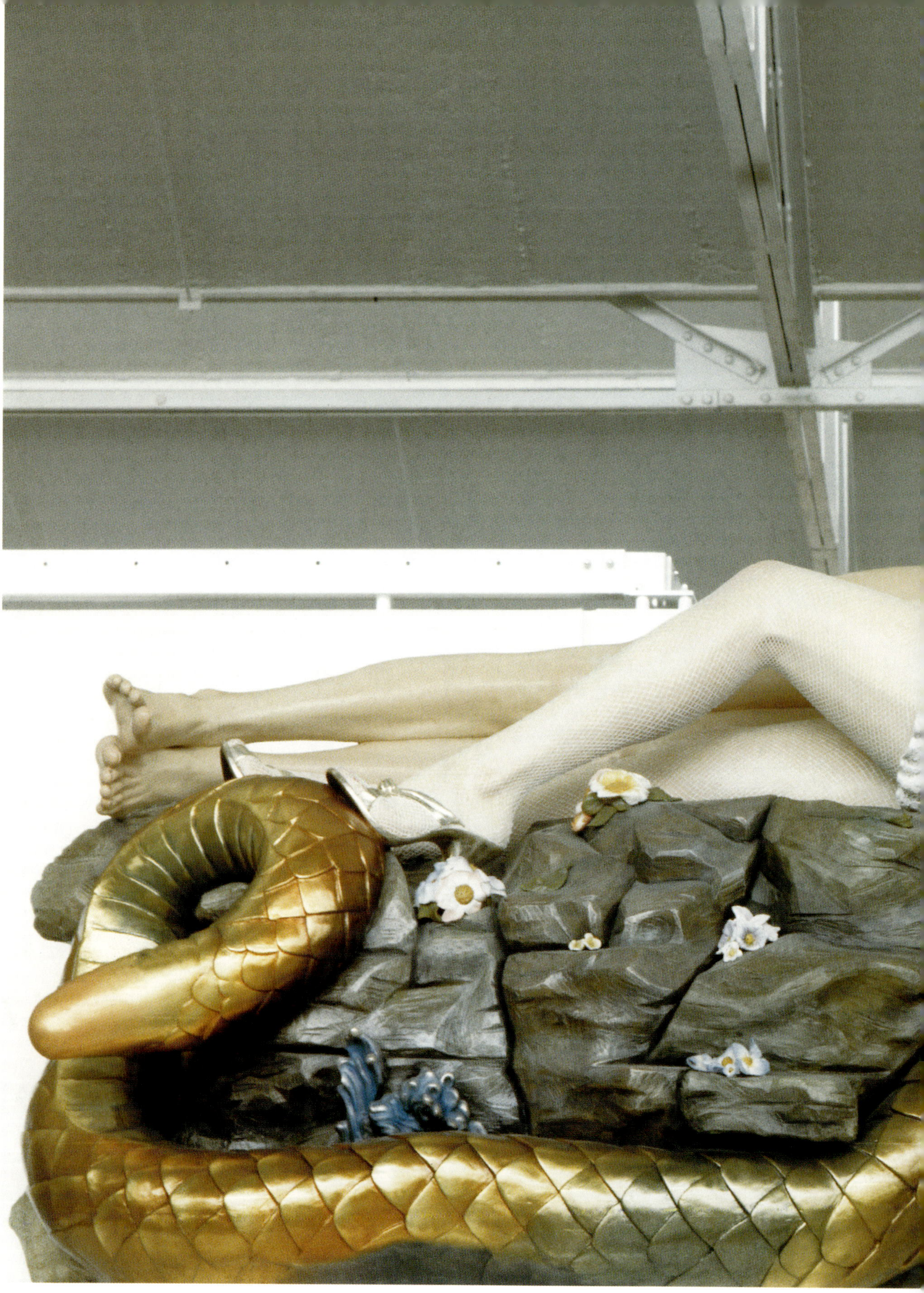

»Jeff and Ilona –
Made in Heaven«, 1990

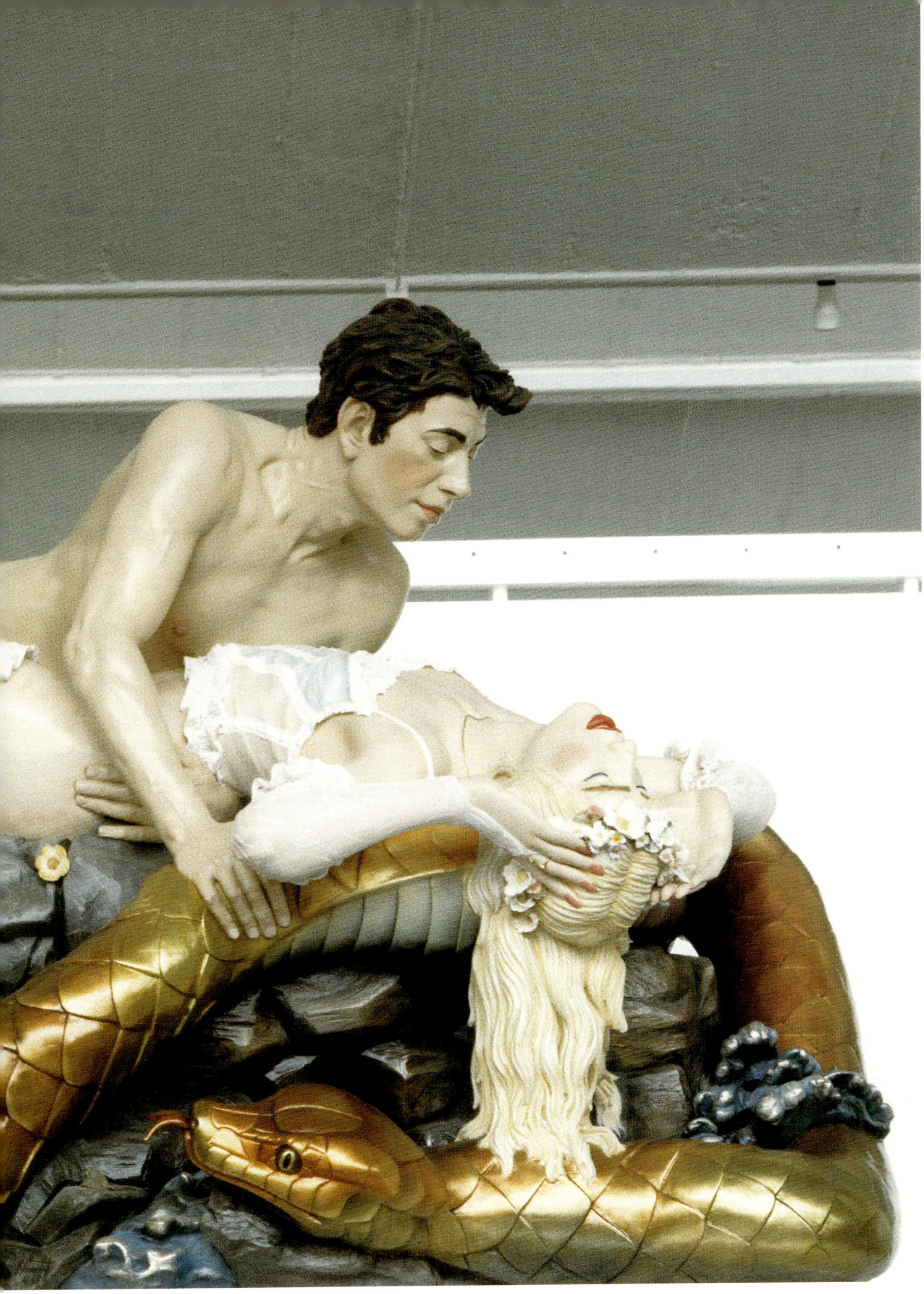

»Sie schenkt mir ihre Popularität,
ich ihr das gebildete, höhere Publikum.«
Jeff Koons
über seine Beziehung zu Cicciolina

Mediengesellschaft, verkürzt gesagt, Gefühle, Ereignisse, ja selbst Kriege als hyperrealistische und dennoch nicht mehr verifizierbare Möglichkeiten stattfinden.

Zurück nach Venedig und ins Granhotel Danieli. Als ich Jeff und Ilona vormittags um elf abhole, erwarten sie mich bereits. Koons trägt schwarze Jeans, kurzärmeliges Hemd und ein seliges Lächeln. Ilona wirkt ebenfalls vergeistigt. Sie ist in Uniform – weißes Brautkleid mit weitem Décolleté, schulterfrei. Ilona mimt die Madonna, die Unbefleckte, die selbst im Samenregen Immaculata bleibt.

Die damals 39-jährige Ilona, 1981 aus Ungarn nach Italien gekommen, ist kleiner als die Filmkameras vermuten lassen. Ausgesucht freundlich plappert sie drauflos, als sie hört, dass ich einige Brocken Italienisch beherrsche. Im Pass heißt sie nicht Ilona, sondern Anna Elena Staller, bekannt wurde sie als Pummelchen, italienisch Cicciolina. Seit 1987 ist sie Abgeordnete der linksanarchischen Radikalen Partei und damit in allen Medien, auch den jugendfreien. Dementsprechend zieht sich der an sich kurze Gang vom Danieli in den Seilerei genannten Teil des alten Hafens in die Länge: Um in die Corderie zu kommen, wo der Aperto genannte Teil der Biennale stattfindet, muss Ilona unzählige Hände schütteln, Autogramme geben und Komplimente ertragen. Erst in der mittelalterlichen Halle, dort, wo noch aufgebaut wird und sachliche Stimmung herrscht, legt sich die Aufregung – jetzt kann Jeff ihr das hohe, gebildete Publikum schenken.

Beide defilieren durch den Mittelgang zu ihrer Koje, in der drei wandgroße Farbfotografien, per computergesteuertem Tintenstrahl auf Format gebracht, sie beim Liebesspiel zeigen. Davor steht eine lebensgroße Holzskulptur mit dem Titel *Jeff and Ilona – Made in Heaven.* Unten Cicciolina, oben Jeff; dazu eine Riesenschlange, der Teufel, dessen grüngoldenes Schwanzende Ilona – errötend – als »phallisch« bezeichnet.

Jeff erklärt mir die Arbeit: »This sculpture is very much in the tradition of the Baroque. Wir sind die zeitgenössischen Adam und Eva von heute.« Und fügt hinzu: »Das ist ein objektives Werk. Wir wollen zeigen, dass am Ende des zwanzigsten Jahrhunderts der Künstler dem Publikum wieder das geben kann, was es braucht: Realismus.«

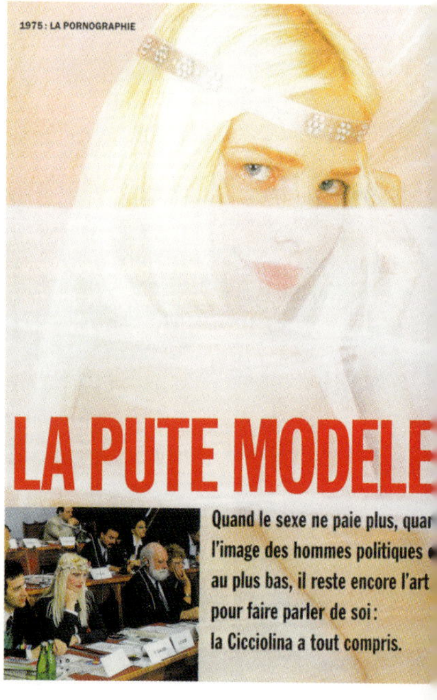

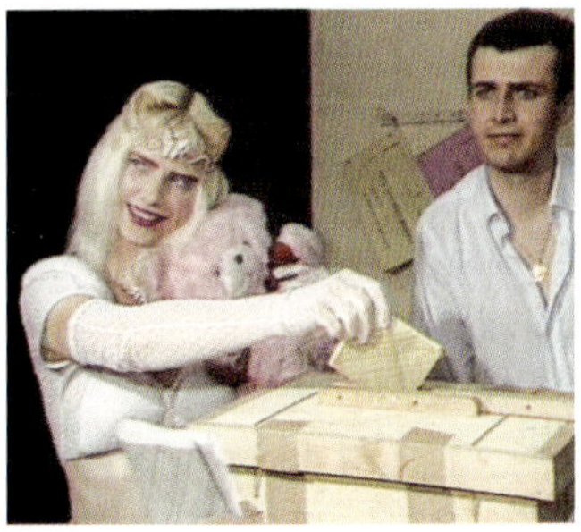

Cicciolina wählt sich selbst ins italienische Parlament

realismus

Was ist Wirklichkeit? Was macht eine wirklichkeitsgetreue Abbildung zum realistischen Kunstwerk?

Fragen, die so alt wie dumm sind. Sobald sich eine Gesellschaft die Fragen nach Sinn, Charakter, Eigenart von Kunst stellt, sind die Künstler dem gesellschaftlichen Zweifel längst wieder ein Stück voraus. Handwerkliche Fertigkeit, zeitlose Thematik, formale Originalität – jedes dieser Kriterien ist nur Zeichen der Hilflosigkeit, Kunst kategorisierend verstehen zu wollen.

Wichtig ist nicht die Frage, was Kunst ist und was nicht, sondern was gute Kunst ist und was schlechte. Die Antwort fällt nicht immer leicht. Im Falle Koons spielt ein Künstler mit der Ambivalenz von schlechtem Geschmack, Gesellschaftskritik, Verführung. Er befriedigt volkstümliche Erwartungen an ein Kunstwerk und stellt gleichzeitig besagtes Kunstwerk subversiv in einen tabuisierten Kontext. In diesem Falle durch Kopulation.

Dann wählt der Künstler eine biblische Situation, was nie falsch ist, weil sie das Werk zum thematischen Klassiker macht. Er nimmt München als Wohnsitz, um seiner italienischen Liebsten und den Oberammergauer Madonnenschnitzern nahe zu sein. Die Skulptur *Jeff and Ilona* bekommt als Derivat traditionellen Brauchtums ihren handwerklichen Segen. Schließlich kann damals niemand ahnen, dass sich schon nach drei Jahren der Leim des Schichtholzes aufzulösen beginnt und der Aachener Käufer des Werks Zehntausende in die Restaurierung investieren muss.

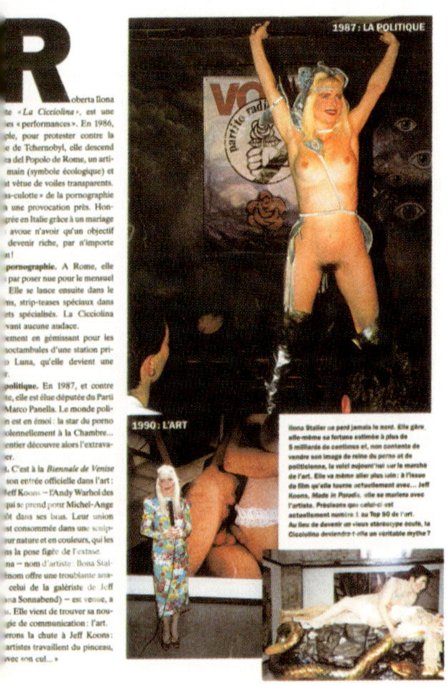
R
oberta Ilona
te «*La Cicciolina*», est une
es «performances». En 1986,
ple, pour protester contre la
e de Tchernobyl, elle descend
a del Popolo de Rome, un arti-
main (symbole écologique) et
t vêtue de voiles transparents.
s-culotte» de la pornographie
à une provocation près. Hon-
grée en Italie grâce à un mariage
avoue n'avoir qu'un objectif
devenir riche, par n'importe
n!
pornographie. A Rome, elle
par poser nue pour le mensuel
Elle se lance ensuite dans le
ns, strip-teases spéciaux dans
ts spécialisés. La Cicciolina
vant aucune audace.
ement en gémissant pour les
noctambules d'une station pri-
o Luna, qu'elle devient une
r.
politique. En 1987, et contre
te, elle est élue députée du Parti
Marco Panella. Le monde poli-
n est en émoi: la star du porno
olennellement à la Chambre...
entier découvre alors l'extrava-
er.
. C'est à la *Biennale de Venise*
son entrée officielle dans l'art:
Jeff Koons – l'Andy Warhol des
qui se prend pour Michel-Ange
ôt dans ses bras. Leur union
st consommée dans une sculp-
ur nature et en couleurs, qui les
ns la pose figée de l'extase.
na – nom d'artiste: Ilona Stal-
énom offre une troublante ana-
celui de la galériste de Jeff
na Sonnabend) – est venue, a
. Elle vient de trouver sa nou-
gie de communication: l'art.
erons la chute à Jeff Koons:
artistes travaillent du pinceau,
vec son cul...»

1987: LA POLITIQUE

1990: L'ART

Ilona Staller ne perd jamais le nord. Elle gère elle-même sa fortune estimée à plus de 5 milliards de centimes et, non contente de vendre son image de reine du porno et de politicienne, la voici aujourd'hui sur le marché de l'art. Elle va même aller plus loin: à l'issue du film qu'elle tourne actuellement avec... Jeff Koons, *Made in Paradis*, elle se mariera avec l'artiste. Précisons que celui-ci est actuellement numéro 1 au Top 50 de l'art. Au lieu de devenir un vieux stéréotype éculé, la Cicciolina deviendra-t-elle un véritable mythe?

Koons begegnet also der unvermeidbaren Frage, ob seine Arbeit gute Kunst sei, mit allen erdenklichen Vorsichtsmaßnahmen. Dazu gehört auch die Weihe durch die älteste Kunstausstellung der Welt, die Biennale von Venedig, eine internationale Veranstaltung der Hochkultur, auf deren Premierenbühne er Pornografie schmuggelt. Auf die Frage, ob Kitsch denn Kunst sei, antwortet er mit Augenaufschlag und der Beteuerung, dass, »wären die Beatles Künstler gewesen, sie solche Kunst« gemacht hätten.

Heute wissen wir, leider, wie Paul McCartney malt; damals wussten wir, was John Lennon zu Recht an seiner Frau, der Fluxus-Künstlerin Yoko Ono, schätzte. Der Vergleich ist also geschickt gewählt: Koons beruft sich auf eine populäre Tradition des Gefallenwollens, auf das süßliche Ende der Beliebtheitsskala von Popmusik. Außerdem verbindet er seine biblischen Anleihen mit einem kollektiven kulturellen Humus katholischer Ikonographie.

Die provokative Mischung funktioniert: Zwei der Koons'schen Fotos werden knappe acht Wochen später von einem wütenden Besucher mit dem Messer aufgeschlitzt. Jeff Koons ist in den Schlagzeilen.

herrenchiemsee

Ungefähr zur gleichen Zeit, also im August 1990, zeigt mir Koons in New York bis dato unveröffentlichte Arbeiten, die über die Biennale-Fotos weit hinausgehen. In kitschigen Barbie-Farben, mit viel Rosa und Hellblau, Muschi und Schwanz, lieben sich ein muskulöser Jeff und seine blonde Ilona, unzensiert, fürs Foto. Wichtiges Detail: Sie kommen mit Blick auf den Betrachter.

Stolz führt Jeff ein Video vor: Besichtigung von Schloss Herrenchiemsee. Im Schlosspark verspürt Ilona ein Bedürfnis und hockt sich hinter einen Busch. »Ilona ist wunderbar«, sagt Jeff Koons, »sie kennt keine Scham.« Mit seiner Amateurkamera zoomt ihr Verlobter wackelnd auf die pinkelnde Privatperson Ilona. Zum ersten Mal sehe ich la Cicciolina in einer Situation, die nicht pornografisch ist. Sondern obszön. Und viel provokativer als alles, was Koons jemals veröffentlichen wird.

Denn im darauf folgenden Jahr 1991 zeigen seine wichtigsten Galerien, Ileana Sonnabend in New York, Donald Young in Chicago und Max Hetzler in Köln, zeitgleich den gesamten Werkblock mit Fellatio, Erektion und Ejakulation. Nur das Amateurvideo fehlt. In New York gibt es Polizeischutz, Alterskontrolle, wenig Verkauf. In Köln wird gelacht, gefeiert, gekauft. Die Kunstkritik nimmt kaum Notiz. Nur ein einziger größerer Bericht, im Pariser Magazin Artpress. Ein preiswerter Bildband des Taschen Verlags allerdings wird zum Bestseller. Später.

Warum riefen die sehr viel zahmeren Akte der Biennale auf der Stelle Aggression und Gewalt hervor, der Hardcore aber nur Indifferenz?

»Das Interessante an der Arbeit mit meiner Verlobten, Ilona, ist, dass wir uns gegenseitig beschenken. … Sie ist sehr populär, in Europa wird sie von jedermann auf der Straße erkannt. Ich dagegen kann Ilona das gehobene Publikum schenken.«
»Die bewußte Artikulation jedes Orgasmus, darauf kommt es mir an. Zu zeigen, wie schön das ist. Kürzlich betrachteten wir im Spiegel Ilonas Pussy, denn unsere Schlafzimmerdecke ist verspiegelt. Und Ilona sagte: Guck mal, Jeff, Pussy ist carina. Und so war es, absolut so: Pussy ist carina.
Was möchte ich damit meinem Publikum sagen? Dass ich bekommen habe, was ich am heftigsten begehrte. Man muss seinem Verlangen freien Lauf lassen, es genügt, sich darüber klar zu werden, was man sich am meisten wünscht. Und wenn alle ihre Furcht abstreifen, werden sie es bekommen.«
Jeff Koons

Weil in Venedig die Provokation subversiver war. Übrigens ein typisches Phänomen der achtziger und neunziger Jahre – Subversion anstelle von Revolution. Noch einmal bestätigt durch die Reaktion des New Yorker Bürgermeisters Rudolph Giuliani auf ein Mariengemälde des jungen Briten Chris Ofili im Herbst 99. Die nur angedeutete Annäherung der Jungfrau Maria an Pin-ups und Pornografie verstört mehr als jede explizite Ausführung. Giuliani fühlt angeblich seinen katholischen Glauben verunglimpft und ruft zum Bildersturm, weil er Wählerstimmen gegen seine Konkurrentin Hillary Clinton braucht. Kunst wird vereinnahmt, als Wahlpropaganda benutzt. Giulianis Rechnung geht auf: Die New Yorker Bevölkerung gibt ihm in Meinungsumfragen Recht, und am 17. Dezember versucht ein älterer Herr ein Farbattentat gegen das angeblich blasphemische Werk Ofilis.

Der Insiderkreis der Kunstszene dagegen, also ein aufgeschlossenes, gebildetes, betuchtes – und weißes – Großbürgertum, verleiht dem in Manchester geborenen Sohn afrikanischer Eltern den Turner-Preis. Und reagiert auf Jeff Koons verärgert. Jeff Koons verschwindet nach seinem Cicciolina-Werkblock fast zehn Jahre lang aus allen Galerien und Museen. Unfreiwillig.

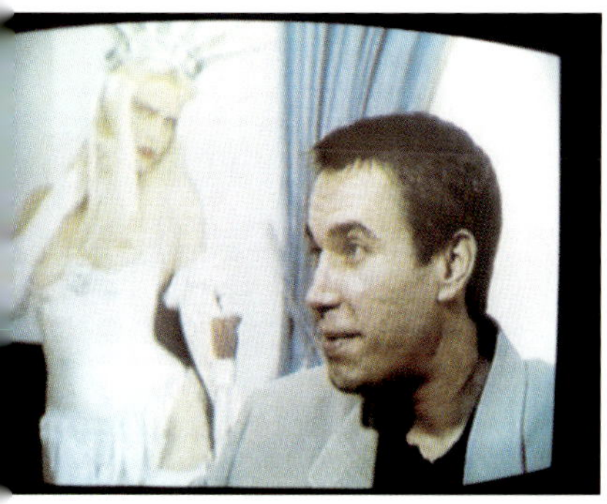

Jeff Koons 1990 in seinem New Yorker Stadthaus (Videostill)

liebesehe

Jeff Koons ist nicht das erste Beispiel für eine Liebesehe zwischen Kunst und Pornografie. Auch Picassos letzte Ausstellung in der Pariser Galerie Louise Leiris findet unter Polizeischutz statt; der Amerikaner Bill Copley malt schon 1961 eine wunderbar lakonische *Sextinische Kapelle*, die Französin Orlan überträgt gut zehn Jahre später per Video live ihr Geschlechtsteil auf Großleinwand. An den Kunstakademien schneiden Videostudenten längst Pornofilmausschnitte in ihre Bänder, womit sie keinen Professor mehr schrecken können; im Internet führt der Weg zu einer der witzigsten Netzkunst-Websites, der des Russen Alexej Schuljin, über Blow-Jobs und genitale Close-ups.

Das Besondere und Delikate an Koons' Arbeit mit Cicciolina liegt woanders: Sie findet im Bett statt. Der Künstler wirkt als Hauptdarsteller mit und tritt selbst als Pornograf auf – nicht wie der Wiener Aktionist Günter Brus 1967 sozusagen selbstquälerisch masturbierend, sondern genüsslich kopulierend. Als Partner(in) sucht sich Koons keineswegs ein militantes Mitglied der Kunstszene aus, sondern die bewunderte Meisterin einer mit Kultur-Tabu belegten Industrie: den einzigen Pornostar, dem es gelungen ist, durch politische Aktivitäten Sex zum Tagesgespräch zu machen. Wenn Cicciolinas diplomatischer Landsmann und ebenfalls Neuitaliener, Papst Johannes Paul II., einem fremden Land einen diplomatischen Besuch abstattet, pflegt er niederzuknien und die Asphaltpiste des Flughafens zu küssen. Cicciolina dagegen entblößt eine Brust. Die Reverenz ans Gastland ist ähnlich: Der Papst segnet die Erde, Cicciolina die – männliche – Bevölkerung.

»Folgendes steht in der Bibel, im Buch der Philipper: Was wahr ist, was ehrenhaft ist, gerecht, rein und lieblich, das sollt Ihr verehren und hochhalten. Wovon aber handeln Kino und Kunst? Vom Hässlichen, Lasterhaften, Abschätzigen – von allem, das gegen Gott gerichtet ist und unsere Gesellschaft zu zerstören sucht. Vom Teufel.«
Reverend Pat Robertson

Koons versteht sich als Entertainer, für ihn soll Kunst in der »Manipulation der Massen«, wie er es nennt, Hollywood ablösen – ein Projekt, das scheitert, denn Koons' Filmprojekt mit Cicciolina hat nie das Kunstlicht der Lichtspieltheater erblickt. Über ein Kinoplakat ohne Film kommt er nicht hinaus. Trotzdem hat er die achtziger Jahre, Dekade des schnellen Geldes und der Verführung, auf den Punkt gebracht. Und dabei auch die Kunstszene nicht verschont, denn schließlich verdienen die großen New Yorker Sammler ihr Geld mit Spekulation und Immobilien. Koons verspricht seiner in den USA mit Einreiseverbot belegten Frau, ihr diese Leute als Brautgeschenk vor die Füße zu legen. Folge: Die Kunstszene straft ihn mit Bann, seine Galeristin Ileana Sonnabend verstößt ihn und nimmt ihn erst wieder auf, als er, angeblich unter dem Einfluss des gemeinsamen Sohnes mit Ilona Staller, getauft auf Ludwig Maximilian (siehe Herrenchiemsee), für seinen Werkblock *Celebration* kindliche Fun-Bilder malt.

Das Guggenheim Museum hat für das Jahr 2000 die erste große Museumsausstellung von *Jeff Koons* versprochen. Und der Szeneschriftsteller Rainald Goetz setzt ihm mit seinem Theaterstück *Jeff Koons*, das viel mit Koons' Epoche, aber wenig mit ihm zu zun hat, ein literarisches Denkmal.

Ileana Sonnabends New Yorker Galerie zeigt Koons' neue, kunterbunte Spielzeugkunst im Herbst 1999, acht Jahre nach seinem Cicciolina-Block. Die wird auch im Guggenheim zu sehen sein. Die schmutzigen Zeiten sind vorbei, Mister Propper, der sanfte Gigant und selbst ernannte Warhol des Fin-de-Siècle, meldet sich zurück. Obwohl das Jahrhundert vorüber ist, geht bei der November-Auktion von Christie's der *Pink Panther* prompt für 1,4 Millionen Mark weg – mehr als vierzig Prozent über Schätzpreis.

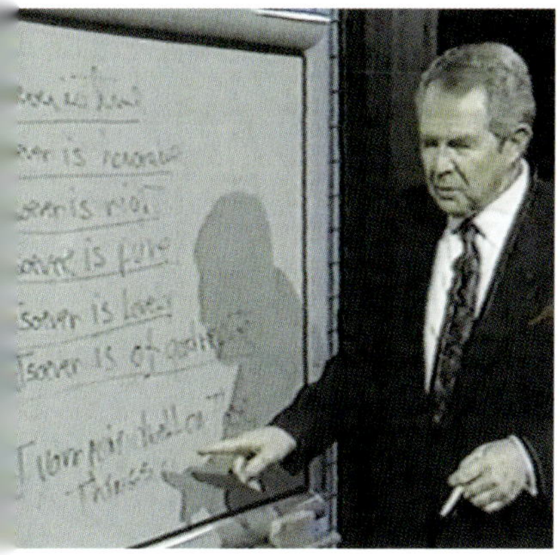

Fernsehprediger Pat Robertson

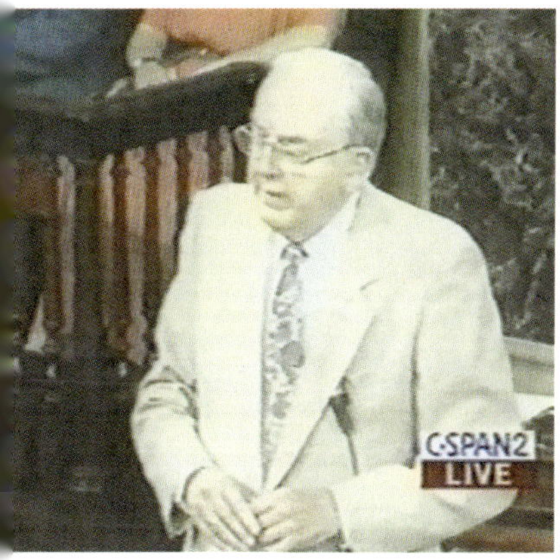

Senator Jesse Helms

jurisprudenz und körperkult

Noch während besagter Biennale von Venedig, genauer am 5. Oktober 1990, steht im amerikanischen Cincinnati der Direktor des dortigen Kunstmuseums vor Gericht. Dennis Barries Verbrechen: 1989 eine Wanderausstellung des Fotografen Robert Mapplethorpe gezeigt zu haben. Und damit nach Ansicht des Staatsanwalts gegen die »Community Standards«, die gesellschaftlichen Übereinkünfte – früher hätte man es Sitten genannt – verstoßen zu haben. Doch sprechen die Geschworenen Barrie unerwartet vom Vorwurf der Verbreitung von Pornografie frei, und die Frankfurter Allgemeine jubelt: »Druck erzeugt Gegendruck«. Die Presse beschwört die Widerstandskraft einer angeschlagenen, durch die Wirtschaftsrezession gebeutelten Kunstszene.

Doch Widerstand ist immer relativ, und der Staatsanwalt steht damals mit seinem Pornografie-Vorwurf keinesfalls allein. Die amerikanischen Republikaner, angeführt von Präsident George Bush, tragen das Thema der Freiheit von Kunst auf ihrer Fahne – meinen aber das Gegenteil. Denn die Konservativen würden die zeitgenössische Kunst gern loswerden, für sie beansprucht diese entschieden zu viel Freiheit. Während der Fernsehprediger Pat Robertson in seiner wöchentlichen Sendung mit erhobenem Zeigefinger schulmeisterlich Kunst und Kino als Werke des Teufels denunziert, zieht der republikanische Senator von North Carolina, Jesse Helms, gegen den NEA zu Felde. Der National Endowment for the Arts ist die einzige staatliche Institution, die in den USA Steuergelder für Stipendien und Ausstellungen ausgeben darf. Diese Bundesbehörde ist ausdrücklich für die Förderung der Künste bestimmt.

Der NEA hat die Mapplethorpe-Ausstellung gefördert. Sie unterstützt auch Andres Serrano, einen New Yorker Künstler lateinamerikanischer Abstammung, dessen fotografische Arbeiten Tod, Aids, Armut, Gewalt, Katholizismus und nochmals Tod behandeln. Sein *Piss Christ*, das Foto eines in Künstlerurin getränkten Kreuzes, bringt Jesse Holms ganz besonders in Rage. Höhe der einmaligen Förderungssumme des NEA für Serrano: 15 000 Dollar. Wenig, verglichen mit europäischer Kulturförderung. Aber eine gefährliche politische Geste. Sagt Senator Helms.

Die Schmähkampagnen von Jesse Helms sind für die amerikanische Öffentlichkeit nichts Neues. Der streitbare Senator wehrte sich schon dagegen, den Jahrestag der Ermordung Martin Luther Kings zum Feiertag zu machen. Er schäumt öffentlich gegen die im First Amendment der Konstitution garantierte Meinungsfreiheit und gegen die Frivolität Hollywoods. Sein Eifer zeigt Wirkung. Das Corcoran-Museum in

Washington setzt eine geplante Übernahme der Mapplethorpe-Ausstellung schnellstens wieder ab. Das NEA ringt den Künstlern das Versprechen der »sexual correctness« ab, wollen sie weiter gefördert werden.

Zehn Jahre später, im November 1999, wird der Direktor des Museums von Detroit in vorauseilendem Gehorsam eine von seinem Vorgänger geplante Ausstellung des jungen Künstlers Jeff Bourgeau schließen, die den *Piss Christ* als Beispiel staatlicher Zensurpolitik zitiert. Die amerikanische Kunstszene zensiert sich selbst aus Angst vor der Politik. Und das amerikanische Fernsehen kündigt, ermutigt durch den Medienerfolg der Kampagne von Saubermann Giuliani in New York, einen Film über die Gerichtsverhandlung gegen Cincinnatis Museumsdirektor Dennis Barrie an. Barrie wird gespielt von Hollywoodstar James Woods, bekannt geworden durch Sergio Leones Meisterwerk *Es war einmal in Amerika*. Die Rolle des Künstlers Mapplethorpe wird nicht besetzt.

Doch nicht nur im Fernsehen, auch im Museum hat Helms für Aufruhr gesorgt: 1989 stürmen in nur sechs Wochen achtzigtausend schaulustige Besucher das Cincinnati-Museum – Rekord für die Geschichte des Hauses. Dabei sind zur Feier des Ereignisses die Eintrittspreise von zwei auf fünf Dollar hochgesetzt worden. Um Kürzungen seitens des NEA vorzubeugen?

sex und subversion

Geschichte kennt keinen Fortschritt, behauptet Annette Messager. Kunstgeschichte auch nicht. Erst recht nicht die Geschichte der Rezeption von Kunst: Die Pariserin Annette Messager war in den Augen der Öffentlichkeit erst verrückt, dann Hexe, dann sexbesessen. Sie war, für Frankreich, eine der ersten militanten Künstlerinnen, doch schlug sie immer leise Töne an: Sie stickte Kunstwerke aus Sprichwörtern, stopfte Tiere aus, kleidete tote Vögel in selbstgestrickte Mäntelchen. Sie mimte mal die subversive Hausfrau, mal die sexbesessene Künstlerin, sammelte Fotos von den Schwänzen ihrer Freunde, bemalte sich den Nabel.

Erst seit Mitte der achtziger Jahre ist Annette Messager erfolgreich, sogar populär, zumindest ein wenig – und prompt wird sie für jugendgefährdend erklärt. Heute kritisiert man sie als Staatskünstlerin, weil sie nach fast dreißigjähriger Karriere bei den meisten französischen Großausstellungen vertreten ist. Und streicht ihr dennoch wegen angeblich expliziter Sexualität manche staatlich geförderte Schau, wie noch im Herbst 1999. Auch Kunst kennt keinen Fortschritt – das Publikum ebenso wenig.

Annette Messager, »Mes Vœux«,
Version von 1998

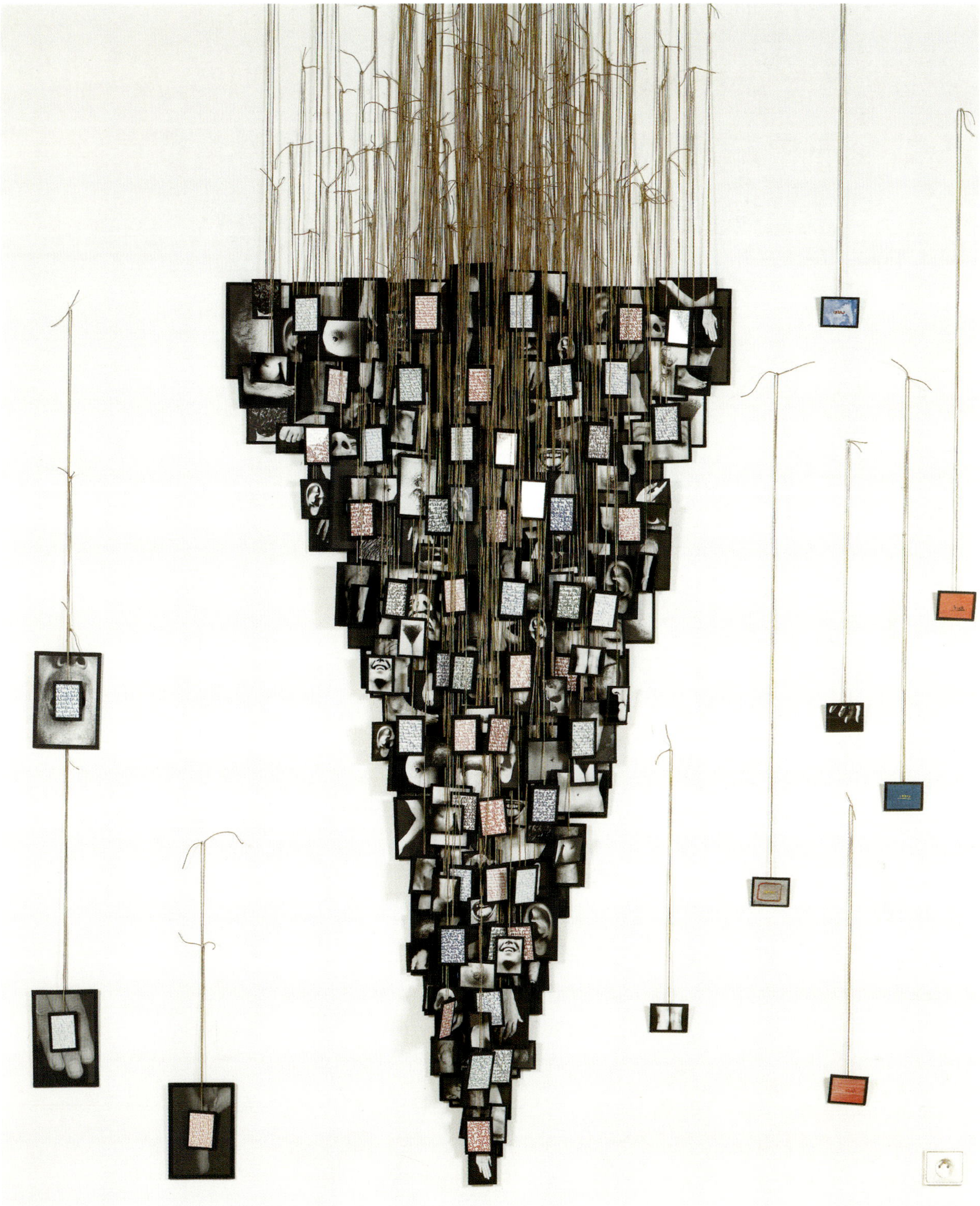

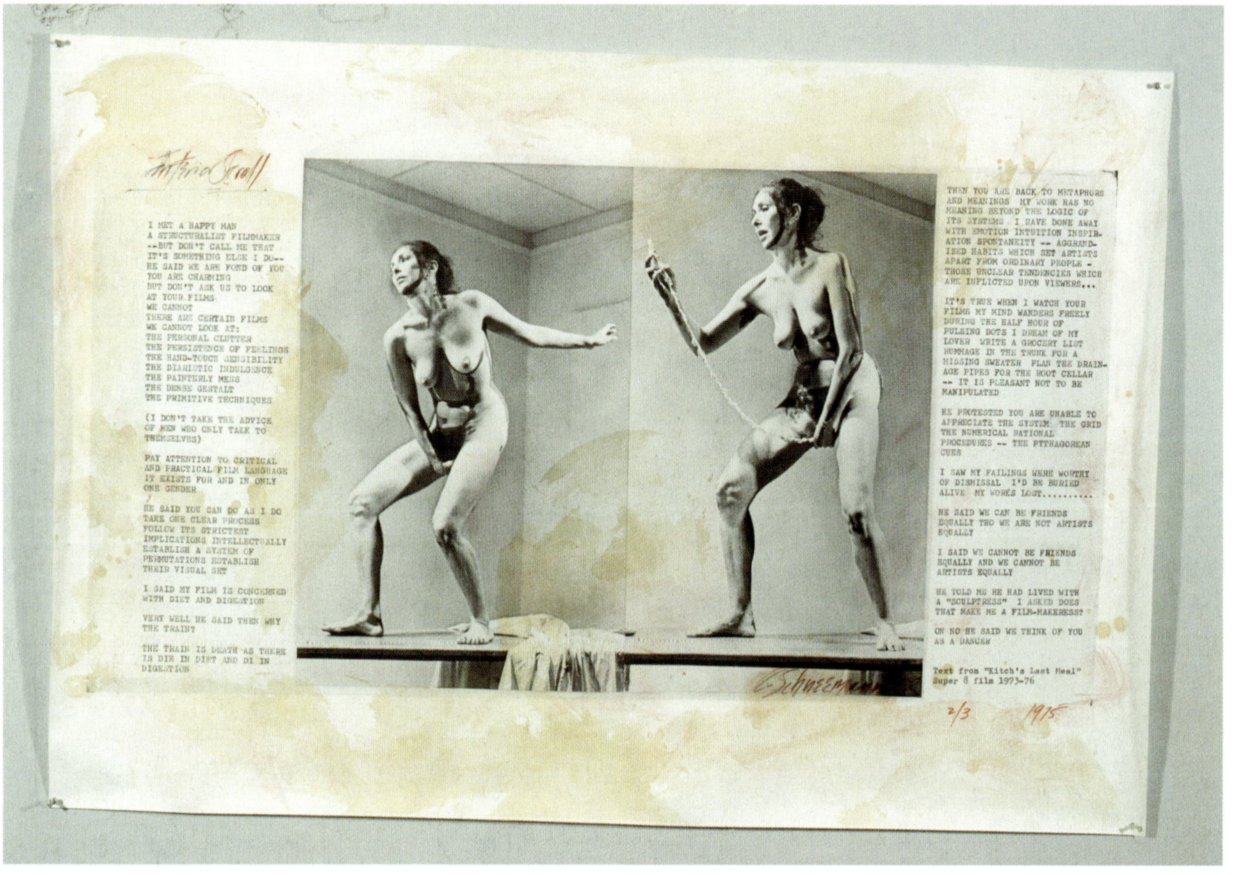

Carolee Schneemann, »Interior Scroll«, 1975

In Grenoble wird eine Retrospektive Messagers für Schulklassen geschlossen, weil unter anderem *Mes vœux*, zu deutsch etwa *Meine guten Wünsche* zu sehen sind, eine Anhäufung von fotografierten Körperteilen, eine Sammlung fiktiver Abenteuer. Außerdem gibt es auf kleinen Schwarzweiß-Bildern, zusammen mit Plüschtieren auf Holzkreuze geklebt, grimassierende Kinder zu sehen, deren Grimassen und Gesten nicht selten sexuelle Züge zeigen – man kann, wenn man will, Messagers Friedhof der Kuscheltiere sexuell interpretieren.

Was die Künstlerin ausdrücklich erlaubt, geht es ihr doch um einen unvoreingenommenen Umgang mit Sexualität und um die Wunden, die unterdrückte sexuelle Neugierde schlagen kann. »Nicht die Kinder fühlen sich unbehaglich in meinen Ausstellungen. Im Gegenteil, sie amüsieren sich prächtig. Die Lehrer sind es, die sich unwohl fühlen.«

Der New Yorker Robert Mapplethorpe geht weiter, viel weiter. Er fingiert nicht wie Messager, er forciert das Verhältnis von Kunst und Leben. Vor allem in seinen Selbstporträts spiegelt sich das eigene Verhalten: Mit einer Selbstdarstellung als Teufel wirbt er für eine als orgia-

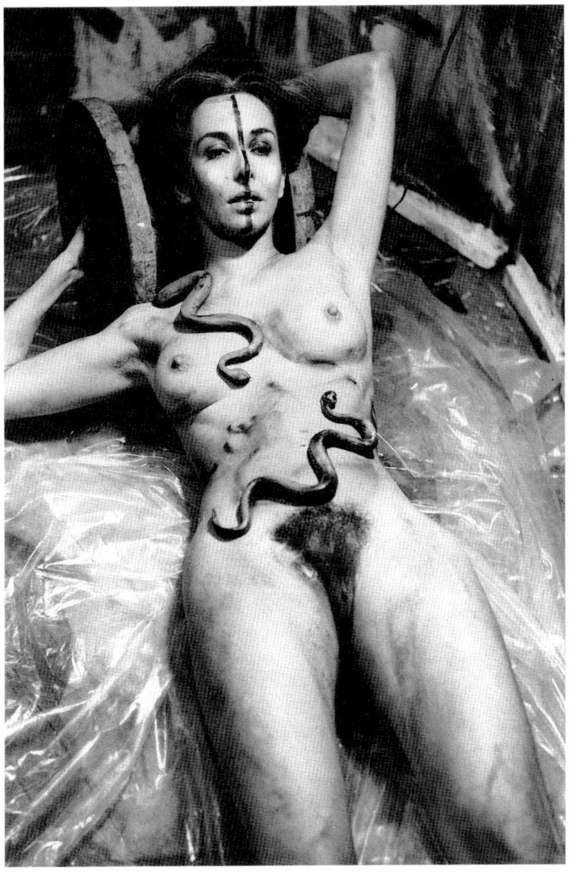

Carolee Schneemann, »Eye Body«, 1963

stisch angekündigte Party, auf anderen Fotos hantiert er mit Leder und Peitsche. Dieses Verständnis von Kunst als gelebter Erfahrung war im Europa der späten sechziger Jahre durch die theoretische Vorarbeit aufklärerischer Soziologen wie Marcuse und Adorno zumindest theoretisch vorbereitet worden. Für die puritanischen USA allerdings war trotz des Florierens der noch jungen Pornofilmindustrie die künstlerische Verwertung gelebter Sexualität selbst Ende der siebziger Jahre noch skandalös. Dabei hatten sich amerikanische Fluxusvertreter wie Allan Kaprow oder Charlotte Moorman sowie Performance-Künstler wie Carolee Schneemann oder Vito Acconci als erste Pioniere sexueller Freiheit versucht. Carolee Schneemann etwa stand 1975 nackt vor dem New Yorker Publikum und zog aus ihrem Geschlecht eine Papierrolle mit einem Gedicht darauf, das sie nach und nach vorlas. Die Performance schrieb amerikanische Kunstgeschichte und ist dennoch bis heute nur Insidern bekannt.

Mapplethorpe überlebt die gerichtliche Auseinandersetzung um seine Fotos nicht. Er treibt die Kongruenz von Leben und Kunst auf den Punkt und stirbt 1989 an Aids, neben dem Konservatismus die zweite Seuche, die sexuelle Freizügigkeit zu strafen verspricht. Eines seiner letzten Selbstporträts zeigt ihn krank, eingefallen, traurig und dennoch dämonisch, gestützt auf einen Stock mit einem Totenkopf als Griff. Doch hängen seine Fotos längst in allen großen Sammlungen, seine Bücher liegen in vielen Schlaf-, aber auch Wohnzimmern – Mapplethorpe wird geschätzt und gekauft quer durch alle Schichten.

Fast alle großen Ostküsten-Sammler haben mir stolz Porträts gezeigt, die sie von Mapplethorpe machen ließen – die Rubells, die Spiegels, die Dannheisers, sie alle sind schwarzweiß zu sehen, vor neutralem Hintergrund, mit Weichzeichner alterslos geschönt. Mapplethorpe mag keine hervorstechenden Fehler – Falten, Pickel, eine zu große Nase werden weggezaubert. Für Dreidimensionalität sorgen vor allem Muskeln; Mapplethorpe fotografiert Körper, ob Mann oder Frau, wie Michelangelo sie modelliert hat. Ansonsten schmirgelt er jedes Zuviel an physischer Präsenz weg – manches Gesellschaftsporträt ist unter Harmoniesucht verkitscht.

Robert Mapplethorpe,
»Man in Polyester Suit«, 1980

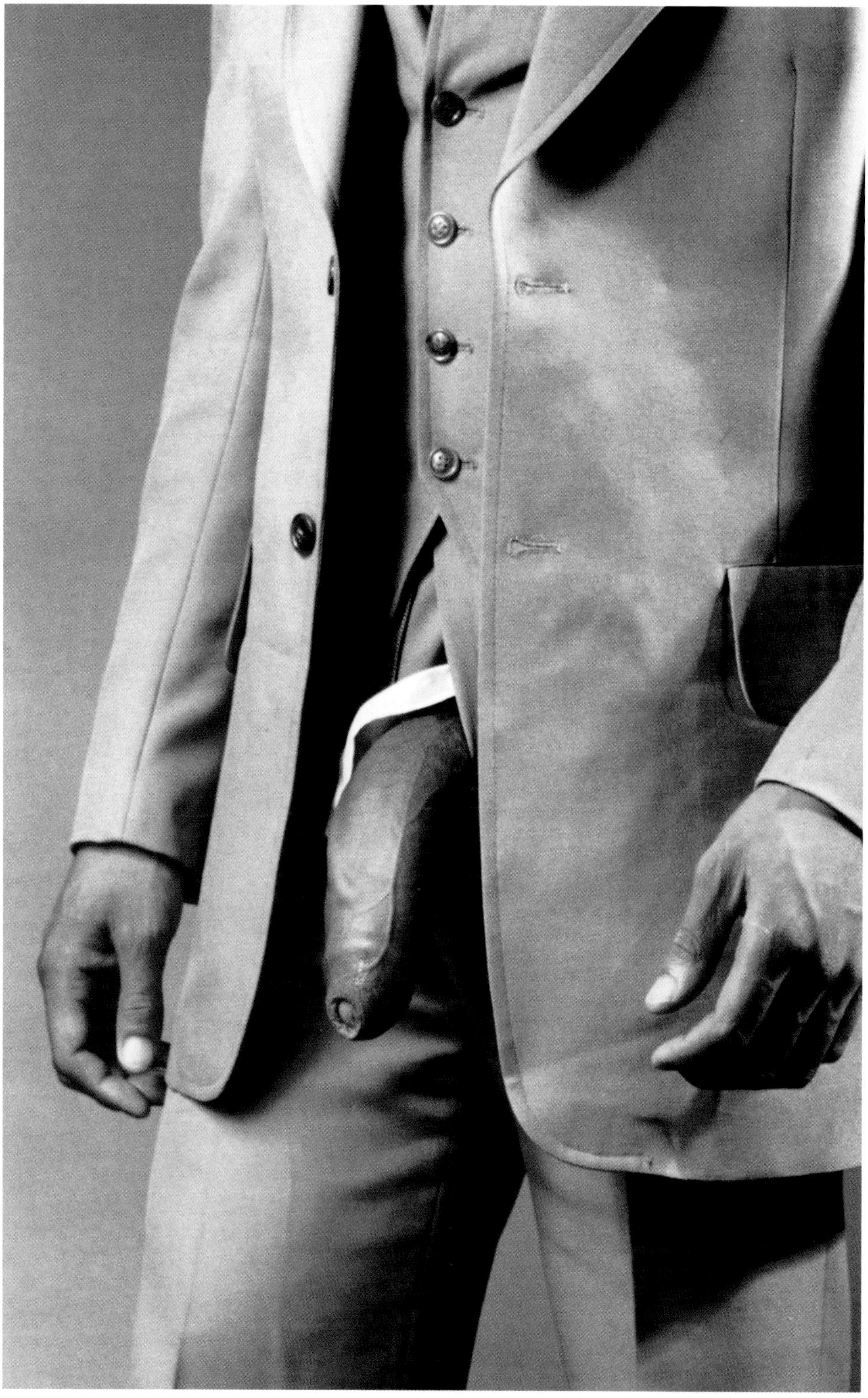

»Mein früherer Katholizismus zeigt sich in einer gewissen Symmetrie und in der Annäherung an ein Motiv. Ich mag das Kreuz und seine Proportionen. Ich ordne Dinge auf katholische Art. Aber das geschieht immer unbewusst …
Ich war ein katholischer Junge, ging in die Kirche, und die Kirche übt auf Kinder eine große Faszination aus, den mein familiärer Hintergrund noch verstärkte. Meine Art, die Dinge zu arrangieren, zu ordnen, ist heute noch ausgesprochen katholisch. Das passiert vielleicht unbewusst, ist aber wichtig. Denn ich bin heute keinesfalls religiös. Als ich mir Pornografie anschaute, wusste ich, dass das niemals Kunst sein konnte. Aber ich sagte mir, ich könnte es für künstlerische Zwecke benutzen, eben weil es verboten war.«
Robert Mapplethorpe

Doch ist der Porträtist Mapplethorpe für seine Bilder von Lisa Lyons, Bob Wilson oder Louise Bourgeois berühmt und nicht für seine mondänen Auftragsarbeiten. Seit seiner ersten Einzelausstellung 1973 in der New Yorker Light Gallery bedient der 1946 geborene Künstler, der sich in seinen frühen New Yorker Jahren im Chelsea-Hotel ein Zimmer mit der Dichterin und späteren Musikerin Patti Smith teilt, systematisch die drei Gattungen Blumen, Porträts und Sex. Immer zeigt er strengen Sinn für Klassik, inspiriert nicht vom Hellenismus, sondern von dessen Abbild in den Medien oder bei anderen Künstlern, etwa dem um die Jahrhundertwende fotografierenden Baron von Gloeden.

Mapplethorpe ist Minimalist. Das zeigt sich bereits in den drei frühen Portfolios: Pornografisches gibt es im Portfolio *X*, Blumen wie Geranien und Orchideen – von lateinisch ›orchis‹, dem Hoden – im Portfolio *Y*. Und natürlich in den offen homosexuellen Porträts von muskelbepackten Schwarzen im Portfolio *Z*. Immer folgt die Bildkonstruktion dem klassischen Schönheitsideal der Griechen, nicht selten ergänzt durch christliche Symbolik. Mapplethorpe ist streng katholisch erzogen, er nimmt die christliche Bildwelt, die ihn in der Kindheit prägte, immer wieder provokativ auf. Mal kreuzigt er seine Körper fotografisch, mal setzt er sich Satans Hörner auf. Seine New Yorker Wohnung ist vollgestopft mit Reliquien eines christlich gefärbten Dämonenkults.

kommerz und unschuld

Seit Ende der achtziger Jahre ahmt die Werbung Mapplethorpes Stil vom Körperkult vornehmlich schwarzer Haut massiv nach: Ich erinnere mich an den Leichtathleten Carl Lewis, der seine Muskeln für Nike spielen ließ; Filmemacher Roman Polanski muss Mapplethorpes Buch über die Bodybuilderin Lisa Lyon genau studiert haben, eher er im Auftrag von Chanel einen Werbespot für den Männerduft Antaeus drehte; der Uhrenfabrikant Wyler benutzte für seinen Billigchronometer die Gliedmaßen eines farbigen Athleten als Zeiger einer imaginären Uhr und imitierte damit Mapplethorpes *Thomas in Circle* von 1987.

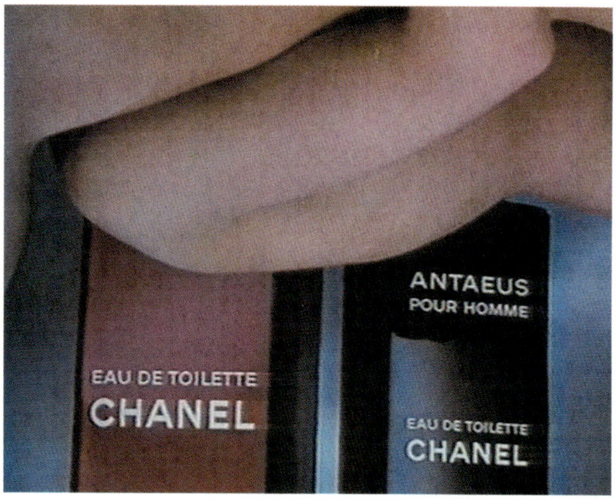

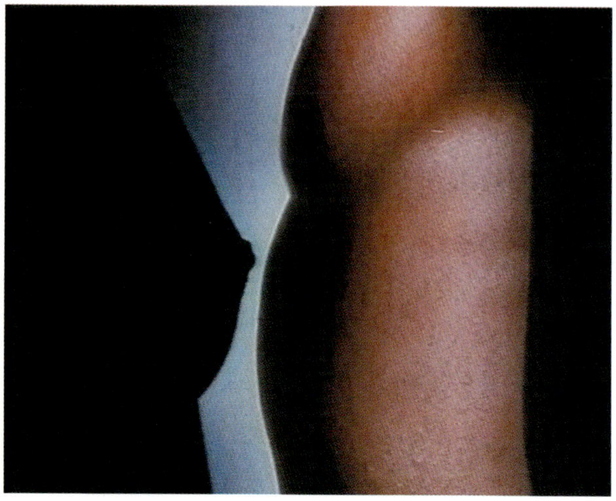

Im Augenblick seiner amerikanischen Retrospektive 1988/89 sind Mapplethorpes innovativer Stil und seine tabubrechenden sexuellen Motive also weltweit durchgesetzt und anerkannt. Die englische BBC hat kurz vor seinem Tod ein Fernsehporträt aufgenommen und strahlt dieses unzensiert weltweit aus. Dank Mapplethorpes *Man in Polyester Suit* von 1980 ist nicht nur die Modefotografie auf die Farbigen aufmerksam geworden (deutlich vorher hieß es schon im Musical *Hair*: »Black Boys find ich Klasse, die sind wunderbar … denn ich steh' doch gerade, so auf Schokolade …«). Die angeblich außerordentliche Physiognomie schwarzer Schwänze wird dank Mapplethorpe auch dem weißen Mittelstand zumindest fotografisch klar. Was also lief schief in Cincinnati?

Dort stützt sich die Anklage vor allem auf eine Arbeit aus dem Jahre 1976, die bei weiteren Stationen der Ausstellung nicht mehr gezeigt wird. Ihr Titel: *Honey*. Sie zeigt ein kleines, höchstens fünfjähriges Mädchen, die Tochter eines Künstlerfreundes. Offen und traurig schaut sie uns in die Augen. Sie hat geweint – man sieht eine Träne kullern. Honey sitzt in ihrem Sommerkleid auf einer Gartenbank. Unter dem Kleid trägt sie nichts.

Als 1991 der reißerische Hollywoodthriller *Basic Instinct* von Paul Verhoeven anläuft, sitzt das Publikum vor allem wegen einer Szene im Kino: Die Filmheldin, eine sexbesessene Femme Fatale, gespielt von Sharon Stone, schlägt trotz ihres nur kurzen weißen Minikleids die Beine übereinander – und für einen Augenblick erahnt der Zuschauer, dass sie keinen Slip trägt. Wirklich zu sehen aber gibt es nichts. Das ist Sex à la Hollywood.

Honey dagegen kreuzt nicht absichtsvoll die Beine. Es gibt auch nichts zu erahnen, denn Honeys Nacktheit ist deutlich sichtbar. Nichts

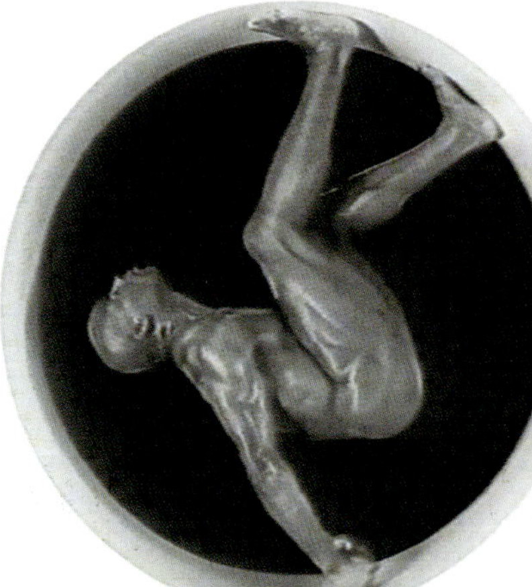

aus der Werbung des Uhrenfabrikanten Wyler; oben: aus dem Werbespot für »Antaeus« von Roman Polanski

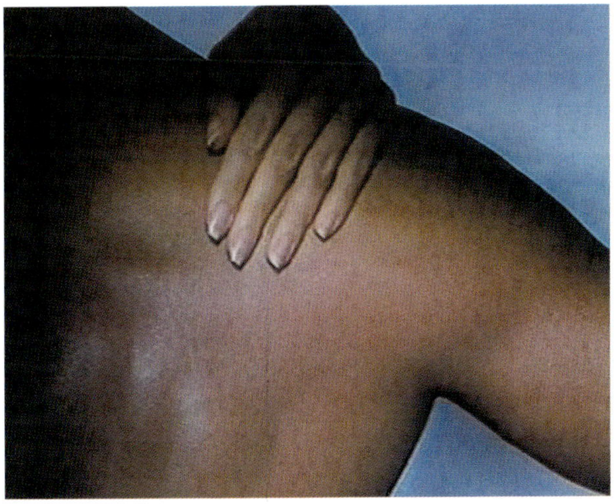

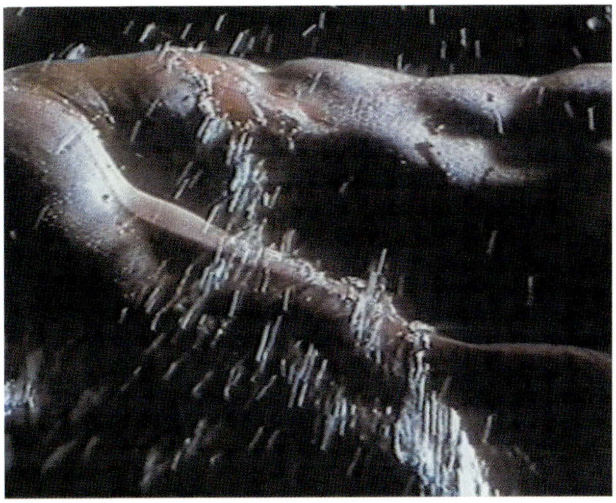

wird entblößt, es ist alles unverkrampft, natürlich. So natürlich, dass der Betrachter des Bildes Honeys Nacktheit erst einmal überhaupt nicht bemerkt. Sie ist Nebensache. Denn einem kleinen Mädchen schaut man nicht zwischen die Beine, man schaut ihm in die Augen. Es sei denn, man betrachtet es mit demselben Blick wie eine Sharon Stone. Als Sexobjekt.

kindersex

Jeff Koons bemerkte von seiner späteren Frau Ilona bewundernd, sie habe keinerlei Schamgefühle. Kinder auch nicht. Wir lehren sie Scham; Scham ist eine gesellschaftliche Vereinbarung. Scham ist der Feind der Kunst. *Honey* hat keinerlei schamvolles Schuldbewusstsein. Auch Mapplethorpe hat keines, er ist darüber hinweg – und seinen Zeitgenossen weit voraus. Denn nicht das Foto *Honey* ist obszön, sondern unsere Unbehaglichkeit, die wir davor empfinden.

Honey provoziert in seinem Entstehungsjahr 1976 keinerlei Skandal. Weil es die Zeit alternativer Kindergärten und antiautoritärer Erziehung ist? Weil die Verbreitung familiär bleibt, beschränkt auf den liberalen Kreis der Kunst? Weil damals weit Fragwürdigeres Schlagzeilen macht, etwa ein Bild des Modefotografen Garry Gross, das eine geschminkte Nymphe namens Brooke Shields nackt im Bade zeigt? Der französische Regisseur Louis Malle entdeckt das Kindermodel Brooke Shields dank dieses Fotos und dreht mit ihr einen – ziemlich zahmen – Film über ein Hurenhaus in New Orleans. Woraufhin Mutter Shields das Foto von Gary Gross jahrelang zu verbieten versucht.

Warum greift zeitgenössische Kunst bevorzugt sexuelle Tabus an? Weil sie über Sexualität unsere Zivilisation als soziales Geflecht sittlicher

Vereinbarungen treffen will. Und weil eine angeblich moderne, nur noch moderat religiöse Gesellschaft ihren Mitgliedern gerade im Bereich sexueller Äußerung moralische Fesseln auferlegt, wie sie in Wirtschaft oder Strafrecht längst überwunden sind. Henry Miller schrieb schon in den vierziger Jahren, dass »Obszönität in der Kunst [...] nichts mit sexueller Aufreizung zu tun hat, wie das bei der Pornografie der Fall ist. Wenn ein Hintergedanke dabei verfolgt wird, so geht er über die Sexualität hinaus.«

Nicht »Honey« ist also obszön, sondern die schwarzen Geschlechter, mit denen Mapplethorpe bewusst gegen die Diskriminierung von Homosexualität und Afroamerikanern protestiert. Diese provokativen Fotos sind offene Liebeserklärungen an die Modelle, sie sprechen von gelebter Wirklichkeit und verstehen sich als Mischung aus offener Sexualität und rigidem Formalismus. Selbst ein Strauß Blumen spielt offen auf Sexualität an – der Akt wird, wie das Stilleben, zum konventionellen künstlerischen Genre. Was es in der Kunstgeschichte immer war.

Die schwarzen Akte Mapplethorpes sind heute unbeanstandet. Die Gesellschaft, selbst die amerikanische, akzeptiert inzwischen, dank MTV, Rap und Mapplethorpe, Farbige und Homosexuelle als – fast – vollwertige Mitglieder. Ein Bild wie *Honey* aber darf nicht mehr gezeigt werden. Bilder von nackten Kindern, Krüppeln, Übergewichtigen sind politisch nicht korrekt, also tabu. Modemacher Alexander McQueen lässt beinamputierte Frauen defilieren und wird dafür öffentlich gerügt. Seit *Rain Man* arbeitet Hollywood – und auch das europäische Kino – mit geistig Behinderten, aber das Thema Sex bleibt dabei außen vor. Eine Retrospektive des Londoner Malers Lucian Freud im New Yorker Metropolitan Museum sperrt 1993 Freuds Gemälde des lebensfrohen, sich den Wonnen der Sinnlichkeit hingebenden *Benefits Supervisor* aus. Die *Überschuss-Überwacherin* ist eine junge, nicht vollschlanke, sondern regelrecht dicke Energiekugel, die sich dem Betrachter lasziv, aber keinesfalls obszön entgegenstreckt und in ihrer sexuellen Unkorrektheit prompt zensiert wird.

Dass ausgerechnet Sigmunds Enkel solches passieren muss! Die Gesellschaft der Jahrtausendwende gibt sich ebenso befangen wie die der frühen Psychoanalyse. Ist nicht Brancusis Skulptur *Princesse X* schon 1922 vom Pariser Salon verdammt worden, weil sie einen prächtigen Phallus in poliertem Edelstahl zeigt? Ihren Namen trägt sie als Hommage an Prinzessin Bonaparte, die als erste Freud ins Französische übersetzt hatte. Und Picasso konnte vor der Skulptur nicht anders als ausrufen: »Was für ein herrlicher Schwanz!«

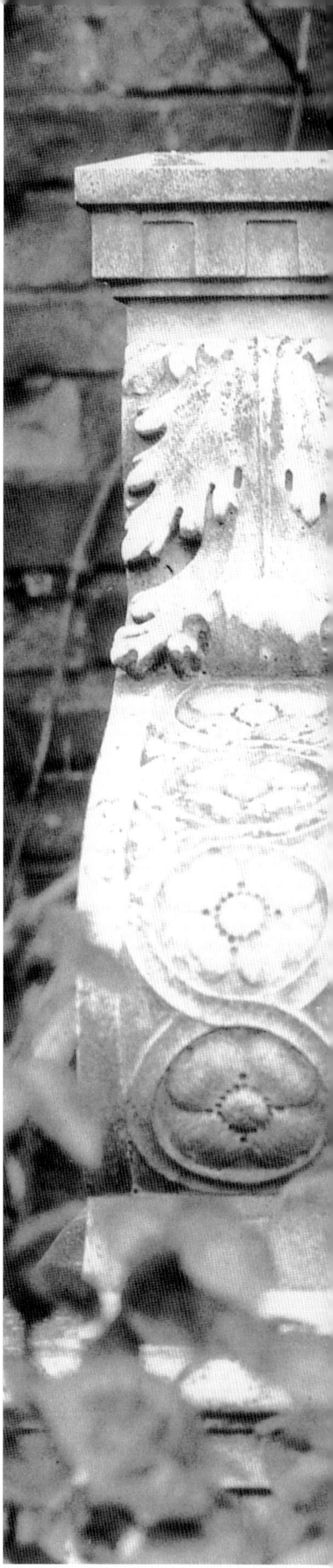

Robert Mapplethorpe, »Honey«, 1976

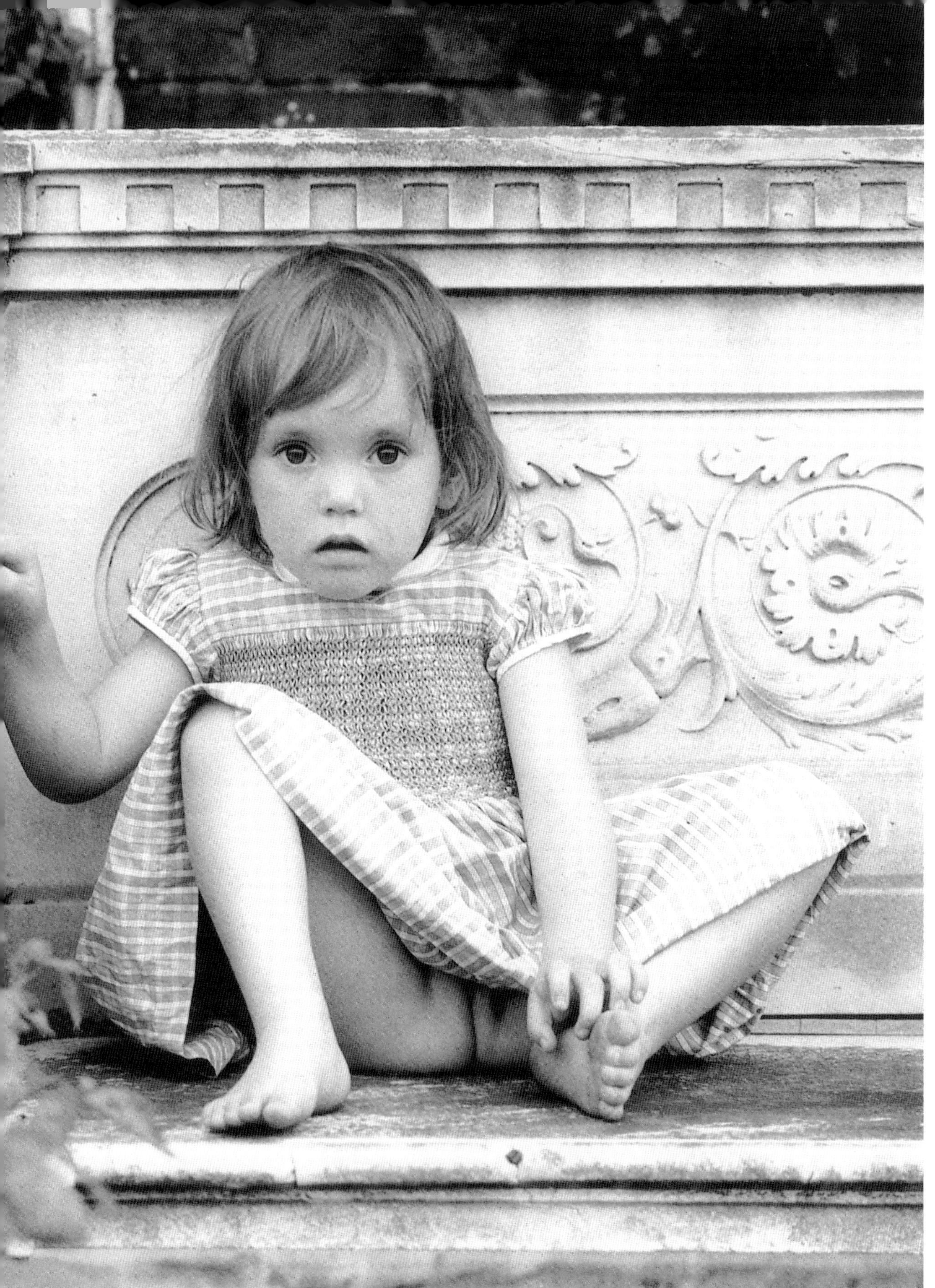

kindersex

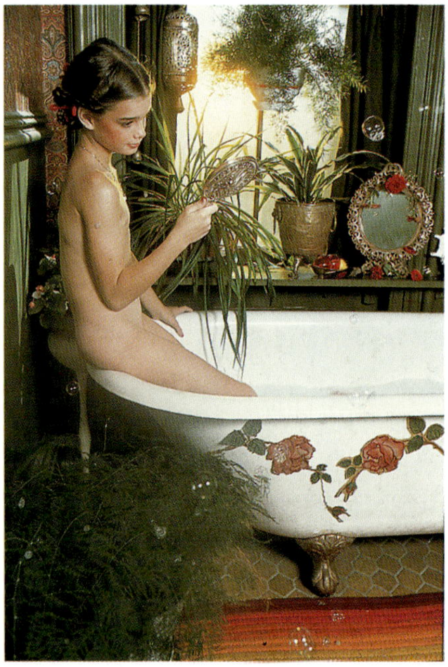

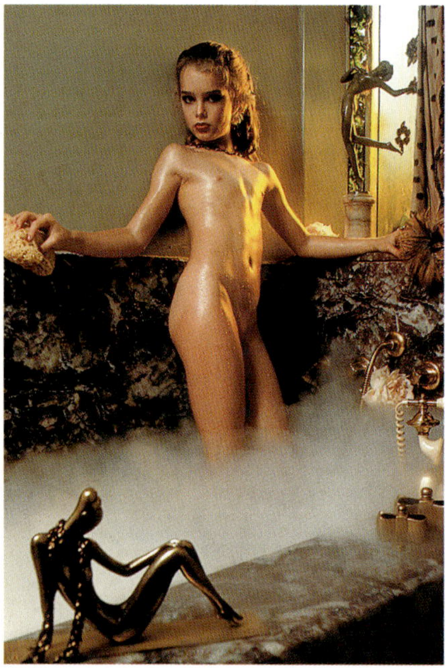

Aus der Fotoserie »The Woman in the Child« von Garry Gross, 1975

Im Jahr 1975 sucht der Fotograf Gary Gross sehr junge Mädchen für eine Serie über, wie er sagt, die bereits im Kind reifende Frau. Gross glaubt, dass »Mädchen nicht erst mit sechzehn zu Frauen werden«. Ein Vierteljahrhundert später versichert er mir: »Junge Mädchen haben unglaubliche sexuelle Macht. Nicht weil sie selbst bewusst irgendetwas dafür tun, sondern weil die Männer ihnen diese Macht verleihen. Das ist mein Thema, deshalb habe ich damals die Fotos mit Brooke Shields gemacht.«
Gross steht damals am Anfang einer viel versprechenden Karriere. Er hat für berühmte Werbefotografen gearbeitet und sucht seinen eigenen Weg. Er findet mehrere Kandidatinnen für sein Projekt, doch während die Mütter zustimmen, lehnen die betroffenen Kinder ab, sobald sie erfahren, dass es um Nacktaufnahmen geht. Eines Tages erhält Gross einen Anruf von Teri Shields, der Mutter der zehnjährigen Brooke Shields, einem der bekanntesten Kindermodels jener Zeit. Brooke Shields, bei der berühmten Agentur Ford unter Vertrag, akzeptiert, nackt fotografiert zu werden, unter anderem in einer Badewanne. Mutter Teri, mit Gross gut bekannt, unterzeichnet den Vertrag. 450 Dollar Gage, die von Playboy Press beglichen werden.
Die Fotos werden überdimensional aufgeblasen und im Schaufenster der Modeboutique von Charles Jourdan auf der Fifth Avenue gezeigt. Playboy veröffentlicht sie in einem Buch, inmitten von künstlerisch nicht gerade wertvollen Aktaufnahmen im bekannten Stil des Hauses Hefner.
Der französische Filmemacher Louis Malle sieht die Fotos und engagiert Brooks Shields für seinen Kinofilm über ein Freudenhaus in New Orleans. Erst nach Beginn der Filmkarriere ihrer Tochter Brooke versucht Teri Shields, die Negative zurückzukaufen. Als Gary Gross sich weigert, erwirkt sie eine einstweilige Verfügung und blockiert die weitere Verwendung der Fotos. Brooke Shields wird zum Star und spielt, züchtig bedeckt, in der dümmlichen Teenager-Schwarte »Die blaue Lagune«. Jahrelang kämpft Gross, für den die Fotos der bis vor kurzem mit Tennis-Star André Agassi verheirateten Brooke Shields zum Lebenswerk werden, um die Freigabe. Bis er schließlich endgültig gewinnt. 1999 wird die gesamte Serie in der New Yorker Galerie American Fine Arts gezeigt. Im Internet ist sie unter www.thewomaninthechild.com einsehbar. Inklusive ihrer Geschichte.

kunst und feminismus

Paris, südliche Vorstadt. Im Ortsteil Malakoff hat Annette Messager ihr Atelier. Hinter einer schlichten Garageneinfahrt blüht ein grüner Innenhof, den seit fünfzehn Jahren Künstler bewohnen. Außer Messager leben hier unter anderem Christian Boltanski, der sich in letzter Zeit in gewollt theatralischen Installationen von Altkleidern oder anonymen Fotoalben mit kollektiver Erinnerung auseinander setzt, und die Fotokünstlerin Sophie Calle, die 1981 erstmals mit ihrer Serie *Striptease* Aufsehen erregt, als sie mehrere Wochen in einem Striplokal am Pigalle arbeitet und sich bei der Arbeit fotografieren lässt.

Annette Messager erzählt, wie sie in New York nach Ausstellungen im MoMA und in der Gagosian Gallery plötzlich als europäische Vorläuferin des Feminismus gewürdigt wird. Schon Anfang der siebziger Jahre erfindet sie für eine Serie über frauliche Gemeinplätze in dummen Männersprüchen ein Wortspiel frei nach Descartes. Anstelle von »Je pense donc je suis« schreibt sie »Je pense donc je suce«. Ein sarkastischer Satz über das Selbstverständnis von Frau und Künstlerin. »Ich bin, also blase ich.«

Annette Messager tritt in den siebziger Jahren auf als *Frau Strickerin, Frau Künstlerin, Frau Sammlerin.* Als letztere zeichnet sie in ihrem angeblich »geheimen«, natürlich für die Öffentlichkeit bestimmten Skizzenbuch die Schwänze der Freunde. Sie fotografiert die Hosenschlitze von Männern, denen sie auf der Straße begegnet. Ist das Feminismus? Die Künstlerin zuckt die Achseln. Feminismus ist nie ihr Problem gewesen. Es geht ihr

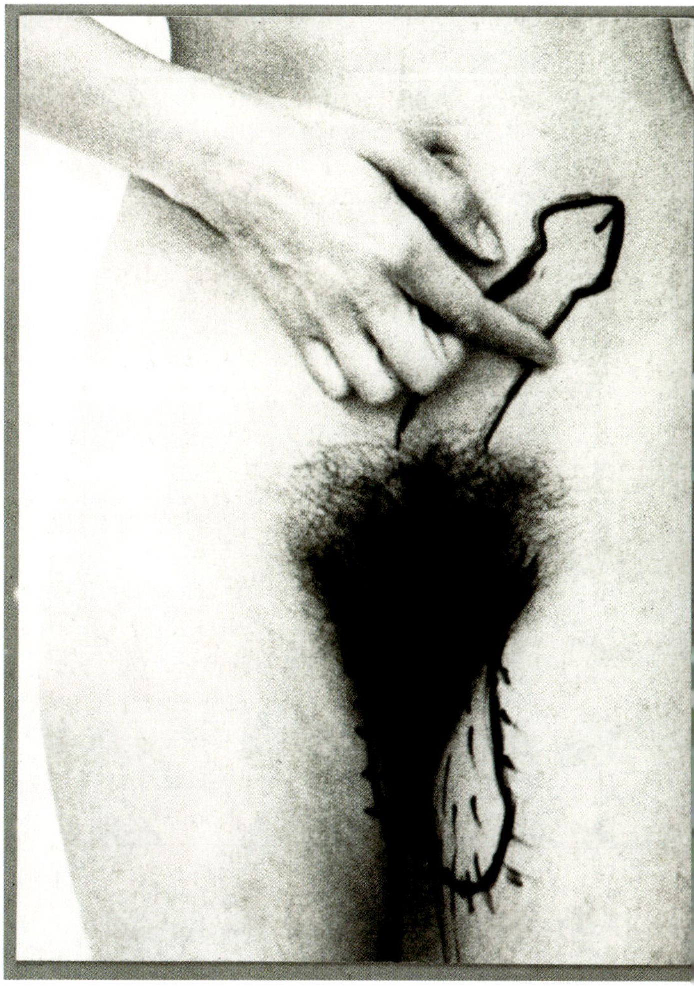

Annette Messager,
»La Femme-Homme«, 1975

weniger um die Diskriminierung der Frau als um eine allgemeine gesellschaftliche Intoleranz gegenüber allem, was marginal ist. »Deshalb habe ich mich auch nie mit Erotik beschäftigt. Ich hasse das Wort Erotik. Mir geht es um Sexualität, nicht um Verführung.«

Die amerikanische Vorläuferin des Feminismus in der Kunst ist die 84-jährige Louise Bourgeois, ebenfalls Französin, ebenfalls konzentriert auf die künstlerische Verarbeitung der eigenen Biografie. Im Gegensatz zu Messager, die als Spurensucherin vorgeht, immer im Alltag grabend, reduziert die in Downtown Manhattan lebende Bourgeois, die wie keine andere Künstlerin den Spagat dieses Jahrhunderts zwischen alter und neuer Welt verkörpert, die Sexualiät zu Bildchiffren. Wo Annette Messager sexuelle Inhalte in wirklichkeitsnahe, wenn auch teilweise fiktive Bilder verpackt, benutzt Louise Bourgeois psychoanalytische, symbolische Chiffren der Verdrängung, mit denen sie sich am Vater rächt, mit siebzig Jahren Verspätung. Auffällig ist bei beiden, dass sie anstößig, aber nie aggressiv wirken. Ist das ein Kennzeichen feministischer Kunst? Will Feminismus in der Kunst politisch wirken, nicht durch Schock?

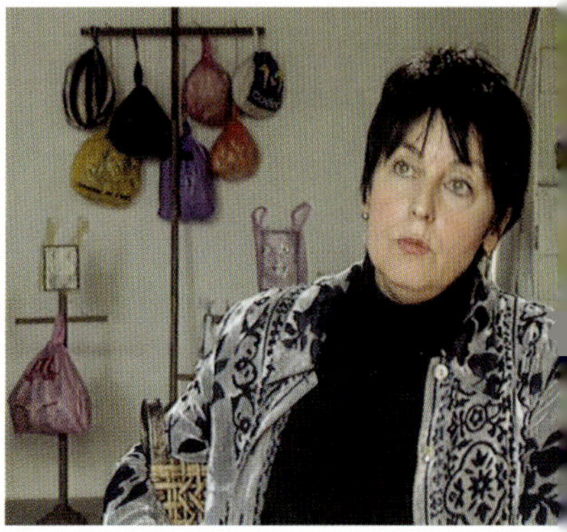

Annette Messager in ihrem Pariser Atelier (Videostill)

Bevor eine Künstlerin wie Zoe Leonard 1992 auf der documenta IX ostentativ Fotos nackter Vulven zwischen Damenporträts der Kasseler Neuen Galerie hängt, haben Carolee Schneemann und andere frühe Feministinnen die Pornografie, und damit das Tabu, immer gemieden. Weil in der Pornografie die Frau weiter in der Objektrolle stecken zu bleiben droht und es diese doch gerade zu durchbrechen gilt?

Sexuell explizite Arbeiten aus jenen Jahren gibt es, aber sie sind in Vergessenheit geraten. Vor allem die Amerikanerin Judy Chicago bekennt sich mit ihren Klitoris- und Vagina-Bildern zu einer radikalen Frauenkunst. Heute erinnert sich kaum jemand an sie. Tatsache ist, dass die Arbeit allzu aggressiver Tabubrecher(innen) die Kunstgeschichte meist nicht übersteht. Weil der Markt

»Man hat mich als Hexe behandelt, als böse Frau, als Kastrierende … Offensichtlich kann man nicht gleichzeitig Künstlerin und, in Anführungszeichen, normale Frau sein. Wenn sie Künstlerin sein will, wird jede Frau automatisch als Hexe eingestuft, als Monster, als Hysterikerin. Oder, ganz im Gegenteil, als Heilige. Dazwischen gibt es nichts. Das ist bei den Männern ganz anders …
Kürzlich hat man mir eine Ausstellung in den Vereinigten Staaten storniert, weil in einer Arbeit ein nacktes Geschlechtsteil vorkommt und das als pornografisch gilt … Natürlich sind Künstler Voyeure, aber das Museum ist die Bühne, wo dieser Voyeurismus stattfindet. Und auch die Museumsbesucher sind Voyeure …
Künstler sind große Perverse, aber was heißt das schon, pervers zu sein? Dass man bestimmte Grenzen überschreitet, eine bestehende Ordnung verletzt, sie verändert – das meine ich mit Perversion. Und genau das ist Aufgabe des Künstlers, Grenzen zu überschreiten und den Verhaltenscode seiner Zeit, seiner Epoche zu durchbrechen.«
Annette Messager

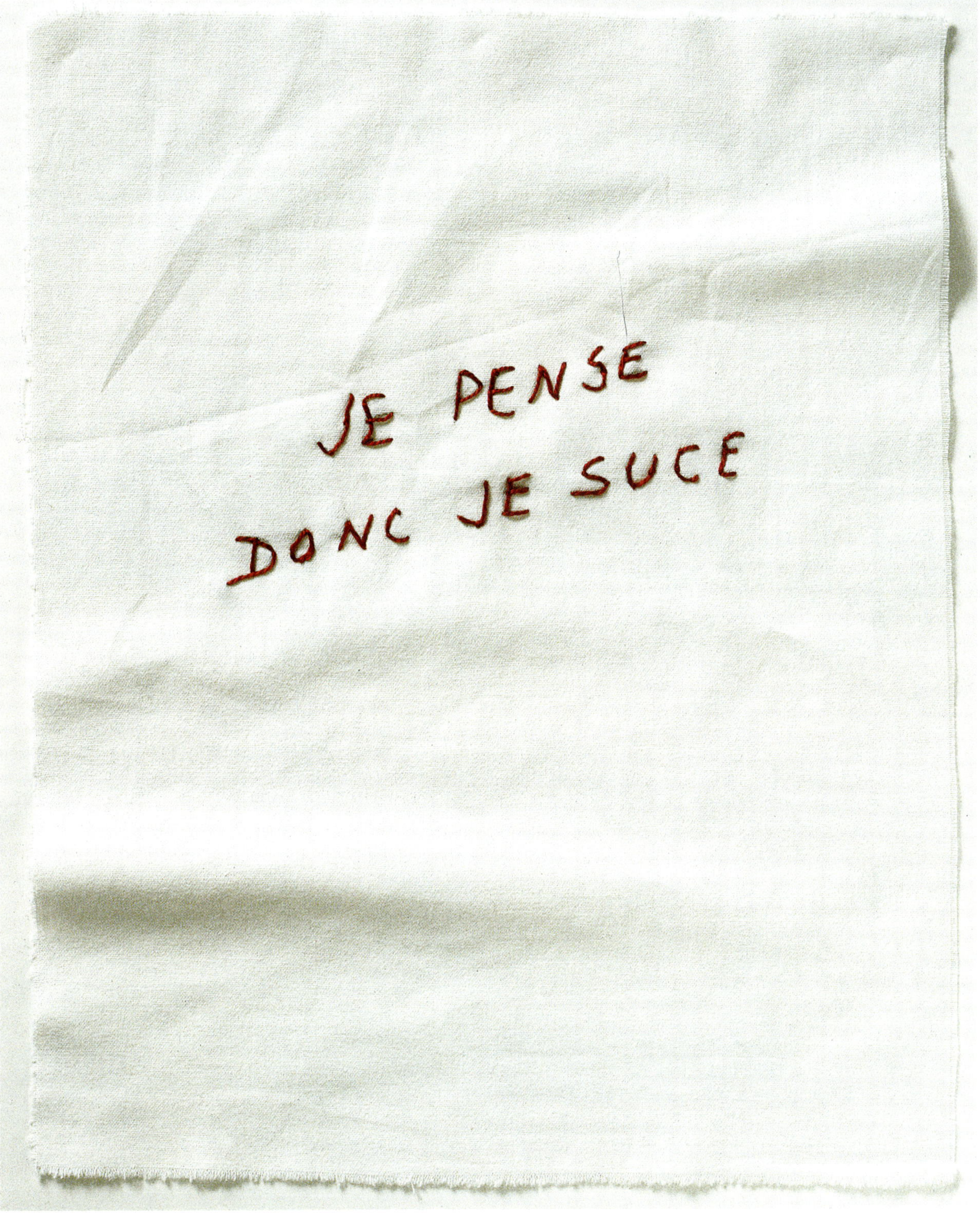

Annette Messager,
aus der Serie »Proverbes«, 1974

Kunstgeschichtliche Schlüsselwerke für jede Form sexueller Darstellung in der Bildenden Kunst sind zwei Klassiker, nämlich die Skulptur *Princesse X* von Constantin Brancusi sowie ein Gemälde des 19. Jahrhunderts, das alle Fantasmen, Klischees und Unverschämtheiten

ein historisches vor-bild:
gustave courbet, der ursprung der welt

auf den kleinsten gemeinsamen Nenner bringt: die Vulva. 1866 malt der Franzose Gustave Courbet, gefeiert und belächelt als der Erfinder eines neuen Realismus, den nackten Unterleib einer Frau ohne Kopf, ohne Gesicht, ohne Psyche. Das Gemälde, erst später – und wahrscheinlich nicht von Courbet – mit dem Namen *L'Origine du monde* versehen, ist für den türkischen Diplomaten Khalil-Bey gedacht; obwohl es öffentlich nie gezeigt wird, verachten es zeitgenössische Kunstkritik und Courbets Malerkollegen, allen voran die Romantiker um Eugène Delacroix, als künstlerisch minderwertige und unmoralische Provokation.

Dabei ist *Der Ursprung der Welt* keinesfalls als Angriff auf den guten – oder schlechten – Geschmack des damaligen Publikums geplant; für Courbet ist das Bild realistisches Manifest und malerische Antwort auf zwei Gemälde Edouard Manets, die damals offen und ungewohnt das Thema bürgerliche Sexualität behandeln und für viel Aufsehen gesorgt haben: *Das Frühstück im Freien* und die *Olympia*. Während Konkurrent Manet anzüglich eine den Betrachter anblickende, selbstbewusste Nackheit malt, erfindet Courbet den sehr viel direkteren Blick eines einzigen Auges, das man ebenfalls ein »Fenster zur Seele« nennen könnte: das Auge des Geschlechts.

Manets Olympia wird als Prostituierte interpretiert; bei Courbet dagegen gibt es keine Interpretation, sondern nackte Tatsachen. Die Frau steht für ihr Geschlecht und das Geschlecht für die Frau. Das Bild ist sexistisch im wahrsten Sinnes des Wortes. Es gibt keinerlei kühle Distanz, sondern die dargestellte Situation hat die Intimität eines Liebesakts. Courbet verformt perspektivisch das Motiv, lässt es sich dem Betrachter entgegenwölben, vergrößert damit seine Anziehungskraft und Ungeheuerlichkeit.

Genauso spektakulär wie das »d'après nature« gemalte Motiv Courbets ist die Rezeptionsgeschichte des Bildes. Bis zum zweiten Weltkrieg im Budapester Kunstmuseum aufbewahrt, bleibt es jahrzehntelang dem öffentlichen Blick vorenthalten. Ab 1955 hängt es im Landhaus des Pariser Psychoanalytikers Jacques Lacan. Allerdings wird das Bild selbst bei Lacan nur selten Besuchern gezeigt; meist ist es verdeckt von einer gemäßigten Version, die Lacans Gattin beim Surrealisten André Masson bestellt hat.

Erst 1988 taucht das Bild erstmalig wieder in der Öffentlichkeit auf. Heute hängt es im Pariser Musée d'Orsay, ein kleines Format in einem riesigen Gebäude. Es ist so klein, dass es von den meisten Museumsbesuchern übersehen wird. Um so gewaltiger wirkt seine Obszönität.

Gustave Courbet, »L'Origine du monde«, 1866

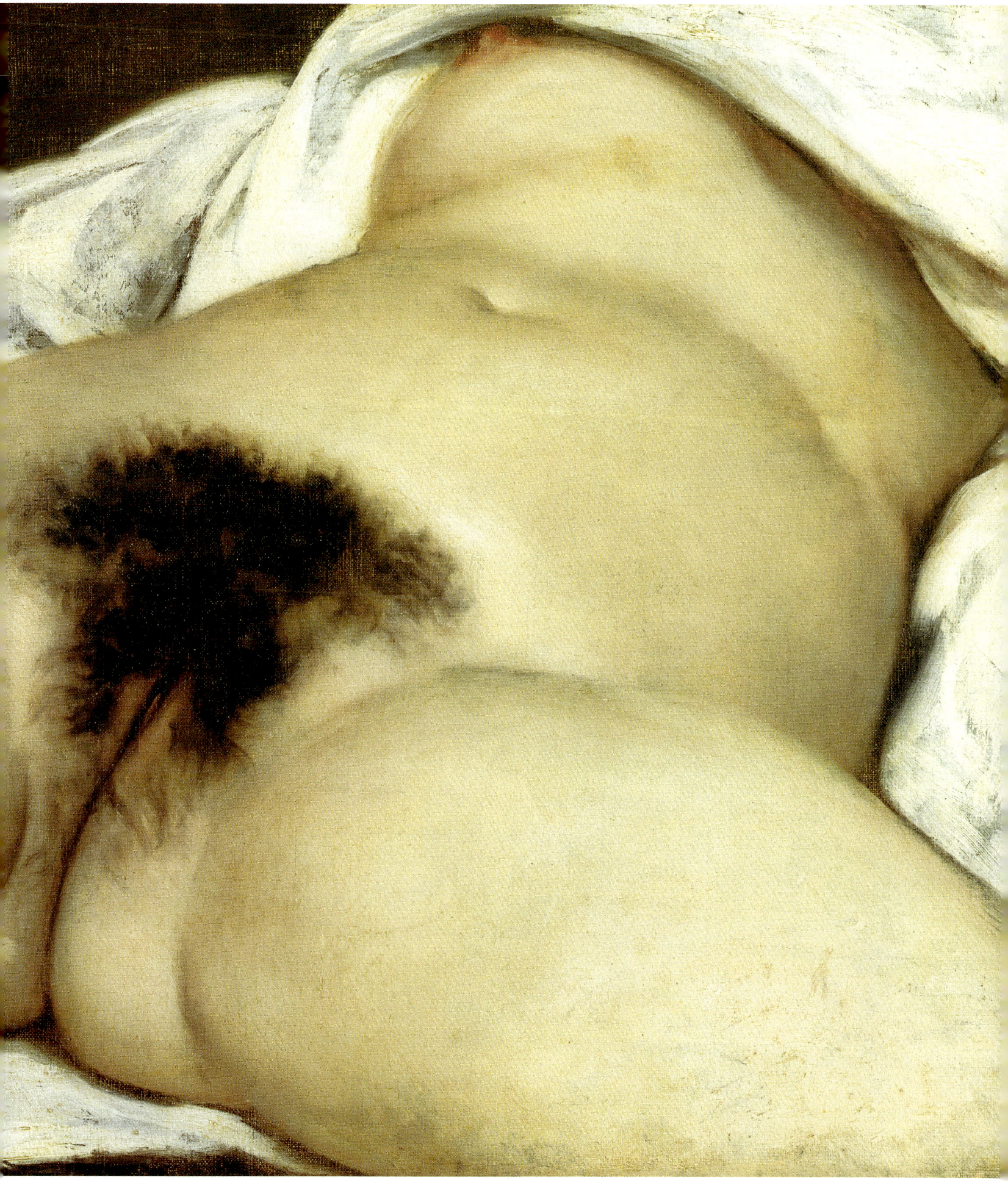

Francis Bacon,
»Two Figures«, 1953

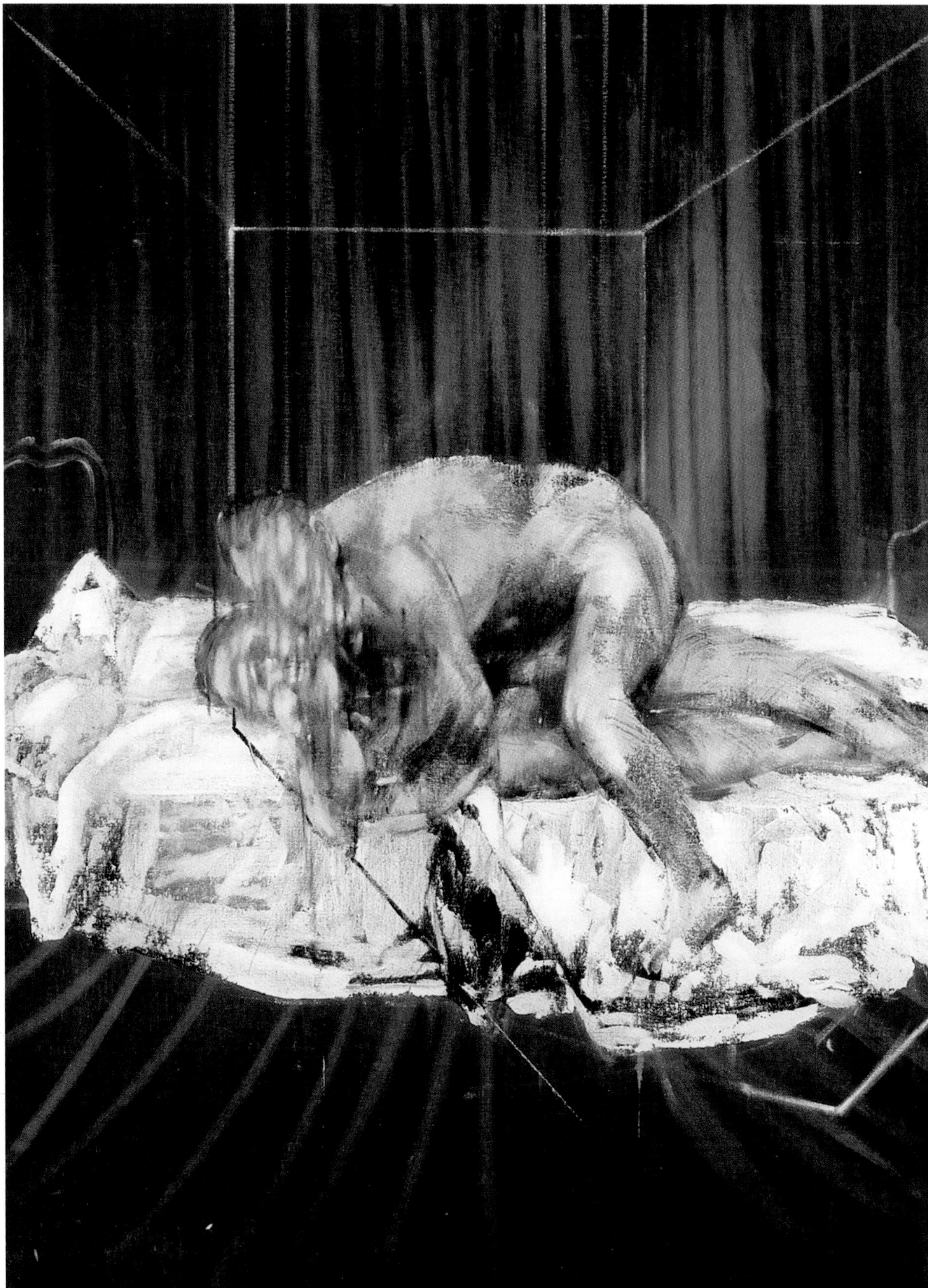

weiter von Männern kontrolliert wird? Oder weil das Thema die künstlerische Form zu sehr überschattet?

Jeff Koons hat die Pornografie ins Museum geholt und sich selbst, zumindest zeitweise, durch seine Provokation aus dem Kunstmarkt katapultiert. Die Wirkung seiner auf Schock angelegten Werke beibt oberflächlich. Robert Mapplethorpe dagegen rehabilitiert Obszönität, er schreibt mit seinen Akten Kulturgeschichte und verändert den erziehungsgeschädigten Blick der Massenmedien auf den Körper, vor allem auf den männlichen.

Denn nicht nur die allzu erotische Darstellung des männlichen Körpers, das Thema Homosexualität schlechthin ist lange Zeit tabu gewesen. Zwanzig Jahre vor Mapplethorpe zieht Francis Bacon mit dem Gemälde *Two Figures*, einer Fotografie zweier Ringer von Edweard Muybridge nachgestellt, wegen der angeblichen Darstellung eines homosexuellen Geschlechtsakts den Bannstrahl der Zensur auf sich. Von Sex ist bei Bacon nichts zu sehen, wohl aber von Gefühl, Ausdruck, Leidenschaft. Von Bacon über Mapplethorpes *Honey* und Annette Messagers *Mes vœux* zum *Geschlecht mit Klößen* des Malers Georg Baselitz: Wenn ein Kunstwerk als provozierend oder gar skandalös bezeichnet wird, so sagt dies nicht nur etwas über den einzelnen Betrachter aus, sondern oft auch über die Gesellschaft, in der er lebt.

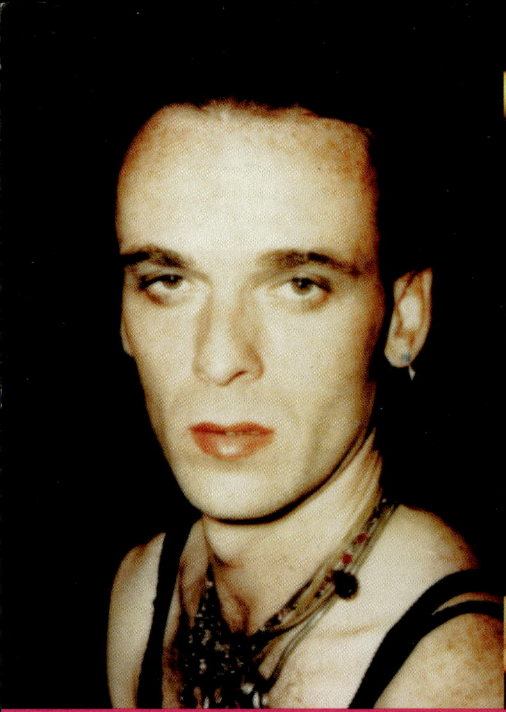
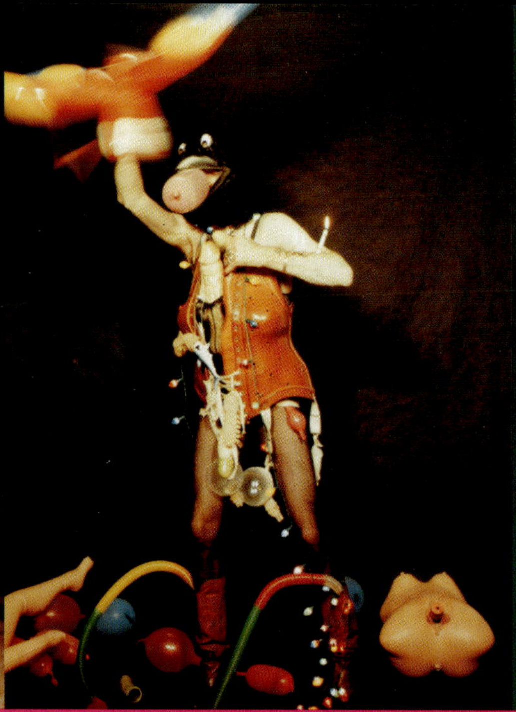
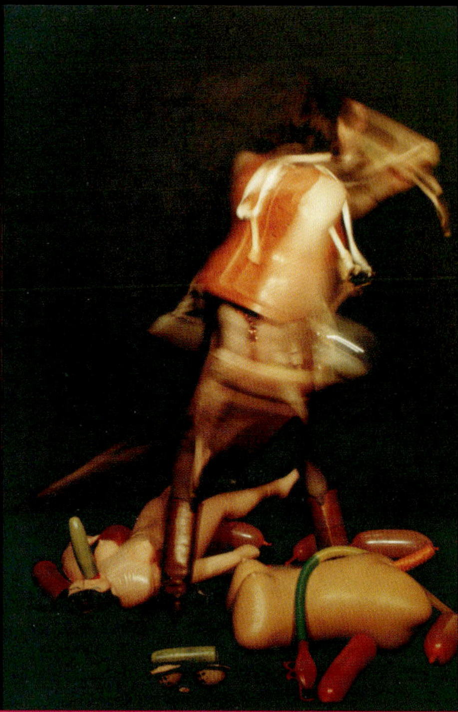

zerreißproben: kunst und gesells

Jürgen Klauke, »Dr. Müllers Sex-Shop oder So stell ich mir die Liebe vor«, 1977

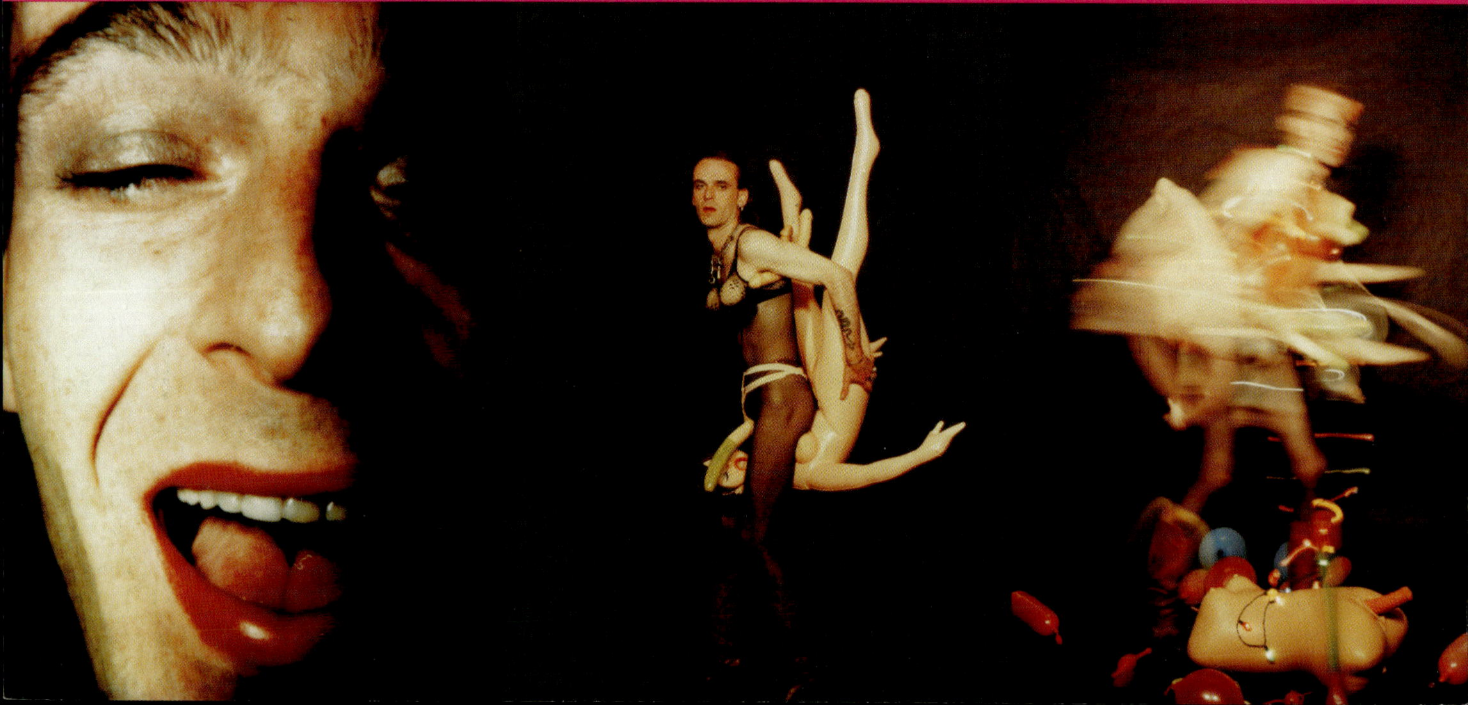

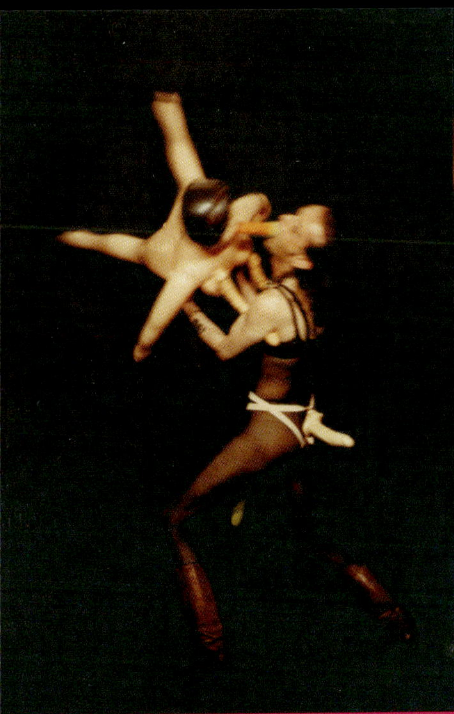
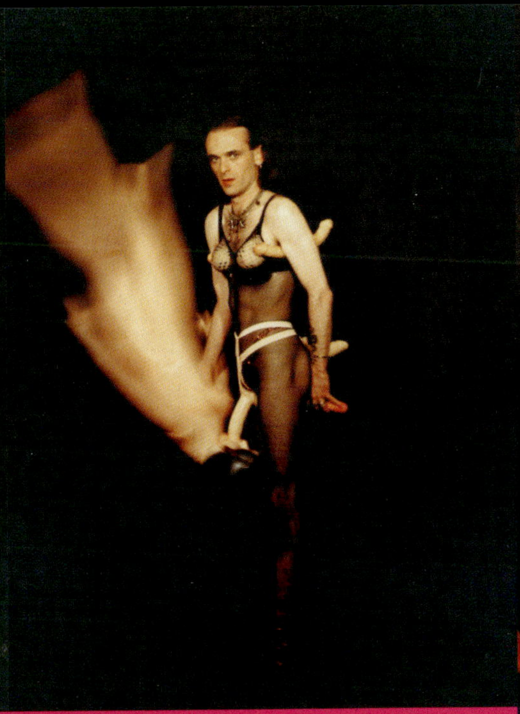
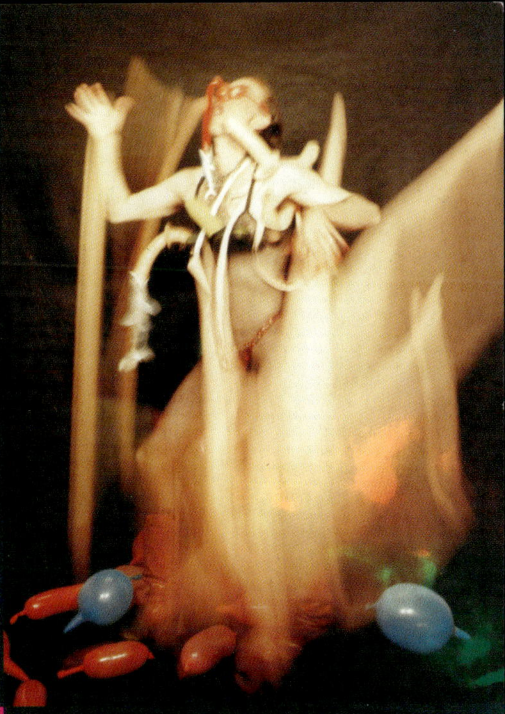

chaft

**Jürgen Klauke,
Georg Baselitz,
Günter Brus,
Hermann Nitsch,
Otto Muehl,
Marcel Duchamp,
Joseph Beuys
und andere**

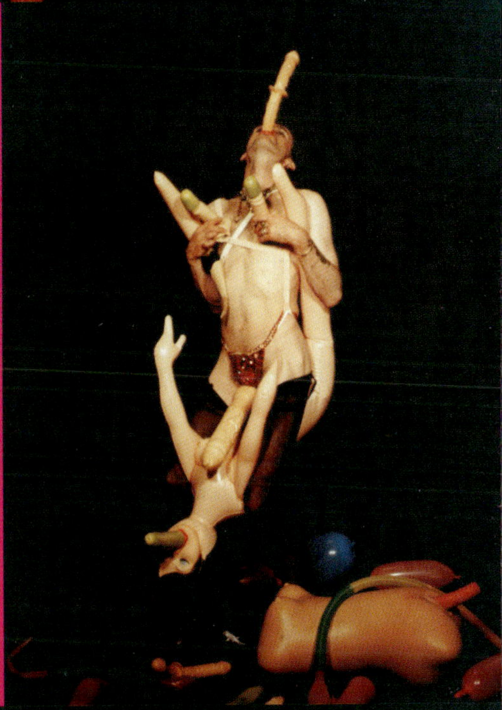
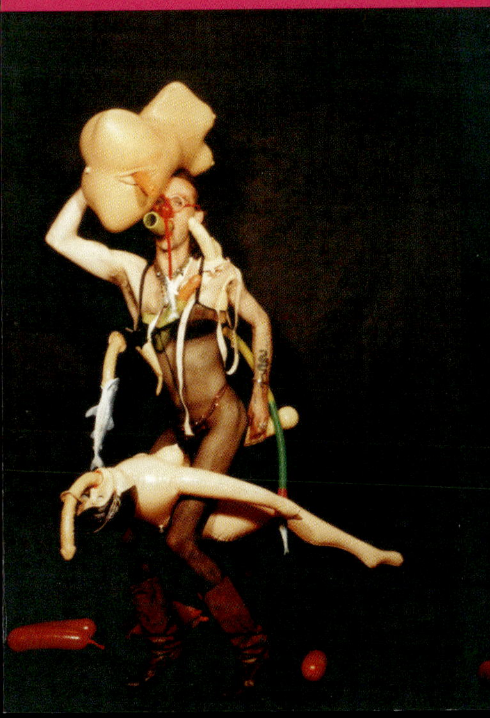
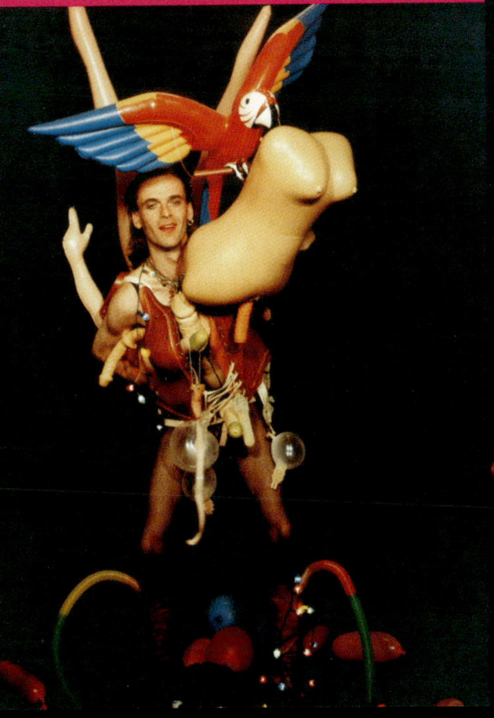
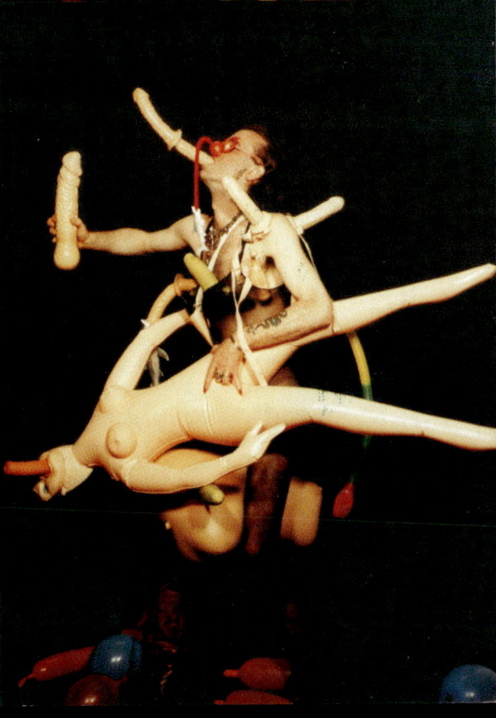

Chronique scandaleuse

1999
Die bekannte New Yorker Galeristin Mary Boone wird verhaftet und 12 Stunden lang polizeilich verhört, weil sie eine Installation des Künstlers Tom Sachs über den amerikanischen Schießwaffenkult zeigt

1997
Das in der Royal Academy anlässlich der Ausstellung »Sensation« gezeigte Gemälde »Mirna« sorgt für Aufruhr in der Londoner Boulevardpresse. Es zeigt das Porträt einer berüchtigten Serienmörderin

1991
Der Londoner Damian Hirst zeigt »The Physical Impossibility of Death in the Mind of Someone Living«, einen in Formalin schwimmenden Haifisch; er bringt Kunstszene, Tierschutzvereine und Zoll – das tote Tier wurde aus Australien importiert – gegen sich auf

1980
Im deutschen Pavillon der Biennale in Venedig stellt Georg Baselitz sein »Modell für eine Skulptur«, einen sitzenden Mann mit ausgestrecktem rechtem Arm

1976
Die Münchener Städtische Galerie im Lenbachhaus kauft trotz wütender Proteste von Presse und Öffentlichkeit die Installation »Zeige deine Wunde« von Joseph Beuys

1973
Der Kölner Jürgen Klauke und der Züricher Urs Lüthi provozieren als transsexuelle »Transformer«

1969
Beuys-Schüler Anselm Kiefer bereist zum Teil von Hitler eroberte Länder und tritt dort an markanten Plätzen mit Hitler-Gruß in der Öffentlichkeit auf

1965
Günter Brus unternimmt in Wien vor Publikum seine erste »Selbstverstümmelung« und wird bald darauf zu Gefängnis verurteilt

1964
Joseph Beuys wird in Aachen während einer Fluxus-Performance blutig geschlagen

1963
Georg Baselitz und der Galerist Michael Werner stehen in Berlin-Moabit wegen der Bilder »Die Große Nacht im Eimer« und »Der nackte Mann« vor Gericht

1960
Hermann Nitsch beginnt in Wien sein blutiges »Orgien-Mysterien-Theater«

1959
Allan Kaprow erfindet in der New Yorker Reuben Gallery das Happening, und Nam June Paik tritt in Düsseldorf auf

1917
Marcel Duchamps unter Pseudonym eingereichtes Ready-made »Fountain«, ein Porzellan-Pissoir, sorgt bei einer angeblich juryfreien New Yorker Kunstschau für einen Eklat

Auch Künstler suchen Gesellschaft. Ihre eigene. Vor allem in kunstfeindlichen Zeiten brauchen sie Orte, an denen sie unter sich sind. In Diktaturen sind das meist so genannte Selbsthilfegalerien. Wie der Ost-Berliner Jürgen Schweinebraden 1974 eine in seiner Privatwohnung eröffnete. In Demokratien dagegen braucht man keine Selbsthilfegalerien, da gibt es die Künstlerkneipen. Publikum und Prinzip sind in beiden gleich: Künstler, Künstlerinnen und einige Groupies beiderlei Geschlechts. Dazu kommen Sammler, Kritiker und Kunstgeschichtsstudenten, von denen man glaubt, dass sie mal Museumsdirektor werden könnten, und reden über Kunst und Gesellschaft.

Eine Kneipenchronologie der Avantgarde ist bisher nicht geschrieben worden, leider. Da gibt es das Züricher Cabaret Voltaire, in dem während des Ersten Weltkriegs die Dada-Bewegung gegründet wird. Während sich Arrivierte und Touristen im Dôme am Pariser Montparnasse vergnügen, treffen sich in den zwanziger Jahren die Verschwörer der Avantgarde im Café Cyrano an der Place Blanche, nahe dem Moulin Rouge, wo die Surrealisten ihrem Papst André Breton die Ehre erweisen. Der Aufbruch der New Yorker Nachkriegsmalerei wäre ohne Herrn Jack Daniels und die Three Roses Bar an der Houston Street nicht denkbar, in die Anfang der siebziger Jahre auch die rheinischen New York-Stipendiaten um den Düsseldorfer Maler Blinky Palermo pilgern, um posthum Jackson Pollock und Konsorten zu huldigen. Die Berliner Kunstszene der Siebziger organisiert sich um die Kneipen des österreichischen Dichters Ossi Wiener, Paris-Bar und Exil. In Düsseldorf ist es der Rathinger Hof, der Ende der sechziger Jahre ebenso wichtig wird wie die örtliche Kunstakademie.

Will ich als bürgerlicher Student und Kölner in den siebziger Jahren Künstler treffen, muss ich ins 1975 gegründete Roxy. Das liegt in Nähe der Ringe, die die eigentliche Innenstadt umschließen, und ist gefährlich. Nicht wegen seiner Lage, sondern wegen der dichten Bier-Glocke, in der damals die erste echte Kölner Kunstszene der Neuzeit gedeiht, fernab von der Südstadt und ihrer offiziellen Fachhochschule, die sich wie eine Akademie gebiert. Bier macht bekanntlich aggressiver als Wein, was man im Fußball an den englischen oder holländischen Hooligans sieht, wenn die mal wieder über ihre italienischen Kollegen herfallen. Das im Roxy ausgeschenkte Kölsch läuft leicht durch und ist alles andere als stark, aber – ist es wegen der Nähe zum Dom oder zu Fernet Branca? – der Kölner Kunstszene muss man mit Respekt begegnen.

Etwa dem Bildhauer Carol Bethke, eher schmächtig von Wuchs, aber laut in seiner Wut. Dem Fotografen Rudolf Bonvie, bestimmt im

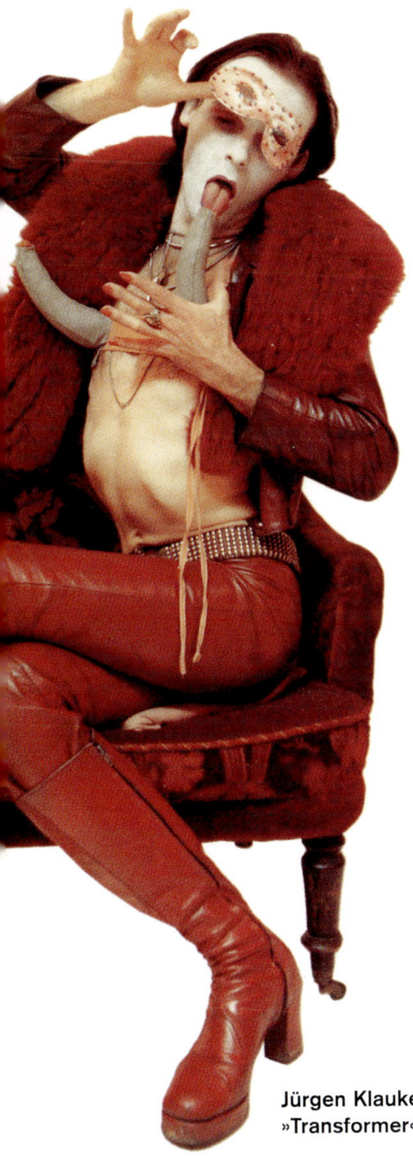

Jürgen Klauke,
»Transformer«, 1973

Gespräch, abgeklärt in der Kunst. Dann Astrid Klein, deren Kölscher Akzent so breit wie ihr Haar lang ist. Im Roxy trinkt Claus-Otto Paeffgen, Brauerei-Erbe und in seiner Malerei Meister der lakonischen Linie, der als C. O. berühmt werden wird. Dann ist da die strenge Rune Mields, Konzept-Kunst vom hennaroten Scheitel bis zur Sohle. Manni Löhe, der mit Pailletten malt und auf offener Straße kleine Altäre baut, bekommt nur, wenn ich mich richtig entsinne, den Anfang des Roxy mit, ehe er an einer Überdosis stirbt.

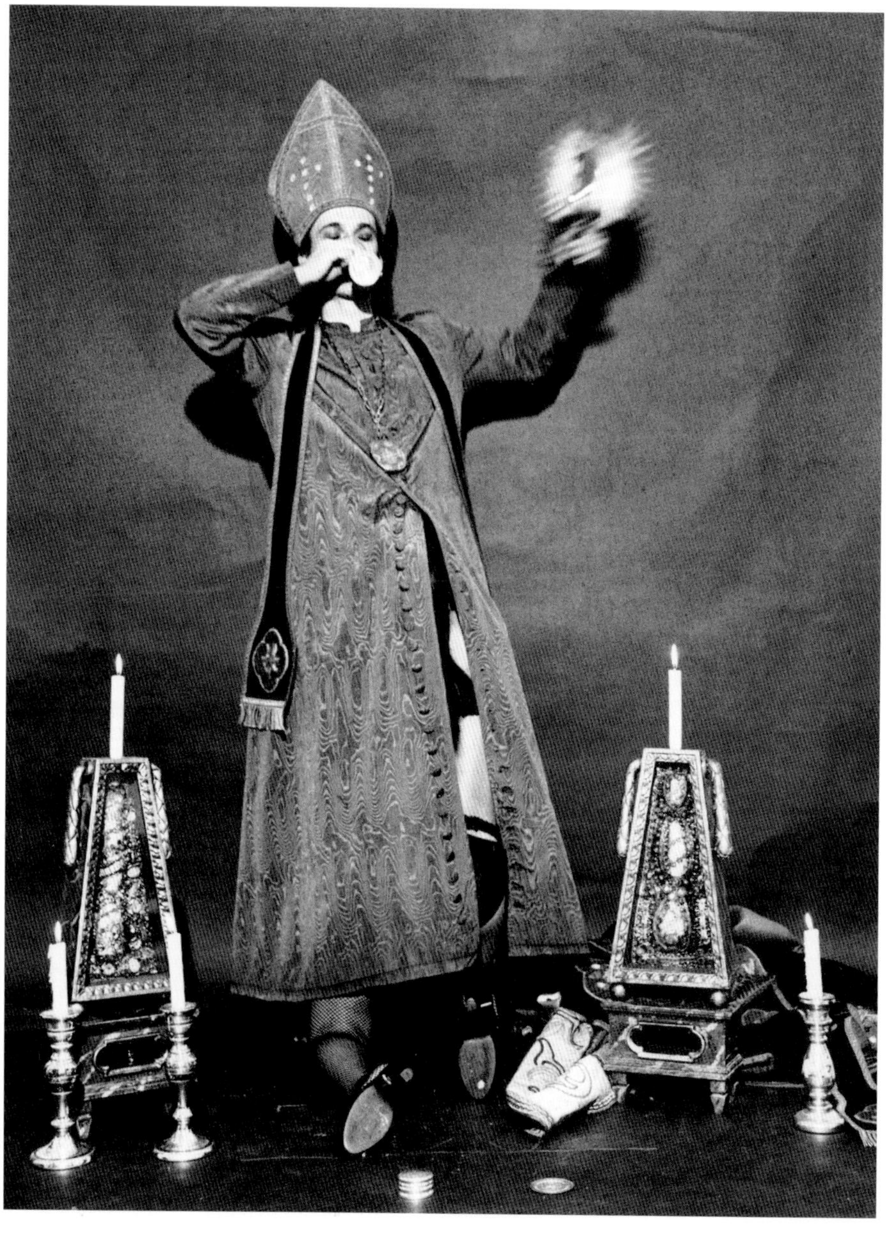

Jürgen Klauke, »Grüße vom Vatikan«, 1976/77

»In den siebziger Jahren ging die Kunst Hand in Hand mit Aufarbeitung der Nachkriegsgesellschaft und einer werdenden Wohlstandsgesellschaft, wo wir unsere Nöte mit hatten. Ich war ja noch in einem Konvikt wilhelminischer Prägung zur Schule gegangen, das ist heute unvorstellbar. Und in den Ministerien und der Juristerei saßen noch Köpfe, die im Krieg eifrig mitgemischt hatten. Das wurde nur sehr langsam offen gelegt und abgebaut. Unsere Kunst war deshalb schon eine Art Rebellion, das war eine Analyse unserer Vorfahren, und so etwas ging nur über den Weg der Attacke.«

Jürgen Klauke

Auch Kunstpromoter und Alternativgalerist Ingo Kümmel, der die Brücke zur Südstadt schlägt und den man kaum versteht, obwohl er immer das Richtige lallt, ist heute nicht mehr. Ganz im Gegensatz zu Jürgen Klauke, zusammen mit Wirt Horst Leichenich Mitbegründer und – gute – Seele des Ladens. Schon der Namen Klauke ist Programm – da steckt katholische Glocke, altkölsche Aristokratie, aber auch vulgäre Kloake drin, eine explosive, nicht vorhersehbare Mischung aus Ohrfeige und Zungenkuss. Klauke, an der Mosel geboren, im Internat zum Rebellen und auf der Fachhochschule zum Künstler gedrillt, bringt in Fotos und Performances die Kunstszene Köln zum Kochen. Sein Rezept: New Yorker Ehrgeiz, rheinischer Humor, kölscher Mut zur Vulgarität. Dazu viel Anarchie und ein bisschen Erzbistum.

In *Grüße vom Vatikan* gibt Klauke den Papst und der künftige Videokünstler Marcel Odenbach seinen Ministranten. Die Serie besitzt alles, wovon der Bundesbürger nicht zu träumen wagt: Altar und Strapse, sexuellen Segen und blasphemische Anzüglichkeiten. Das Ganze aber nicht in verkrampft militanter, sondern verspielter Form; nicht politisch, sondern aggressiv tritt Klauke auf, eine Epoche im Visier, in der Nobelpreisträger Willy Brandt schon über Spion Guillaume gestolpert ist und die Ölkrise für einen autofreien Sonntag gesorgt hat: Solidarität ist alles, rettet die Wohlstandsgesellschaft! Klauke knüpft sich nicht die Stützen dieser Gesellschaft, sondern ihre Altlasten vor; es geht nicht um präzise Systemkritik, sondern die unerträgliche Leichtigkeit des Seins in einem schwerblütigen Staat, der seine Probleme durch Polizei, Terroristenhetze und Disziplin zu lösen versucht. Und Disziplin ist nun mal eine altdeutsche Tugend, die der Generation Klaukes eher Gänsehaut macht.

dr. müllers sexshop

»Ich bin kein politischer, demonstrativer Künstler«, spricht Jürgen Klauke heute auf dem rosa Sofa seines Kölner Ateliers, »aber es schwingt etwas von Unbehagen mit in meiner Arbeit.« Das ist vorsichtig ausgedrückt. Klauke formuliert mehr als Unbehagen an einer Generation mitschuldiger Eltern, die sich nach Kriegsniederlage und Abmahnung in prompten Wiederaufbau und Wohlstand stürzt; Widerstand gegen Schuldirektoren, die früher Parteiabzeichen trugen; gegen eine tätige und tätliche Justiz, deren Richter vor dreißig Jahren braunes Recht sprachen. Während die Kölner Bürger ihrer Tageszeitung Express entnehmen müssen, dass ihre Kinder sich in den spätabendlichen *XScreen*-Projektionen der Filmemacher Birgit und Wilhelm Hein in der Pornografie suhlen, setzt der so von Unbehagen geplagte Klauke auf Masturbation. In *So stell ich mir die Liebe vor* spielt er aggressive Selbstbefruchtung mit in Dr. Müllers Sexshop oder bei Beate Uhse erhältlichen sexuellen Utensilien.

»Hintergrund unserer Arbeit in den späten sechziger Jahren war natürlich der Vietnamkrieg, und damit der Zusammenbruch der Behauptung eines sogenannten American Way of Life. Wir benutzten die Kritik an den Grundthesen der amerikanischen Gesellschaft als Rohmaterial. Es ging uns um den Zerfall von Autorität, dazu gehörte auch die ererbte Hierarchie von Malerei und Skulptur, die wir in Frage stellten.
Denn hatte man sich erstmal des akademischen Systems von Malerei und Skulptur entledigt, in dem sich ja das kulturelle Kräfteverhältnis spiegelte, weil der Kunstmarkt nur in diese zwei Kunstformen investierte, dann war man frei. Frei, mit Ideen zu arbeiten. Wer das akademische Denken abzustreifen vermochte, der verstand, dass es uns nicht mehr um Form und Farbe ging: Wir produzierten Bedeutung.«
Joseph Kosuth

Heute ist Klauke bekannt und akzeptiert, der gestrige Rebell ist ein anerkannter Poet, Fotograf und Zeichner, der die existenzielle Langeweile in kafkaesken Fotoserien zu formalisieren versteht. So wollen es der Kunstmarkt und das Leben. Das Unbehagen ist verinnerlicht, vielleicht manchmal verdrängt, aber keinesfalls vergessen; es fließt subtiler als früher in Arbeiten wie *Desasteröses Arschloch* ein, die nicht mehr provozieren, sondern nur mehr irritieren. Die bundesdeutsche Gesellschaft der späten neunziger Jahre ist so leicht nicht mehr zu skandalisieren. Die in New York heftig umkämpfte Ausstellung *Sensation* der jungen Londoner Kunstszene, mit der angeblich blasphemischen schwarzen Muttergottes von Chris Ofili, wird in Berlin mit Achselzucken quittiert. Sogar in München oder Erfurth könnte man sie problemlos zeigen.

Damals, in den siebziger Jahren, sucht das künstlerische Unbehagen nach einer anderen Art von Ventil. Marina Abramović und Ulay ohrfeigen sich bis zur Erschöpfung, Jochen Gerz brüllt in den Wind, bis die Stimme versagt. In seiner Performance *The harder they come* rennt Klauke zu den Klängen eines Reggae-Songs von Jimmy Cliff gegen eine Backsteinmauer, bis sie bricht. Und seine Rippen ebenfalls. Die Wut veräußerlicht sich, sie zielt nicht auf eine Partei oder Führungskaste, sondern ein sittliches Geflecht von heuchelnden Konventionen, Gesellschaft genannt, das in Westdeutschland ähnlich konservativ denkt wie in den USA, wo der Fotograf Mapplethorpe den Bürgern schwarze Männermuskeln vorhält.

Es ist kein Zufall, dass die damals skandalösesten Arbeiten Klaukes mit der Infragestellung eindeutiger sexueller Identität zu tun haben. In der Unentschiedenheit liegt ihre Stärke – Klauke steht im Dienste keiner Sache. Weder marschiert er bei Demos gegen den Vietnam-Krieg mit noch wird er Sympathisant des bewaffneten Widerstands der RAF. Auch kann er sich nicht für die solidarischen Denkschulen von Joseph Beuys begeistern, der aus der Nachbarstadt Düsseldorf und von der Kasseler documenta aus die Kunstszene missioniert. Klaukes Rebellion ist die eines Einzelgängers, der allenfalls zur Musik Lou Reeds unter der Kölsch-Glocke des Roxy Schutz sucht.

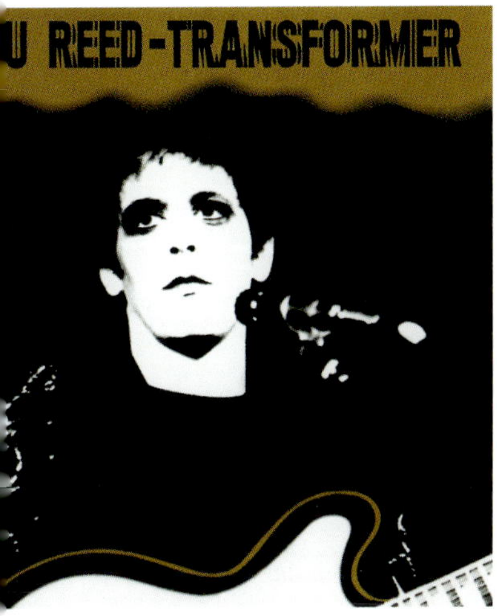

Der New Yorker Lou Reed, einst mit seiner Gruppe Velvet Underground und der Kölner Sängerin Nico von Andy Warhol produziert, veröffentlicht 1972 sein kommerzielles Meisterwerk, die Platte *Transformer*, die mit der chaotischen Anarchie der Velvet bricht und stattdessen spielerisch die musikalischen Grenzen von schwerem Rock, seichtem Kitsch, schwarzem Soul und weißem Pop durchbricht. Ohne dass die meisten Zuhörer nachvollziehen, was es bedeutet, wenn Lou Reed von Candy erzählt, der sich die Beine rasiert und aus dem Er eine Sie macht und den perfekten Blow Job liefert, rast der subersive *Transformer* in die Hitparaden. Und Klauke zieht mit.

Ein Jahr später schminkt sich auch Klauke die Augen: Seine *Transformer*-Serie ist witzig und vulgär, anzüglich und verzweifelt. Er zeigt sich halb in Leder, halb in Haut, mit Nylon-Strumpfhose und Textilbrüsten, die genauso gut eine Art Gehörn sein könnten. Doch werden seine Anzüglichkeiten nie militant: Obszönität wird nur angedeutet, dafür wirkt sie in ihrer Künstlichkeit umso stärker. Genau wie Lou Reeds Musik, wenn man denn genauer hinhört. Die sechziger Jahre mit ihrer revolutionären Eindeutigkeit, mit radikalen Gesten von Weltverbesserern wie Joseph Beuys, Wolf Vostell oder Günter Brus sind vorbei. Im bürgerlichen bundesdeutschen Konsens meiner Jugend sorgt nicht mehr politische Revolution, sondern Rebellion gegen den guten Geschmack für Skandal.

protest, rebellion, subversion

Der Maler Georg Baselitz strahlt auf den ersten Blick nichts Radikales aus. Er fährt S-Klasse, bewohnt ein Schloss, kämpft mit zweiundsechzig Jahren gegen terpentinbedingte Gicht und die drohende Routine einer alltäglichen Einsamkeit im Atelier. Baselitz betätigt sich nicht republikfeindlich, hält trotz seiner Prominenz luzide Distanz zu politischen Geplänkeln, die nicht seinem ausgeprägten Sinn für Ehrlichkeit und

Selbstzweifel entsprechen. Baselitz bezeichnet sich als normalen Bürger in einer bürgerlichen, sprich liberalen Gesellschaft. Kriminell wird er nur, wenn er malt.

Baselitz ist ein Meister aus Deutschland. Er stellt sich in die Tradition deutscher Malerei, die er »Tradition der hässlichen Bilder, von Dürer über Caspar David zu Nolde« nennt. Hässlich im Unterschied zur eleganten Leichtigkeit italienischer oder französischer Malerei. Wie kein zweiter Künstler seiner Generation spielt der 1938 in Deutsch-Baselitz geborene Georg Kern alias Baselitz mit dem geografischen und kulturellen Geburtsort seiner Bilder – seinen Bildern soll man ihre Ahnen ansehen, sie verarbeiten deutsche Kunstgeschichte, indem sie gleichzeitig gegen sie ankämpfen. »Als Maler«, sagt Baselitz, »bin ich Mörder.« Der Künstler muss seine Vorgänger umbringen, um neue Bilder malen zu können.

Im Sommer 1998, knapp ein halbes Jahrhundert nach seinem unfreiwilligen Weggang aus der heimischen DDR, neun Jahre nach dem Fall der Mauer und dem daraus folgenden Ende eines Staates, dessen Kunst er immer wieder öffentlich kritisiert und beschimpft hat, malt Georg Baselitz den Begründer des Kommunismus, Wladimir Iljitsch Uwanow. Alias Lenin. Baselitz' Lenin ist nackt, er sitzt im Sessel, natürlich kopfüber, und wird im Laufe mehrerer Bilder immer unkenntlicher werden. Auf die Wiedererkennbarkeit Lenins kommt es Baselitz nicht an – er malt nicht politische, er malt seine eigene Geschichte. Die immer auch Kunstgeschichte ist: Baselitz formuliert neu, was in seiner Jugend Staatskunst war. Er porträtiert nicht den Revolutionär Lenin, sondern malt ein offizielles Porträt neu, also eine staatlich geförderte Abbildung von Realität durch Kunst. Das nennt man Propaganda. Oder in diesem Fall Sozialistischen Realismus.

Baselitz arbeitet seit Anfang der achtziger Jahre auf Schloss Derneburg. Das liegt nahe der ehemaligen Grenze zur DDR, direkt an der Autobahn nach Kassel, aber fern jeder Großstadt. Erst malt Baselitz jahrelang in der düsteren, schlecht zu heizenden Schlosskapelle. Heute entstehen seine Bilder in einem großen, rechteckigen Atelier im Schlosspark. Dort lädt er den Besucher ein zu einer malerischen Reise in die düstere, für uns Westler immer ein wenig lächerliche Vergangenheit kommunistischer Kunstgeschichte. Gemalt in Schwarz auf Weiß, mit allenfalls einem Schuss Gelbbraun oder Magenta.

Neben Lenin zeigen die neuen Bilder Frontsoldaten bei der Zigarettenpause, einen malenden Offizier im Armeemantel vor der leeren Leinwand: Heroismus in alltäglichen Dosen. Baselitz spielt mit den Inkunabeln eines gefallenen Systems, einer gescheiterten Ideologie. Es ist,

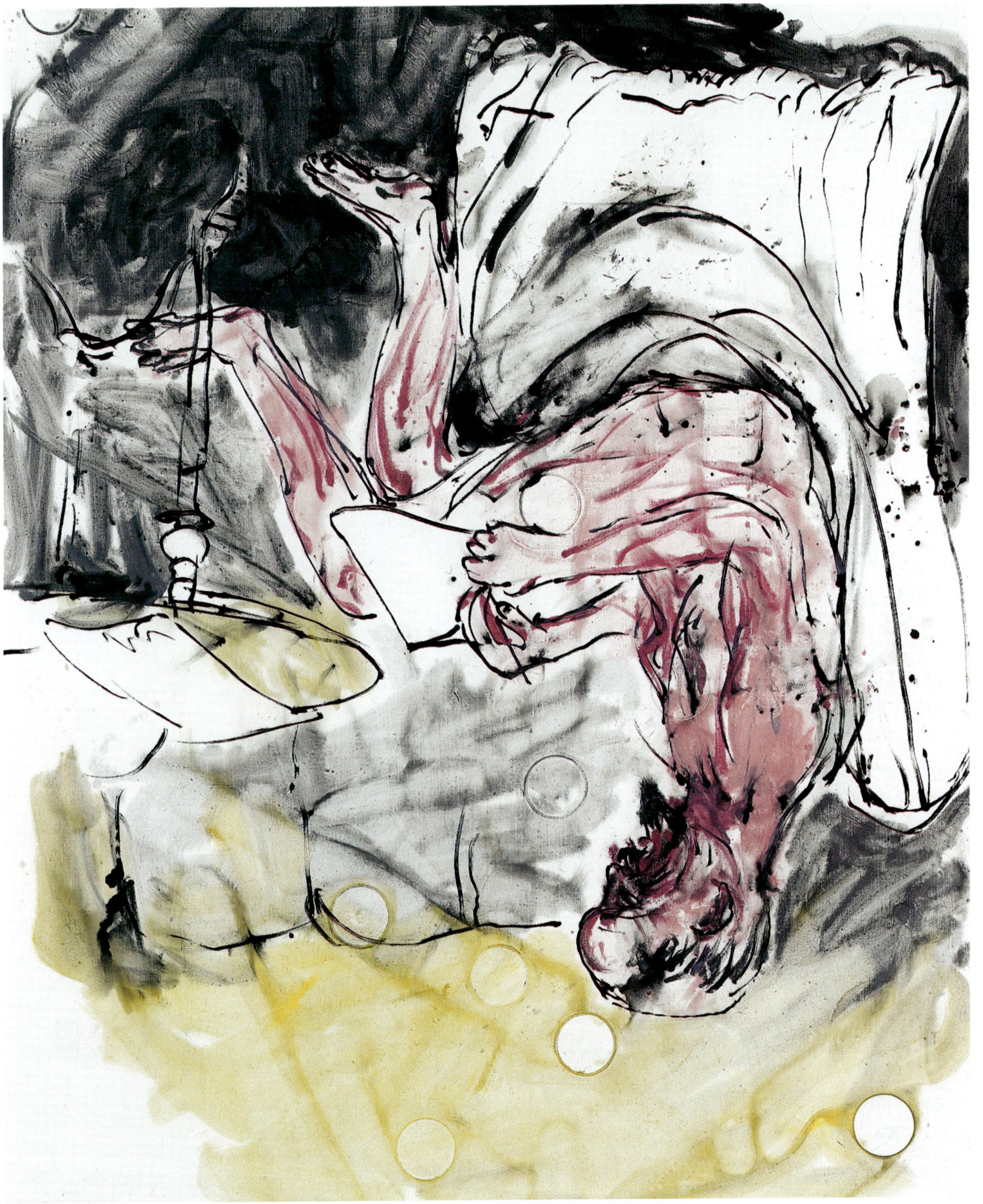

Georg Baselitz,
»Lenin in Smolny I«, 1998

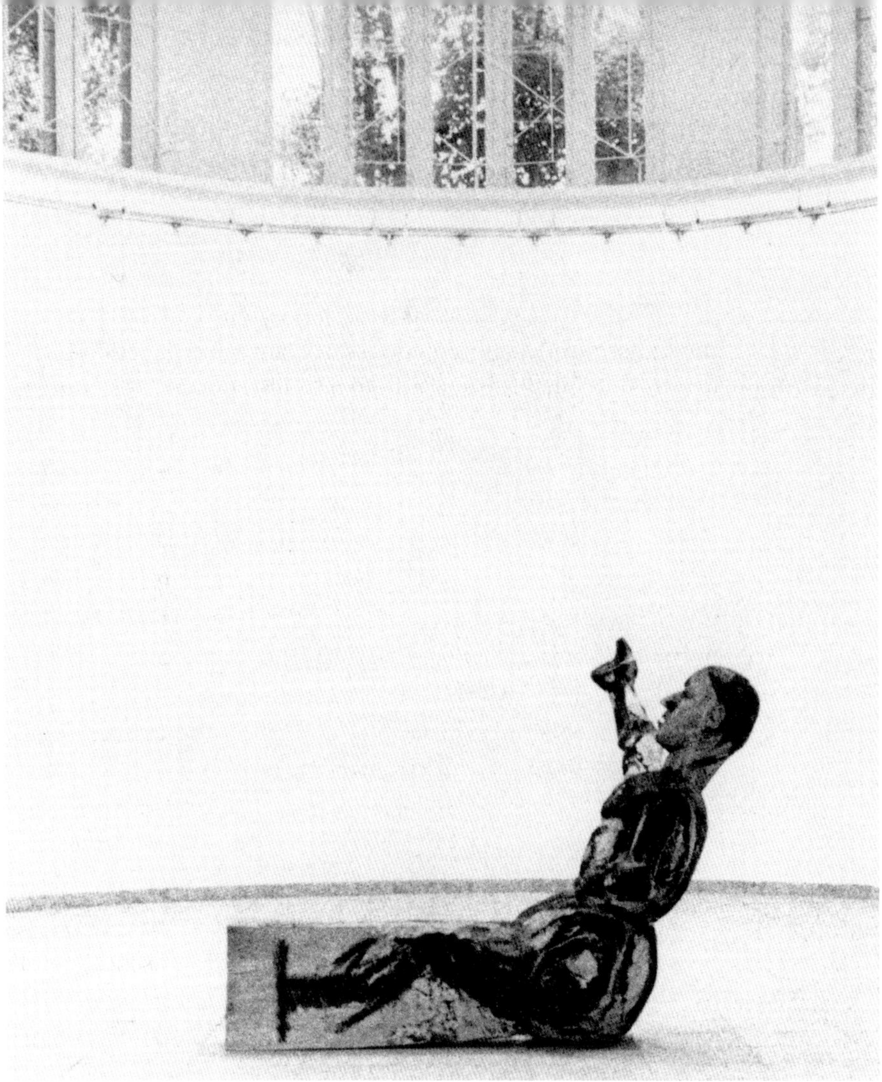

Georg Baselitz,
»Modell für eine Skulptur«,
1979/80

als wolle er Staatskunst wieder zurück in Malerei verwandeln – jetzt, da die einstigen Auftraggeber selbst Museumsstücke sind. 1980 schockiert Baselitz die Öffentlichkeit, als er laut fordert, endlich Nazi-Malerei der Öffentlichkeit zugänglich zu machen. Im deutschen Pavillion der Biennale von Venedig platziert er eine sitzende Skulptur mit hochgerecktem rechten Arm, während sein Kollege Anselm Kiefer Gemälde von *Deutschlands Geisteshelden* aufhängt.

1998 handelt er nicht provokativ, sondern subversiv: Er ironisiert eine ihm suspekte, wieder vereinigte Gesellschaft, indem er die verdrängte Kunst ihrer Vergangenheit neu malt. Noch 1993 nennt er seine ehemaligen Malerkollegen aus der DDR öffentlich »Arschlöcher«, weil sie sich für künstlerische Staatspropaganda hergegeben haben. Jetzt kopiert er ihre Vorbilder, auf seine Art.

kunst ohne anliegen

Seit unserer ersten Begegnung im Jahre 1987, anlässlich eines Filmporträts, taucht das Thema Form und Inhalt in unseren Gesprächen immer wieder auf. Baselitz behauptet, seine Malerei sei reine l'art-pour-l'art, also pures Motivspiel ohne kunstfremde Hintergedanken. Damit werde jede über die Form hinausgehende inhaltliche Interpretation überflüssig. »L'art-pour-l'art ist ein gutes Prädikat, bei dem ich mich sehr wohl fühle. [...] Ich will nichts korrigieren, nichts verändern, ich will weder Hinweise geben noch moralisieren. Die Gegebenheiten sind nicht so.«

Das sagt Baselitz 1987. Doch Malern soll man ihre Bilder glauben, nicht ihren Diskurs. Die Rede eines Künstlers ist nicht selten Programm, nach dem gearbeitet wird, und Baselitz ist ehrlich genug zuzugeben, dass er sich Programme setzt wie andere Fünfjahrespläne. Zum Langzeitprogramm gehört seit 1966 das Vernebeln von Inhalten, um nicht als Interpret von Wirklichkeit zu gelten. Lange behauptet er, der Trick des Auf-dem-Kopf-Malens habe seine Bilder endgültig vom Motiv befreit, trotz aller Gegenständlichkeit, und damit jede inhaltliche Interpretation überflüssig gemacht.

Doch im Jahre 1998 hat der Gegenstand den malerischen Kniff längst wieder eingeholt. Nun schlägt Baselitz neue Töne an und erklärt, es liege wohl am Alter: Er habe heute mehr Mut zur Sentimentalität, könne die eigene Kindheit als Thema benutzen. Zeitgleich mit ersten Reisen in die ehemalige Heimat und der Einsicht in seine Stasi-Akte hat er sich seit den frühen neunziger Jahren auf eine malerische Spurensuche nach seiner Vergangenheit begeben. Und ist jetzt beim Kommunismus angelangt.

Selten hat sich ein Künstler so lange so stur hinter dem Schutzschild der l'art-pour-l'art versteckt und gleichzeitig die Gesellschaft künstlerisch so eindrucksvoll vor

Heinz Peter Schwerfel: Das Bild der Aggression und der Abrechnung mit jener Zeit »Die große Nacht im Eimer« hat Kunsthändler Franz Dahlem einen »Tritt in die Eier der Deutschen« genannt.
Georg Baselitz: Das ist ein sehr guter Satz, den er da gesagt hat. Aber Dahlem empfand so zehn Jahre, nachdem ich das Bild gemalt hatte. Die ursprüngliche Reaktion war durchaus eine andere .... »Die große Nacht im Eimer« war ein provokantes Bild, auch die Haltung, meine Position, war so gemeint. Aber gezielt hätte ich gar nicht treten können. Weil das viel zu vielschichtig war. Wen hätte ich schon präzise anpeilen können? Die Akademie, die Politiker, den Mann von der Straße?
Heinz Peter Schwerfel: Trotzdem gab es einen Prozess wegen Schweinerei, wegen Vertreibung unzüchtiger Bilder.
Georg Baselitz: Die Malerei war nicht gemeint. Der Skandal entzog sich dem Kunstbetrieb. Und die Tachisten, die Interpreten des Tachismus, die meinten, das sei Pornografie. Die haben das überhaupt nicht verstanden. Die Meinung war, und das war ja so eine wunderschöne Sache in den fünfziger und sechziger Jahren, dass alle sagten: Alle Türen sind offen. Es gibt kein Problem, wir sind frei. Wir leben in einer freien Gesellschaft. Man muss nichts einreißen. Es gibt keine Tabus. Und dann dieses lächerliche Bild.

den Kopf gestoßen wie Georg Baselitz. Das überlebensgroße *Modell für eine Skulptur* 1980 im deutschen Pavillon der Biennale von Venedig, heute im Kölner Museum Ludwig, hebt den rechten Arm zum Hitlergruß – zumindest hat das Ausland diese Geste so verstanden, obwohl die Innenfläche der Hand nach oben zeigt. Laut Baselitz ist sie afrikanischen Skulpturen abgeschaut, doch im deutschen Pavillon – vier Jahre vorher hatte Joseph Beuys dort ausgestellt – kann eine solche Armhaltung kaum afrikanisch wirken.

Bereits elf Jahre vorher besetzt der Beuys-Schüler Anselm Kiefer in seinen *Besetzungen* öffentliche Plätze Europas zum zweiten Mal, indem er öffentlich mit Hitlergruß posiert. Das ist eine offen provokative Geste, Baselitz dagegen operiert mit malerischen Gesten. Dass diese bei ihm nie unschuldig sind, zeigen die Ereignisse auf dem Kölner Kunstmarkt im gleichen Jahr 1969: Angesichts der nach Europa schwappenden Flut amerikanischer Pop Art überrascht Baselitz mit den Fotorealismus ironisierenden, leicht wiedererkennbaren Gesichtern – auf dem Kopf stehenden Porträts seiner Freunde.

Das ist nicht nur ein malerischer Tritt gegen die Pop Art, es ist auch ein Tritt ans Schienbein des Zeitgeistes. Vorher hat er sich jahrelang mit den *Helden* beschäftigt, klobigen Gestalten mit kleinen Hirnen, die mit großen Schritten durch das düstere Land deutscher Nachkriegsabstraktion stampfen. Für beide Werkblöcke gilt trotz des neuen Diskurses dasselbe Credo: eine verachtete Gesellschaft nicht direkt, sondern über ihren kulturellen Konsens anzugreifen – über die Malerei, die sie gerade abfeiert.

Bei den *Helden* sei das Experimentieren mit einer dem modischen Tachismus entgegengesetzten Malerei Hand in Hand gegangen mit seinem Leben als damaliger Außenseiter der bürgerlichen Gesellschaft, sagt Baselitz heute. Der Künstler leugnet jede objektive Kritik an der Gesellschaft und versteckt sich hinter subjekten Befindlichkeiten.

Baselitz empfindet sich in den sechziger Jahren im Kriegszustand mit einer Gesellschaft, die er nicht ausgesucht hat – er wäre, zumindest vor dem Mauerbau 1961, lieber in Ost-Berlin geblieben. Der Westen will damals von seiner Malerei nichts wissen: Den Kunstmarkt beherrschen die Abstrakten, Bilderstürmer kommen allenfalls aus der progressiven Ecke von Fluxus und Happening. Da gelingen ihm, dem gegenständlichen Maler, 1962/63 einige Bilder, die bis heute die radikalste künstlerische Provokation einer ganz aufs Geldverdienen konzentrierten Bundesrepublik darstellen. Einer Gesellschaft, die sich nach außen selbstsicher gibt, aber im Innersten mit ihrer unbewältigten Vergangenheit nicht klarkommen kann. Oder will.

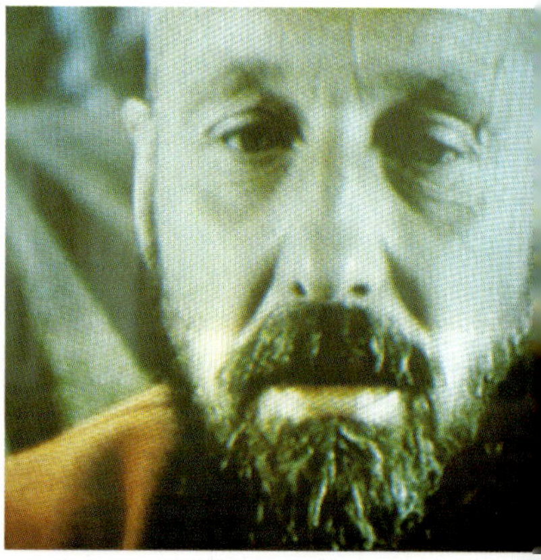

Georg Baselitz 1987 (Videostill)

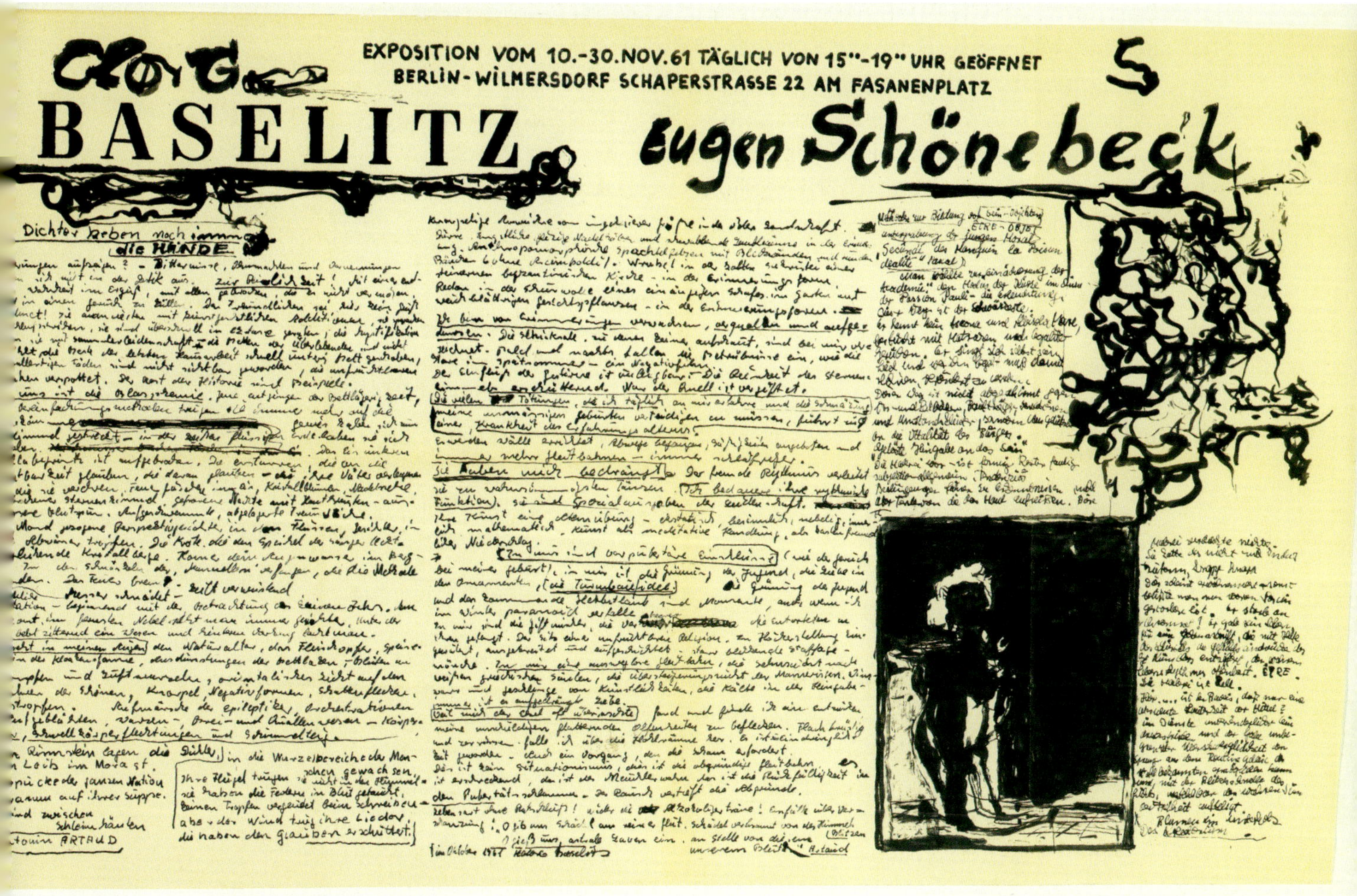

»Pandämonisches Manifest«, Plakat der Ausstellung Georg Baselitz/Eugen Schönebeck, 1961

Ein 25-Jähriger bringt im Alleingang den Hype des Wirtschaftswunders malerisch auf den Punkt, er trifft die deutsche Jungdemokratie mit scheinbar anachronistischem Pinselstrich und obszönem Formenspiel nicht mitten ins Herz, aber ins Mark.

sittenbild im eimer

Kunsthändler Michael Werner erzählt in seiner Kölner Galerie in der Gertrudenstraße, wie er vor fast vierzig Jahren Baselitz kennen lernte. 1961 arbeitet Werner als Assistent beim Berliner Galeristen Rudolf Springer, bei dem er sich bald unbeliebt machen wird, weil er potentiellen Sammlern überschätzte Künstler wieder ausredet. Solch sture Überzeugungsmilitanz wider alle Vernunft hat er sich übrigens bis heute erhalten; Werner ist und bleibt der Missionar unter den deutschen Kunsthändlern, in seine Götter verliebt bis zur Borniertheit. Für einen professionellen Ketzer wie mich mit Michael Werner über Malerei zu reden, ist anstrengend, nervend, spannend und lehrreich. Denn die Kunstgeschichte hat ihm meiner Ansicht nach bisher immer Recht gegeben, vom Maler Georg Baselitz über Konzeptkünstler Marcel Broodthaers bis zum künstlerischen Zeremonienmeister James Lee Byars. Den historischen Aufarbeiter Anselm Kiefer übrigens inbegriffen, den Werner früh und viel zeigt, ehe Kiefer von sich aus die Galerie verlässt.

Werners erster Künstler, lange vor Lüpertz, Broodthaers oder Kiefer, heißt Georg Baselitz. Dieser ist schon Anfang der sechziger Jahre ein sturer, nach Programm arbeitender Maler, der eines Tages in die Galerie

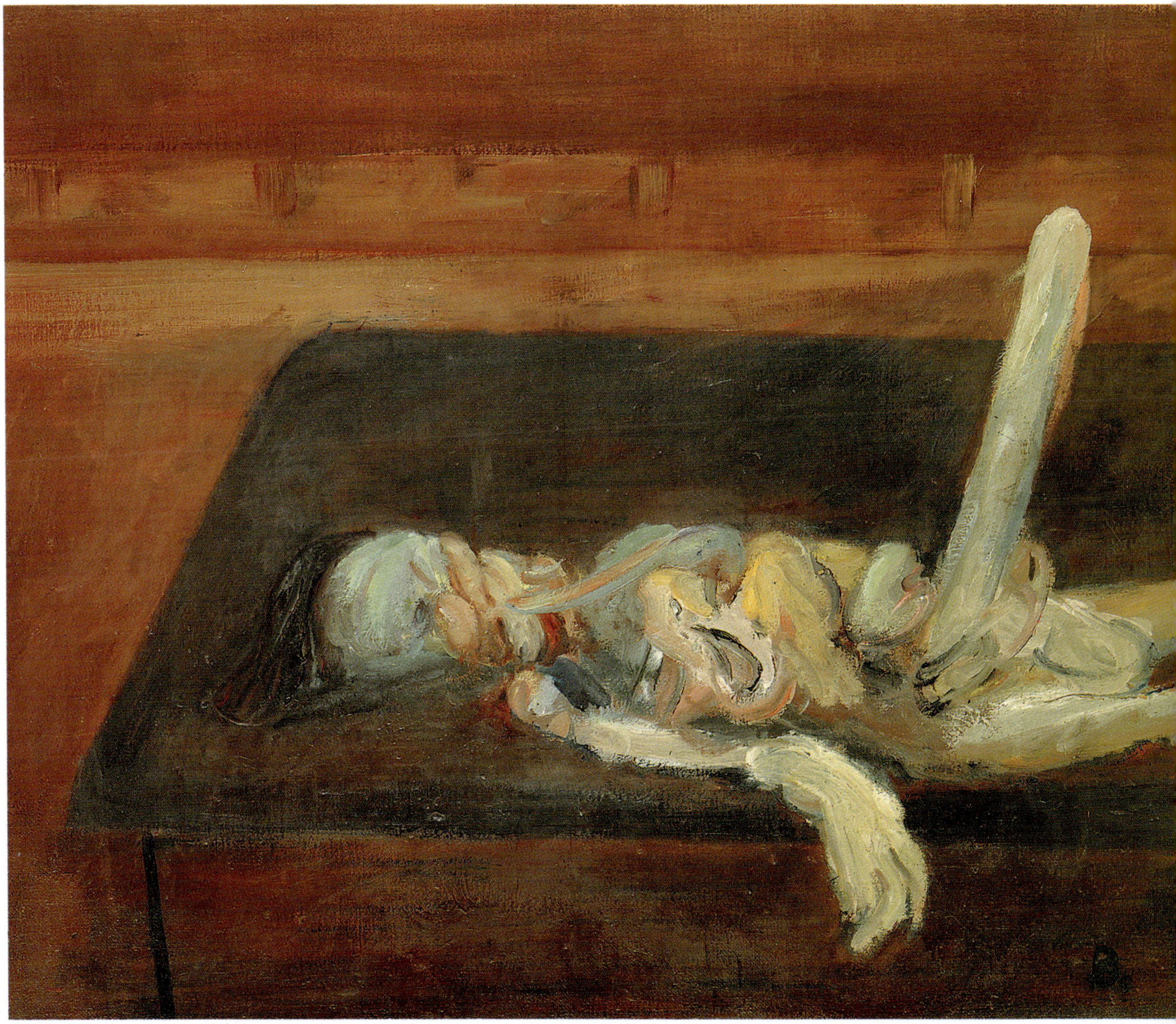

Springer kommt, um dort sein Glaubensbekenntnis, verfasst mit dem Freund und Kollegen Eugen Schönebeck, aufzuhängen. Werner überfliegt das Plakat mit einem der beiden sogenannten *Pandämonischen Manifeste*, wutgetränkten Texten gegen die damalige Kunst und Gesellschaft. »Nur ein Leben – verschlossen, in Attacken gegen das Leben leben«, heißt es da programmatisch. »Den Verlust betrauern – keine Trauer für Verlorenes. Treibende Schollen eingesteuert ins Pandämonium. Fiebrige Öffnungen fiebrig angefüllt. Unmöglich eine Führerolle, die keine Krankheit verbirgt.« Und weiter: »Wer interessiert sich schon für meine Träume. Man darf nichts verlautbaren lassen. Ich bin Zeuge, ich bin der einzige Zeuge meiner selbst.«

Der Galerieassistent mustert die beiden Kulturrevoluzzer und lehnt ab. Dafür geht er, durch die Ernsthaftigkeit der beiden neugierig geworden, zum angekündigten Atelierfest – und mag erst einmal überhaupt nicht, was er da sieht.

Kann man Baselitz' frühe Bilder mögen, wenn man sie zum ersten Mal sieht? Konnte man sie damals mögen? Die damaligen documentas ersticken im Informell, einer europaweit abstrakten, gestischen Malerei mit explodierenden Formen, deren Dogma bald zum Klischee erstarren soll. Aus Paris und Mailand werden um 1960 starke, gefühlsbetonte Farben ins Rheinland importiert: das meditative Blau von Yves Klein, die monochromen Rosa-, Rot- und Gold-Töne eines Lucio Fontana, den der Düsseldorfer Galerist Alfred Schmela erstmalig nach Deutschland holt.

Baselitz' Farben dagegen sind erdig, nicht himmlisch; sie suchen nach der Gegenständlichkeit, finden aber nur Körperteile. Erst Füße, dann Hoden. Hässliche Bilder eben, die Porträts mit Triefnase und Helden mit Amöbenkopf ankündigen. Deutsche Bilder. Von denen Deutschland nichts wissen will. Denn Deutschland wünscht damals, seine Vergangenheit zu vergessen und international zu werden – schließlich sind die Demokraten noch jung und laufen an der Leine von Alt-Nazis.

Knapp zwei Jahre nach dem Atelierfest der Künstler eröffnet der damals 24-jährige Michael Werner zusammen mit dem gleichaltrigen Benjamin Katz eine eigene Galerie, zeigt erst Baselitz, dann Schönebeck. Der Erfolg von Baselitz' 52 Ausstellungsstücken ist umwerfend: Die Bild-Zeitung widmet ihnen am 3. Oktober einen langen Artikel, der Staatsanwalt konfisziert zwei Bilder, es kommt zur Gerichtsverhandlung in Moabit. Mit Freispruch. Verkauft wird eine Zeichnung, abgesehen von der Vernissage bleiben die Besucher rar, trotz des Skandals. Michael Werner schaut aus seiner Galerie, das heißt einer Wohnung im zweiten Stock, auf die Kantstraße und seine Zukunft. Die liegt woanders, weiter

Georg Baselitz,
»Der nackte Mann«, 1962

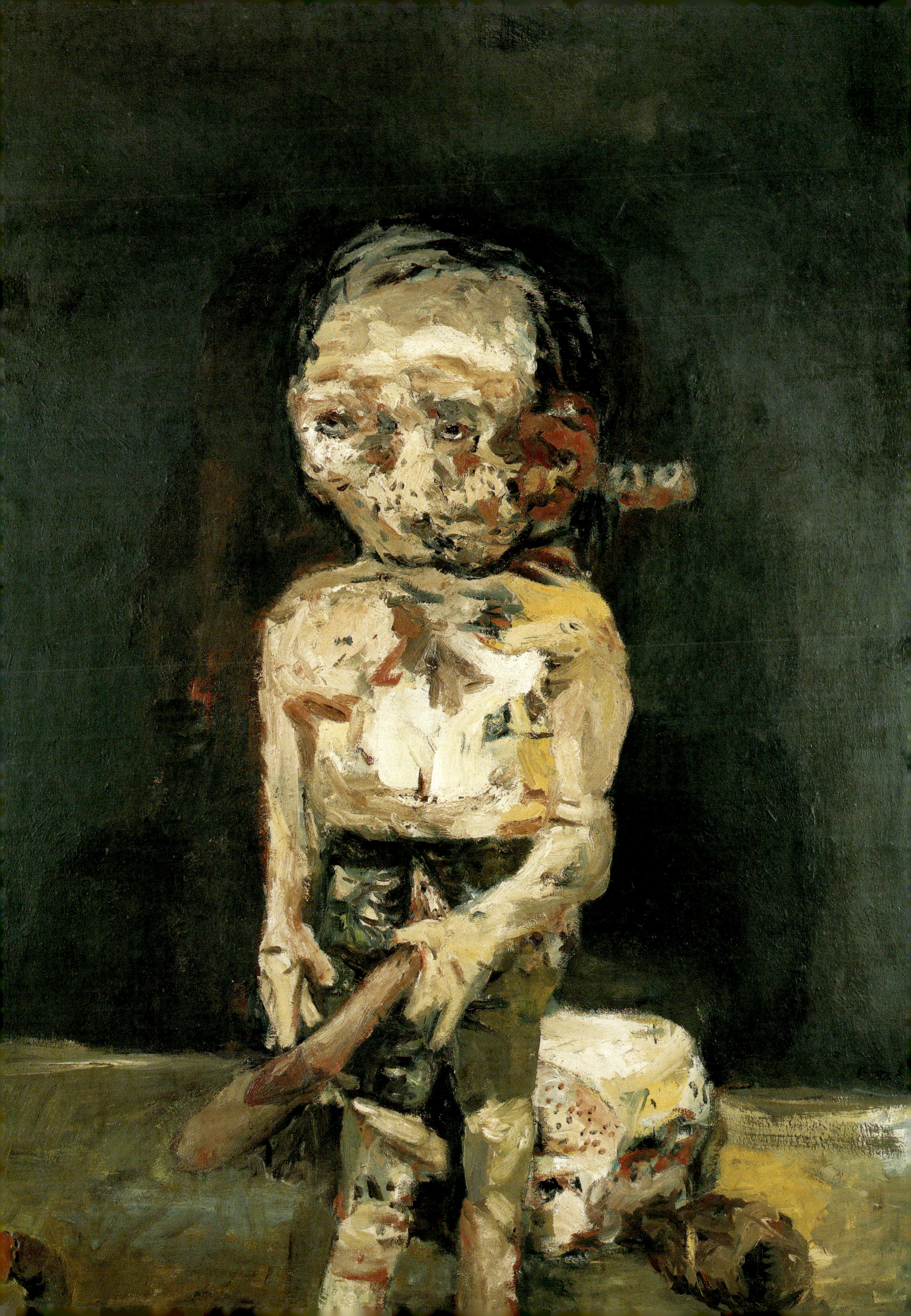

Schock in der Kunst-Galerie

200 geladene Gäste fassungslos
Kunstsenator will sich nicht äußern

nic. **Berlin, 3. Oktober**

Am Dienstag eröffnete eine neue Galerie in Berlin, „Werner und Katz" (Kurfürstendamm 234) mit Werken von George Baselitz. Was da dem erschrockenen Beschauer im Schatten der Gedächtniskirche geboten wird, dürfte manches bisher Dagewesene übersteigen.

Fassungslos starrten die etwa 200 geladenen Gäste — darunter Berlins Senator für Wissenschaft und Kunst, Dr. Arndt — auf die 52 ausgestellten Werke des 25jährigen Malers.

Immer wieder kehrt das gleiche Sujet wieder: männliche Akte, entmenscht und verzerrt, mißgestaltete männliche Embryone vor düsterem Hintergrund — und noch mehr. Auf einem 2,50 × 1,80-Meter-Monumental-Gemälde toben bunte Teufel, rachitische Säuglinge und Gnomen mit wirrem Kopf und fiebrigen Kulleraugen. „G. Antonin" nennt Basilitz diese Farborgie.

„Die große Nacht im Eimer" ist die Bezeichnung eines lebensgroßen männlichen Aktbildes, bei dem der Meister die Details nicht vergaß. Alles in allem: Malerische Darstellungen in wirrem, bewegtem Strich, die unästhetisch provozieren wollen.

Galerieinhaber Werner (24) ist sich mit seinem gleichaltrigen Kompagnon Katz einig: „Die heftige Reaktion bei der Eröffnung ist verständlich. Basilitz fällt eben mit seinen Arbeiten aus dem allgemeinen Kunstbetrieb heraus. Eben etwas Besonderes."

Kunstsenator Dr. Arndt wollte gestern von einer Stellungnahme absehen. Mal sehen, wie es weitergeht...

westlich. Wenig später macht er wieder zu und verdingt sich als Direktor bei einer Kölner Adresse.

Was aber muss in Baselitz' Bild *Die Große Nacht im Eimer* zu sehen sein, damit eine junge Gesellschaft sich ablenken lässt von Reihenhaus und Wirtschaftswunder? Die Bild-Zeitung erblickt Obszönes, das »manches bisher Dagewesene übersteigen dürfte«. Die Kunstkollegen sehen Reaktionäres, die Kunstkritik schlicht schlechte Malerei. Der Staatsanwalt befürchtet die junge Bundesrepublik, Werners Rechtsanwalt Dr. Ronge die freie Meinungsäußerung im Eimer. Der Künstler beteuert listig, er habe nur die gegenstandslose Malerei der Tachisten attackieren wollen. Und dabei zum erstbesten Gegenstand gegriffen, der ihm zur Hand war: einem erigierten Geschlecht, das in seinen gigantischen Ausmaßen nicht recht zu seinem Besitzer, einem Gnom, zu passen scheint.

Der Münchener Kunsthändler Franz Dahlem hat das Gemälde *Die Große Nacht im Eimer* einen Tritt in die Eier der Deutschen genannt. Was es war und ist. Doch Baselitz weist zurecht darauf hin, dass es keinesfalls ein gezielter Tritt war. »Wo hätte ich denn auch hinzielen sollen...«, sagt er. 1962 ist der Mief überall. In West-Berlin herrscht Konsumterror durch Lucky Strike und Coca-Cola, in Ost-Berlin offene Unfreiheit. Die Mauer hat mit Peter Fechter am 17. August den ersten Toten gefordert, die DDR schon vorher die Wehrpflicht eingeführt. Dort paradiert man zum 1. Mai, in der Bundesrepublik reiten Lex Barker und Pierre Brice zu Streicherklängen durch Indianerland, während im benachbarten Frankreich ein Jean-Luc Godard das Kino revolutioniert.

Georg Baselitz, »Die große Nacht im Eimer«, 1962/63
oben: Bild-Zeitung, Berlin am 3. Oktober 1963

In Deutschland mieft es überall. Insofern hat das Bild *Die Große Nacht im Eimer* keine politische Dimension; seine Gesellschaftskritik ist keine gut gemeinte, es geht weder gegen die Konsumwut des Westens noch den Meinungsterrorismus des Ostens. Doch gerade weil jeder explizite Adressat, jeder Moralismus fehlt, wirkt das Bild umso gewalttätiger. Inhalt und Form sind verletzend, nicht anklagend, sie zielen unter die Gürtellinie, aber mit malerischen Mitteln. Baselitz will das Tafelbild retten, er verachtet die ersten Happenings der Fluxus-Gruppe ebenso wie den herrschenden Tachismus. Seine Position ist keine revolutionäre, sondern eine scheinbar anachronistische. Er spricht eine Sprache, die der Gesellschaft vertraut ist. Und deshalb umso beleidigender wirkt.

Otto Muehl, »Materialaktion«, 1963

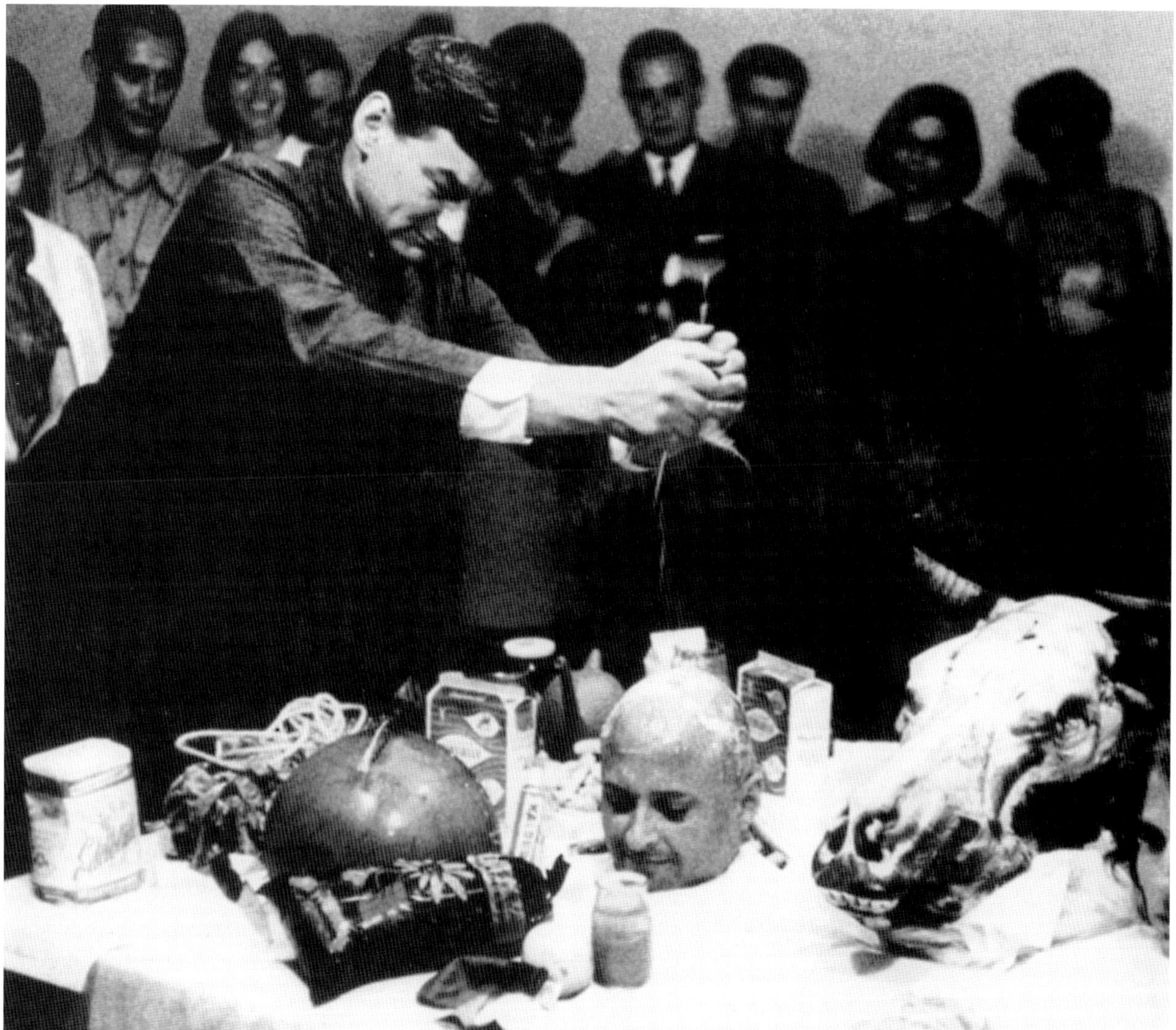

Hermann Nitsch,
»Orgien-Mysterien-Theater«,
1962

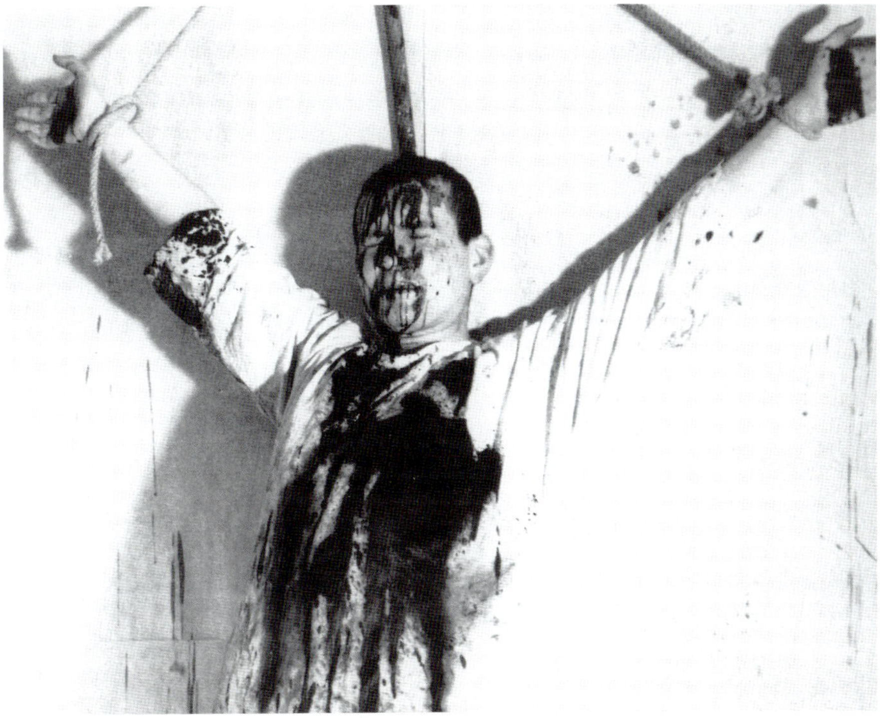

der körper als leinwand

Ungefähr zeitgleich mit Baselitz wird auch die zweite Hauptstadt des ehemals Tausendjährigen Reiches von einem künstlerischen Protest erschüttert, der unter die Gürtellinie zielt. In Wien finden Aktionen statt, in denen geliebt und geschlachtet, gelitten und genossen wird. Rinder werden geöffnet, Hühner gerupft, nackerte Freiwillige nehmen Bäder in Eingeweiden, und das Publikum, so will es das Konzept des provozierten und provozierenden Ereignisses, des Happenings, kriegt auch Blut ab. Hermann Nitsch inszeniert ab 1960 sein *Orgien-Mysterien-Theater* mit kräftigem katholischem Unterton und lässt sich 1962 als Gekreuzigter mit Blut bewerfen; Otto Muehl gründet eine Kommune und kämpft mit seinen ritualhaften Aktionen für alternative, tabufreie Lebensformen.

Doch der interessanteste Beitrag zum Wiener Aktionismus hat wiederum mit einem konventionellen Genre, der Malerei, zu tun: Er benutzt eine vertraute Kunstgattung in unvertrauter Form, bricht radikal mit dem Medium, um über den Bildersturm hinaus zum Sturm auf die schwüle Spießigkeit einer österreichischen Gesellschaft aufzurufen, die sich ihre politische Vergangenheit mindestens ebenso konsequent weg-leugnet wie die bundesdeutsche.

Günter Brus, aufgewachsen in der Steiermark, ab 1953 Student an der Wiener Akadamie für angewandte Kunst – und nicht etwa der Schönen Künste – erweckt 1964 erstmalig mit seiner Aktion *Ana* Aufsehen. Durch die Wohnung von Otto Mühl wälzen sich Brus und seine Frau Ana, mit bemalten Lumpen umwickelt, als lebende Bilder. Es wird nicht mehr auf Leinwand und Papier gemalt, sondern auf Körper: Aus der gestischen ist die direkte Malerei geworden. Noch im selben Jahr beginnt Brus die Aktionsserie der *Selbstbemalungen.* 1965 wandert er, mit weißer Farbe bedeckt, durch das Stadtzentrum von Wien. Prompt wird er verhaftet. Dabei versteht Brus solche frühen Aktionen durchaus als Malaktionen – sein Körper ist die Leinwand, und er trägt die Malerei dorthin, wo keiner sie will, nämlich auf die Straße.

Wenn die Gesellschaft nicht zur Kunst kommt, geht die Kunst zur Gesellschaft, und nirgendwo wirkt das provokativer als im Alltag. Wenn Otto Mühl in einem Kölner Parkhaus Hühner über nackten Leibern schlachtet, findet sich dazu die Prominenz der Kölner Kunstszene ein.

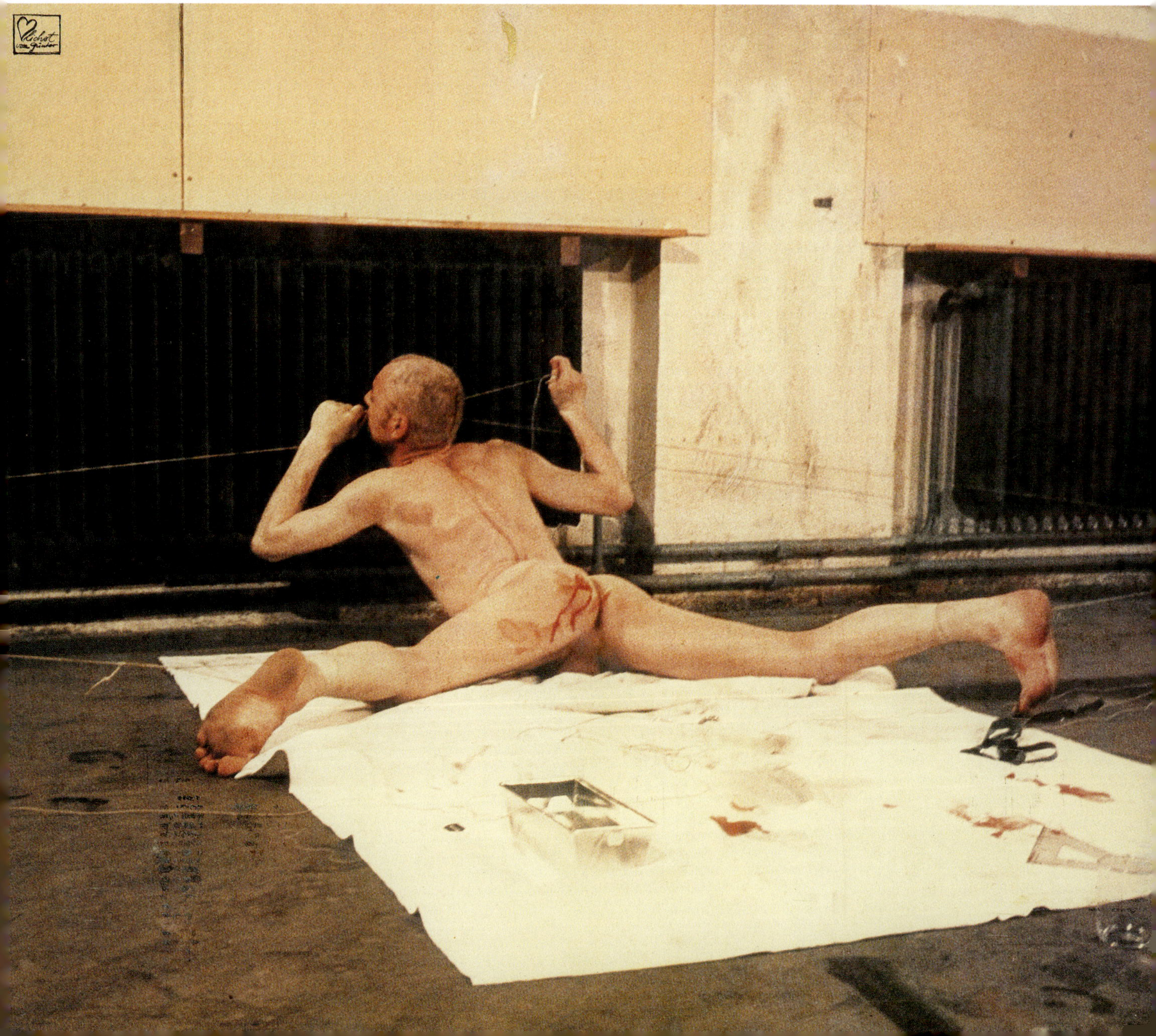

Lässt der Franzose Yves Klein 1960 schmucke, junge Damen mit ihren nackten Körpern *Anthropometrien* malen, dann vor geladenen Gästen. Wenn der in Rom lebende Grieche Jannis Kounellis in der Kunstgalerie L'Attico 1969 dampfende, wiehernde, äpfelnde Pferde anstelle von Gemälden ausstellt, kommen nur Kunstfreunde, und der Skandal schafft es allenfalls bis ins Feuilleton der Tagespresse. Geht aber ein mit Farbe bemalter Mann durch Wien, ist die Irritation ungleich größer.

In der Folge wird auch Günter Brus seine Aktionen in geschlossenen, der Öffentlichkeit zugänglichen, aber eben nicht alltäglichen Orten durchführen müssen. Da sich eine neue Wut in ihm staut, die die Malerei, selbst die direkte Malerei, nicht mehr zu zügeln vermag, werden seine Aktionen zunehmend gewalttätig. Doch es ist eine kontrollierte Gewalt, gegen sich selbst gerichtet, ohne jeden sexuellen Genuss, ohne Mysterien- und Orgienspektakel. Brus quält und verletzt seinen Körper im Alleingang, vor einem Publikum, das zwar bleibt, aber nie einbezogen wird. Er inszeniert den Körper, dramatisiert ihn bis hin zu seinen Exkrementen, uriniert in ein Glas, trinkt den Urin, masturbiert.

Günter Brus, »Zerreißprobe«, 1970

Das bringt ihm in Wien schnell eine polizeiliche Anzeige ein, er wird vor Gericht rechtskräftig zu Gefängnis verurteilt, muss vor der Polizei nach Berlin fliehen. Dort weht ein anderer Wind als in Wien, schon 1966 schlagen sich die Studenten auf der Straße erst mit den Leibwächtern des Schahs und dann mit der Polizei, um den Tod ihres Kommilitonen Benno Ohnesorg zu rächen.

Seine letzte große Aktion findet 1970 im deutschen Exil in München statt, die *Zerreißprobe*: Brus trinkt Urin, schneidet sich mit einer Rasierklinge, fesselt sich an einen Heizkörper, spannt die Fesseln, bis er ein Gekreuzigter ist. Danach, erklärt Brus heute, habe er wieder andere, konventionellere Medien gebraucht, um seine Ideen und Bedürfnisse auszudrücken. Er konzentriert sich auf Zeichnung und das geschriebene Wort, schreibt Künstlerbücher als Bildgedichte, lehnt aber weiterhin jede konventionnelle Malerei als, frei formuliert, modernistische Nuttigkeit ab.

Im Film der *Zerreißprobe* spürt der Zuschauer die Anspannung des Künstlers, auch die des Publikums, für das die Aktion ebenfalls quälerisch ist. Genauso quälerisch wie die Frage, die sich die Wiener schon 1964 angesichts der Aktionen von Günter Brus stellen müssen, drei Jahre vor Ausbruch der Berliner Studentenrevolte, vier Jahre vor weltweiten Unruhen von der Sorbonne bis nach Berkeley. Gefragt wird überraschenderweise nicht, ob das Kunst sei, was Brus da macht. Gefragt wird: Was will dieser Künstler von uns?

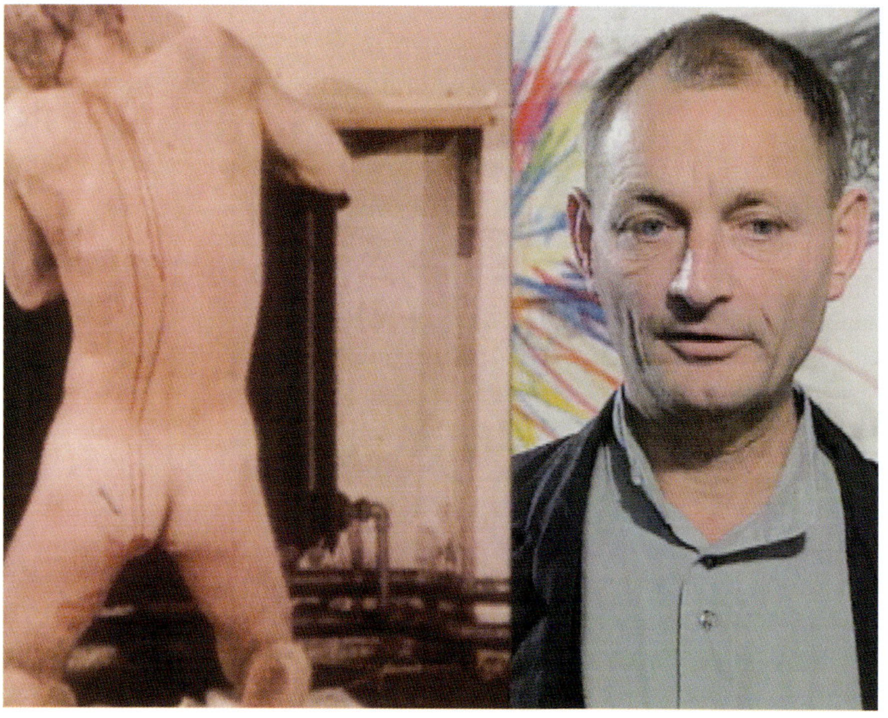

Günter Brus 1997
und in der »Zerreißprobe«
(Videostill)

ablehnung, auflehnung

Wenn Brus öffentlich seinen Urin trinkt, tuscheln die Leute, ekeln sich, erklären Exkremente für tabu und den Künstler für verrückt. Heute darf im Hörfunk des Westdeutschen Rundfunks Moderatorin Carmen Thomas eine ganze Sendung, live aus dem Ü-Wagen, zum Thema Urin schalten. Fazit der Sendung: Ein Glaserl täglich kann so schlecht nicht sein.

Günter Brus wirkt immer noch so asketisch wie vor dreißig Jahren. Heute pendelt er zwischen Österreich und der sonnigen Kanaren-Insel Gomera, wo auch Otto Muehl lange seine Kommune pflegte, ehe er wegen sexuellen Verkehrs mit minderjährigen Kommune-Mitgliedern in Wien inhaftiert wird. »Als ich in Österreich mit der Kunst anfing«, erzählt Brus, »war dieses Land zwar nicht gottverlassen, aber verlassen vom Rest der Welt. Nirgendwo sonst in Europa, mit Ausnahme des Ostblocks und Francos Spanien, standen junge Künstler solch rückschrittlichen und repressiven gesellschaftlichen Bedingungen gegenüber. Österreich hatte versucht, den Kessel, in dem die braune Suppe gekocht hatte, zu reinigen. Aber die schmutzigen Deckelränder hatte man bewusst übersehen.«

Das Bild vom Deckel, unter dem die österreichische Jugend der fünfziger und sechziger Jahre in schlecht gespülten Töpfen mit Vergangenheit zwangsgebrütet wurde, ist ein körperliches. Nahrung und Kunst sind eins, Brus hat immer wieder betont, es sei ihm vor allem um seinen Körper gegangen: »Mein Körper ist die Absicht, mein Körper ist das Ereignis, mein Körper ist das Resultat.«

Mit Brus lebt ein Künstler seiner Gesellschaft vor, wozu diese keinen Mut hat – Reinigung über den Deckel hinaus, Säubern durch Qual. Gehorchend dem bereits von Annette Messager formulierten Prinzip, der Künstler bewege sich stellvertretend für alle anderen an den Randbezirken der Vernunft, betreibt Brus kollektive Läuterung am eigenen Körper. Nach Brus – und seinem Zeitgenossen Rudolf Schwarzkogler – werden Gina Pane oder Michel Journiac im konservativen Paris seinem Beispiel folgen.

Zwanzig Jahre später in der autoritären, uneinsichtigen und vergangenheitsorientierten DDR sind es Künstler wie Via Lewandowski oder Micha Brendel, die am eigenen Körper kollektiven Frust abarbeiten. Doch geht Brus, im Gegensatz zu ihnen, über die bloße Gesellschaftskritik weit hinaus, indem er die international herrschende Kunst ablehnend befragt und zustimmend erneuert, sich also nicht auf das Innere des Kessels, die nationale Situation, beschränkt.

Was hat den Kunststudenten und Zeichner Brus so radikalisiert, dass er anstelle von Leinwand und Farbe den eigenen Körper malträtiert? Bei Brus ist 1960–61 das Militär der auslösende Faktor, der erzwungene Dienst mit der Waffe in einem Land, das gerade mal 15 Jahre vorher einen Krieg verloren hat. Der Militärdienst ist damals, neben der die sittlichen Konventionen der Gesellschaft vorschreibenden Kirche, wichtigster Audruck staatlicher Autorität. In Österreich und Deutschland sind es Bundesheer und Bundeswehr, die die Jugend auf den kriminell vorbelasteten Mief von Vaterland und einer kriegerisch aufgezwungenen Demokratie drillen. Denn Verwaltung, Bildung, Justiz, selbst die Politik sind ja noch von Alt-Nazis besetzt.

Erst ein Vierteljahrhundert später wird das Problem unbewältigter Vergangenheit anlässlich des Skandals um Österreichs Bundes-

»Es gibt für meine Arbeit die Möglichkeit einer psychologischen und einer politologischen Deutung. Mir ging es um die Beschäftigung mit einer Materie, und nach und nach wurde es mir klar, dass das nur mein Körper sein konnte, dass ich jede konventionelle Materie aufgeben und mich ganz auf meinen Körper konzentrieren musste. Konsequenz waren, in psychologischer Hinsicht, die Selbstverletzungen.
Die politische Dimension war, dass mein Körper für sehr viel mehr stand, dass ich ihn als Kultur begriffen habe. Die Frage, was daran nun wirklich politisch war und was nicht, die hat sich damals so nicht gestellt. Spätestens 1968 war die politische Aktion schlechthin die einzige Möglichkeit, sich überhaupt noch zu äußern. Wenn Sie sagen, dass mein Vorgehen ursprünglich nicht politisch war, dann stimmt das schon. Aber es war nicht mehr anders möglich als einen großen Aufschrei zu machen, und dem verdanke ich ja auch die Erfahrung, ins Gefängnis gekommen zu sein.«
Günter Brus

präsident Kurt Waldheim öffentlich diskutiert. Heute ist es, hochgekocht aus dem von Brus beschworenen Topf mit Deckel, der Aufstieg des Rechten Jörg Haider, der Fragen nach Vergangenheit und Zukunft aufwirft. Damals aber müssen Kriegsverbrecher noch mit Gewalt dem Richter vorgeführt werden.

Adolf Eichmann, international gesucht als einer der Hauptverantwortlichen der nationalsozialistischen »Endlösung«, wird 1960 von israelischen Geheimagenten aus dem argentinischen Exil entführt, damit ihm in Israel der Prozess gemacht werden kann. Eichmann hört sein Todesurteil in einem gläsernen Käfig, der den Engländer Francis Bacon zu den Individualgefängnissen seiner Papst-Bilder inspiriert. In Wien, Bonn oder München zeigt die weltweite Übertragung des Prozesses weit weniger Wirkung als bei Bacon.

Aber nicht nur bei den Kriegsverschuldern stöhnt die Jugend unter dem Joch der elterlichen Lügen. Für die Siegermacht Frankreich ist es der Algerienkrieg, der Anfang der sechziger Jahre seinen traurigen Höhepunkt erlebt und im östlichen Ausland, gerade in der Bundesrepublik, weitestgehend totgeschwiegen wird. Noch im Oktober 1961, nur ein Jahr vor Entlassung Algeriens in die Unabhängigkeit, wird an der Pariser Métro-Station Richelieu-Drouot eine Demonstration gegen den Krieg protestierender algerischer Gastarbeiter von der französischen Polizei gnadenlos niedergemetzelt. Hunderte von Leichen verschwinden in Massengräbern oder werden im Kanal Saint-Martin versenkt. Bis heute ist dieses Staatsverbrechen nicht restlos aufgeklärt.

kunst ist leben, leben ist kunst

Die neben der Pop Art wichtigste internationale Kunstströmung dieser Jahre, die Fluxus-Bewegung, gibt dem juristischen und polizeilichen Staatsapparat kaum Gelegenheit zum Verbot. Zu verschroben sind die Aktionen der neodadaistischen, manchmal clownesken Truppe, als dass der Rechtsstaat eingreifen könnte: Es beginnt mit Wolf Vostell, der 1958 in Paris Plakattexte von Passanten vortragen lässt. Im Oktober 1959 begründet der Amerikaner Allan Kaprow in der New Yorker Reuben Gallery die Kunstgattung Happening; einen Monat später hat der gebürtige Koreaner Nam June Paik seine erste musikalische Sternstunde in der Galerie 22 in Düsseldorf mit einer Hommage an den amerikanischen Komponisten John Cage.

Es folgen die Happenings in der Wuppertaler Galerie Parnass: Dem Satz des griechischen Philosophen Heraklit entsprechend, wonach jede Existenz gekennzeichnet ist vom Wechsel zwischen Schöpfung und Zer-

»Meine Happenings finden an vielen Stätten der Stadt statt. Ich sage: Kunst ist Leben, und Leben ist Kunst.«
Wolf Vostell

störung, spielt Fluxus mit Musik, Kunst, Klamauk, Theatralik und in Echtzeit gelebter Kunst. Gruppenmitglieder und internationale Gäste, öffentliche Aktionen und Galerieveranstaltungen, Improvisation und berechnende Provokation – alles bleibt im Fluss der Ereignisse. Kritik an neuen Massenmedien wie dem Fernsehen mischt sich mit geschickter Einbeziehung eben des kritisierten Mediums; lässige Situationskomik wechselt ab mit einer Ernsthaftigkeit, die ich, der ich nicht Zeitzeuge war, manchmal nur als pfadfinderhaft bezeichnen kann. Aber offensichtlich brauchte das damalige Deutschland diesen Ernst.

1997 durchstöbere ich für ein Filmprojekt die WDR-Fernseharchive in Sachen Fluxus und finde unter anderem eine Aktion der Fluxusgruppe in der Technischen Hochschule Aachen, deren fotografische Dokumentation längst Kunstgeschichte geworden ist: Wir schreiben den 20. Juli 1964, Fluxus tritt im Auditorium Maximum zu einem *festival der neuen kunst* an. »Aktionen« werden versprochen, »Agit-Prop/Decollage/Happening« und vieles mehr. Datum und Plakat erinnern an die missglückte Verschwörung gegen Adolf Hitler am 20. Juli 1944, genau zwanzig Jahre vorher. In die Aktionen wird zeitweise die durchdringende Stimme von Propagandaminister Goebbels eingespielt: »Wollt Ihr den totalen Krieg?«

Alles beginnt brav fluxusmäßig: Man wälzt sich auf Vostells Kommando auf dem Boden, einzelne Mitglieder zaubern ihre Solonummern, Bazon Brock rezitiert im Kopfstand Karl Marx. Dann geht Joseph Beuys ans Piano, das er natürlich nicht spielen kann, aber langsam mit diversen Abfällen füllt, immer wieder die Auswirkungen der Füllmittel auf den Ton testend. Er beginnt, Fett zu schmelzen, neben Filz schon damals sein wichtigster künstlerischer Rohstoff. Da kommt es zum Aufruhr: Teile des studentischen Publikums – Aachen ist eine technische, keine geisteswissenschaftliche Hochschule – stürmen die Bühne, eine Schlägerei geht los. Ein Student schlägt Beuys ins Gesicht, und der blutende Künstler reckt dem Publikum – und der Fernsehkamera – den rechten Arm zum Gruß sowie ein Kruzifix entgegen.

zeige deine wunde

Joseph Beuys wird 1962 von Nam June Paik und George Maciunas zu Fluxus geholt. Damals ist er bereits ein arrivierter, aber nicht berühmter Künstler, Professor für Skulptur an der Düsseldorfer Kunstakademie. Fluxus dagegen ist populär, spektakulär, ein anarchischer Hoffnungsträger für die republikmüde Jugend. Beuys treibt die Provokationen von Fluxus auf eine neue Spitze, indem er den Protest des Publikums bewusst sucht. 1963 spielt er bei einer Paik-Eröffnung in der Wuppertaler Galerie

Parnass Klavier, bis ein Zuschauer ihn mit Hilfe eines Eimer Wassers zur Ruhe bringen will. 1964 dann, in Aachen, holt er sich eine blutige Nase und stellt diese medienwirksam in einer seiner wichtigsten Rollen vor: Beuys das Opfer, der Märtyrer – der Erlöser. In dieser von ihm angestrebten Rolle des Erlösers von Kunst und Gesellschaft wird ihn noch im Herbst 1999 die Berliner Großausstellung *Das XX. Jahrhundert* in der Kunstgeschichte festzuschreiben versuchen.

Die europäische Kultur ist eine christliche Kultur, und im Christentum nimmt das Heiligtum eine zentrale Rolle ein, als sakrales Objekt und in Gestalt des Heiligen, der geistiger und geistlicher Führer ist. Selbst wenn er auf dem Scheiterhaufen endet. Von Beuys selbst stammt die Feststellung, die Heiligen hätten »unsichtbare Skulpturen« hinterlassen, und der Kunstkritiker Heiner Stachelhaus hat einmal in einer erstaunlich präzisen Allegorie die Biografie des heiligen Joseph als geistlichem Führer nacherzählt: streng katholische Jugend, Märtyrertum als Kriegsverwundeter und Stuka-Pilot, 1944 in Asien abgeschossen und von Tartaren gesund gepflegt.

Immer wieder tauchen christliche Verhaltensmuster beim Schamanen Beuys auf: Am 15. Oktober 1971 lässt er die Kinder zu sich kommen, indem er an der Düsseldorfer Kunstakademie 142 abgewiesenen Studenten seine Klasse öffnet. Es folgt 1972 sein Rausschmiss, die Vertreibung aus dem Tempel, durch den ebenfalls bibelfesten Gegenspieler, den heiligen Johannes, heute Bundespräsident. Und immer wieder, egal ob nach dem Krieg, nach der Aachener Schlägerei, nach dem schweren Autounfall 1967, nach dem Akademie-Rausschmiss oder auf den von Krankheit gezeichneten, einem Totenkopf immer ähnlicher werdenden Gesichtszügen, erscheint das Leitmotiv: Zeige deine Wunde.

Doch zurück zur Technischen Hochschule Aachen und meinem Besuch in den WDR-Filmarchiven: Die Fernsehaufzeichnung der Schlägerei zeigt deutlich, dass Joseph Beuys keinesfalls wie ein Heiliger reagiert und die andere Wange hinhält. Er prügelt auf seinen Angreifer so kräftig ein, dass mehrere Freunde ihn zurückreißen müssen. Erst dann fängt er sich und greift, aus der Nase blutend, zum Kruzifix.

Notwehr ist ein Reflex, verständlich, meist berechtigt, aber nicht unbedingt heilig. Doch damals hat sie in der Kunst keinen Platz. Die künstlerische Provokation der sechziger Jahre gehorcht einem Programm, und das erfordert Disziplin. Das Märtyrer-Foto des Heiligen Joseph geht um die Welt, der prügelnde Beuys aber wird versteckt, weil er nicht ins Konzept passt.

vom pissoir zur badewanne

Nîmes, im August 1993. Die südfranzösische Stadt, bekannt für ihr römisches Amphitheater und ihre legendären Corridas, die schon Picasso regelmäßig zu besuchen pflegte, hat sich auf Betreiben ihres Bürgermeisters, des Besitzers der Modefirma Cacharel, ein spektakuläres Museum für zeitgenössische Kunst zugelegt, das Carré d'Art. Dort kommt es an einem besonders heißen Tag mit üppigem Touristenstrom zum Skandal – ein französischer Besucher uriniert in ein Pinkelbecken, das nicht mehr Pissoir, sondern Kunstwerk ist. Zumindest wird es als solches ausgewiesen. 1917 wurde es von dem Franzosen Marcel Duchamp angeblich bei der Firma Mott Works auf der New Yorker Fifth Avenue käuflich erworben, signiert und damit zur Kunst geadelt.

Fünf Jahre wird es dauern, ehe der terroristische Pipimann von einem französischen Gericht zu Schadensersatz verurteilt wird. Was beweist, dass die historische Entscheidung, einen besonders trivialen, industriell gefertigten Alltagsgegenstand zum Kunstwerk, sprich Ready-made, zu machen, selbst am Ende des 20. Jahrhunderts juristisch keineswegs unproblematisch ist. Während die künstlerische und gesellschaftliche Absicht Duchamps durch seine zahlreichen Nachfolger, bis hin zu Beuys, längst legitimiert, anerkannt und im kulturellen Alltag als Normalfall verankert ist, stößt das eigentliche Werk weiter auf Unverständnis. Wegen der künstlerischen Geste oder weil der Kunstmarkt es zum teuren Heiligtum erhoben hat?

kunst ist, was vom künstler kommt

Der ehemalige, durchaus erfolgreiche Maler Marcel Duchamp behauptet, vom Augenschmaus »retinaler Kunst«, wie er sie nennt, gelangweilt zu sein. Er will das Konzept, die Kopf-Kunst; und begleitet sein Pissoir mit der Erklärung, Kunst sei nicht, was der Künstler mit eigenen Händen schaffe, sondern was er auswähle – wer das Werk fabriziert habe, sei unwichtig, nur die Absichtserklärung zähle. Herr Mutt, so Duchamp, habe »dem Objekt eine neue Bedeutung verliehen«. Das ist damals eine radikal neue Kunstauffassung, die fünfzig Jahre später, mit Andy Warhols *Factory* genannter Kunstfabrik, Gemeingut wird. Warhol lässt viele seiner Bilder von Assistenten ausführen und auch schon mal von seiner Mutter signieren.

Duchamp hat nicht nur den Alltag ins Museum geholt, er hat auch die handwerkliche Fertigkeit des Künstlers für überflüssig erklärt. Eine Anmaßung, die einer misstrauischen Gesellschaft, so aufgeklärt sie sich auch geben mag, bis heute aufstößt. Und geht es dann auch noch um viel Geld, hört die Toleranz des Publikums auf.

ein historisches vor-bild:
marcel duchamp, fountain

Nicht Joseph Beuys hat die Einordnung des Kunstwerks unter das Phänomen der gesellschaftlichen Provokation erfunden – das gelingt schon ein halbes Jahrhundert vor ihm Marcel Duchamp, der den profanen Alltag ins Museum holt und Industrieware zur Reliquie macht. Erst 1915 kommt Duchamp aus Paris nach New York und eröffnet dort, zusammen mit dem Fotografen Man Ray, den lokalen Zweig der europäischen Dada-Bewegung. Dada, 1916 in Zürich eingeführt von Tristan Tzara und dem Dichter Hugo Ball, dann exportiert nach Paris, Köln, Berlin und New York, reagiert durch künstlerische Anarchie in Wort und Bild auf die politische Katastrophe des Ersten Weltkriegs.

Sein erstes Ready-made kreiert Duchamp schon 1913, ein Fahrrad-Rad auf einem weißen Schemel, der als Sockel dient. Doch erregen Fahrrad-Rad, Flaschentrockner oder eine Schneeschaufel, 1915 genannt *Dem gebrochenen Arm voraus*, trotz Ausstellung in kleinen Galerien keine Aufmerksamkeit. Das gelingt erst dem Pissoir. Um es in die größte jemals in den USA gezeigte Schau zeitgenössischer Kunst, die International Exhibition of Modern Art im New Yorker Grand Central Palace, zu bekommen, bedient sich Duchamp einer List. Und beweist damit, dass es Kunst ohne Strategie kaum zum Skandal schafft. Denn Duchamp signiert sein Werk, dessen Titel auf das weibliche Geschlechtsorgan anspielt, nicht mit dem eigenen, in New Yorker Avantgardekreisen bekannten Namen, sondern mit einem Pseudonym, R. Mutt. Und heizt höchstpersönlich die Diskussion im Vorstand der Ausstellung an, denn er ist selbst Hängekommissar der Schau, die angeblich juryfrei ist – und die dennoch das Pissoir, vom fiktiven Richard Mutt *Fountain* oder *Brunnen* genannt, ablehnt. Was zum Eklat führt und, dank eines Fotos in der Avantgarde-Zeitschrift des Fotografen Alfred Stieglitz, *Fountain* zum Jahrhundertwerk werden lässt. Das Werk selbst ist niemals ausgestellt worden.

Marcel Duchamp,
»Fountain«, 1917

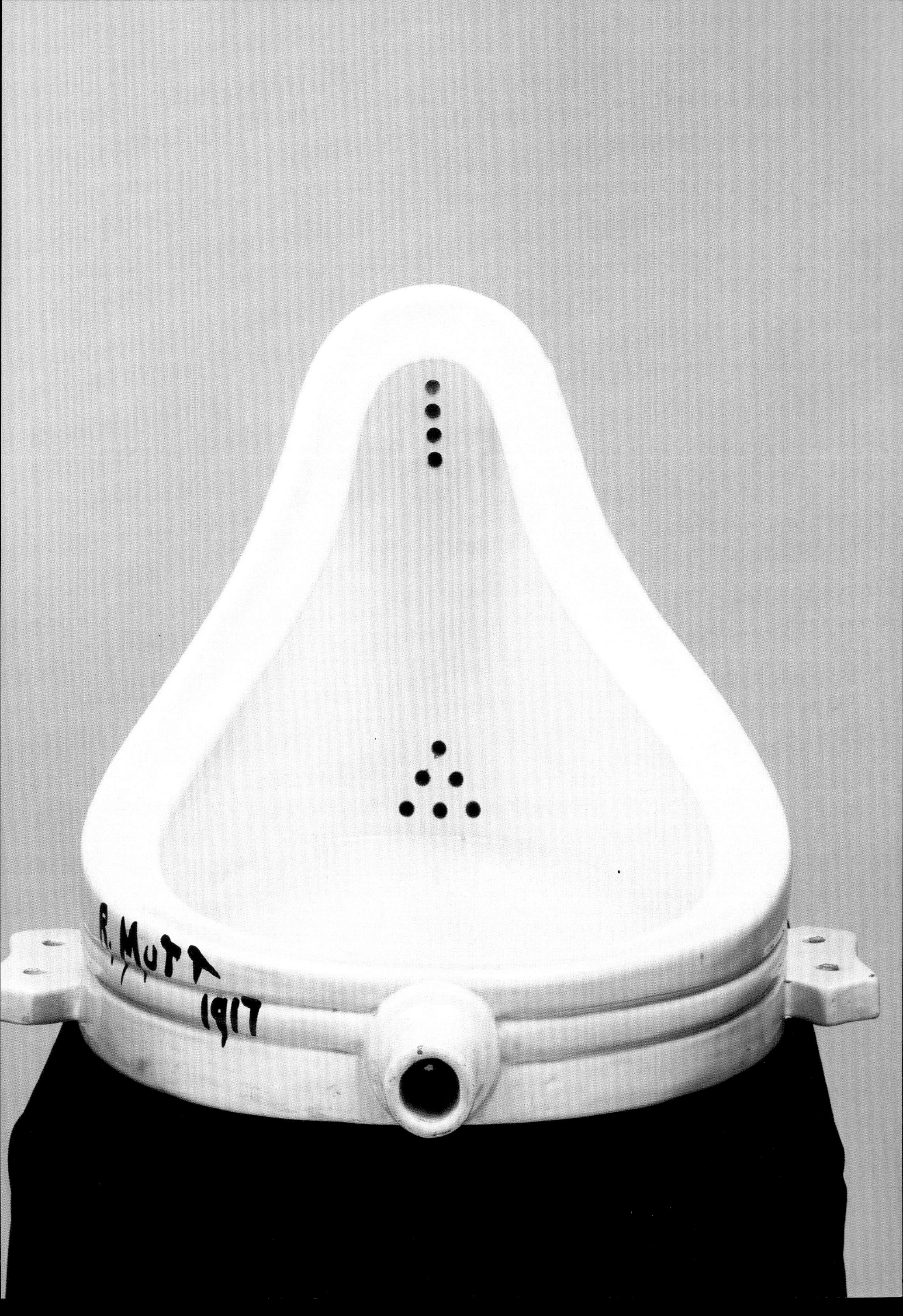
R. MUTT
1917

Dabei hat doch erst die Kunst das Geld erfunden, wie der Kölsche Jürgen Klauke einmal gesagt hat. Weil man nichts gegen sie tauschen kann. Weil ihr Wert beliebig ist, abhängig von einem mit Spekulanten besetzten Kunstmarkt. Als 1983 in der Berliner Nationalgalerie das großformatige Farbfeld *Wer hat Angst vor Rot, Gelb und Blau IV* des Amerikaners Barnett Newman mit dem Messer aufgeschlitzt wird, beruft sich der Attentäter auf die horrende Ankaufssumme von 3,7 Millionen Mark. Was das Berliner Boulevardblatt BZ angesichts der Restaurierungskosten zu der Zeile veranlasst: »Das hätte jeder Lehrling malen können.« Gemeint ist, wohlgemerkt, nicht ein Kunstlehrling, sondern ein Anstreicher.

Im Zeitalter der sozialen Marktwirtschaft ist der Preis der Kunst ein wichtiges, aber vom Künstler meist nicht geplantes Skandalon. Nur Duchamp bezieht die Taktik der Wertsteigerung mit ein. 1964 erlaubt er dem Mailänder Kunsthändler Arturo Schwarz eine beschränkte Edition seiner Ready-mades, deren Originale die Zeit und die Launen des Meisters nicht überstanden haben. Duchamp wirft, fast ein halbes Jahrhundert nach ihrer Erfindung, Fahrrad-Rad und Schneeschaufel, Flaschentrockner und Pissoir auf den Kunstmarkt, obwohl es ihm finanziell gut geht; schließlich ist er reich verheiratet mit Teeny, der ehemaligen Frau des Kunsthändlers Pierre Matisse. Keine wirtschaftliche Not bestimmt seinen Schritt, sondern das Spiel mit dem Kunstmarkt – und mit der Kunstgeschichte. Denn die neu editierten Ready-mades stimmen mit ihren zerstörten Unikaten keinesfalls überein. Duchamp hat, was erst jetzt durch komplizierte Computeranalysen und Zeitzeugenberichte öffentlich wird, durchaus an den angeblichen Industrieobjekten herummanipuliert. Um der »retinalen Kunst« eine weitere Nase zu drehen?

beuys bricht duchamps schweigen

Duchamp, in den zwanziger Jahren durch die Ready-mades zum interkontinentalen Star geworden, gibt sich nicht mit einer Revolution zufrieden. Er hört auch auf zu arbeiten. Nach einem Jahrzehnt provokativen Personenkults zieht er sich Mitte der zwanziger Jahre aus der aktiven Kunstproduktion zurück. Zwar organisiert er Ausstellungen für seinen immer geldbedürftigen Malerfreund Francis Picabia, spielt in einem Film von René Clair mit, tritt als lebender Mythos bei den Surrealisten auf. Doch er erklärt, keine Kunst mehr produzieren zu wollen. Und konzentriert sich auf Frauen und das Schachspiel.

Dieses strategische Schweigen ermöglicht ihm, mit viel Zeit und ohne Erwartungsdruck im Atelier weiter zu laborieren. 1969 vollendet er zur Überraschung selbst engster Freunde eine rätselhafte, große Installation zu seinem Lieblingsthema der Mechanik der Sexualität. Durch ein hölzernes Türloch betrachtet der notgedrungen voyeuristische Zuschauer einen nackten, weiblichen Torso mit gespreizten Beinen: *Etant donné* oder *Gegeben sei: 1. der Wasserfall, 2. das Leuchtgas.*

In seinem konsequenten Schweigen ist Marcel Duchamp das genaue Gegenteil des multimedialen Selbstdarstellers Joseph Beuys. Als künstlerischer Revolutionär und gesellschaftlicher Provokateur ist er ihm ebenbürtig. Nicht umsonst arbeitetet Beuys 1964 mit *Das Schweigen von Marcel Duchamp wird überbewertet* die Enttäuschung über den Kollegen ab, der es seiner Meinung nach versäumt hat, in den zwanziger Jahre den Kunstbegriff radikaler zu verändern. Im Sinne des Beuys'schen Mottos *Jeder Mensch ist ein Künstler.* Das die Bild-Zeitung zynisch in »Jeder Lehrling ist Barnett Newman« verwandelt.

Tatsache ist, dass den vielleicht wichtigsten Schlüsselwerken beider Künstler ein kurios ähnliches Schicksal wiederfährt: Duchamps vom Künstler zur Kunst erklärtes Pissoir *Fountain* wird bis heute von manchen als Scharlatanerie bekämpft. Bei Beuys ist es ebenfalls ein Werkzeug körperlicher Hygiene, die *Badewanne* von 1960, die zum schlimmsten Skandal führt. Die mit Fett und Pflaster bearbeitete Skulptur wird in Beuys' Atelier der Düsseldorfer Akademie irrtümlich (!?) von einer Putzfrau gereinigt. Und damit als Kunstwerk zerstört. Eine zweite *Badewanne* wird 1976 im Museum Leverkusen bei einer Veranstaltung als Getränkekühler entweiht. Der Besitzer verlangt 165 000 Mark von der Stadt. Die Versicherungen haben einen schweren Stand mit Joseph Beuys. Ähnlich wie die französische Justiz mit Marcel Duchamp. Der Attentäter von Nîmes ist übrigens selbst Künstler.

ruhender verkehr: kunst und öffentlicher raum

Jochen Gerz,
Daniel Buren,
Richard Serra,
Auguste Rodin,
Wolf Vostell
und andere

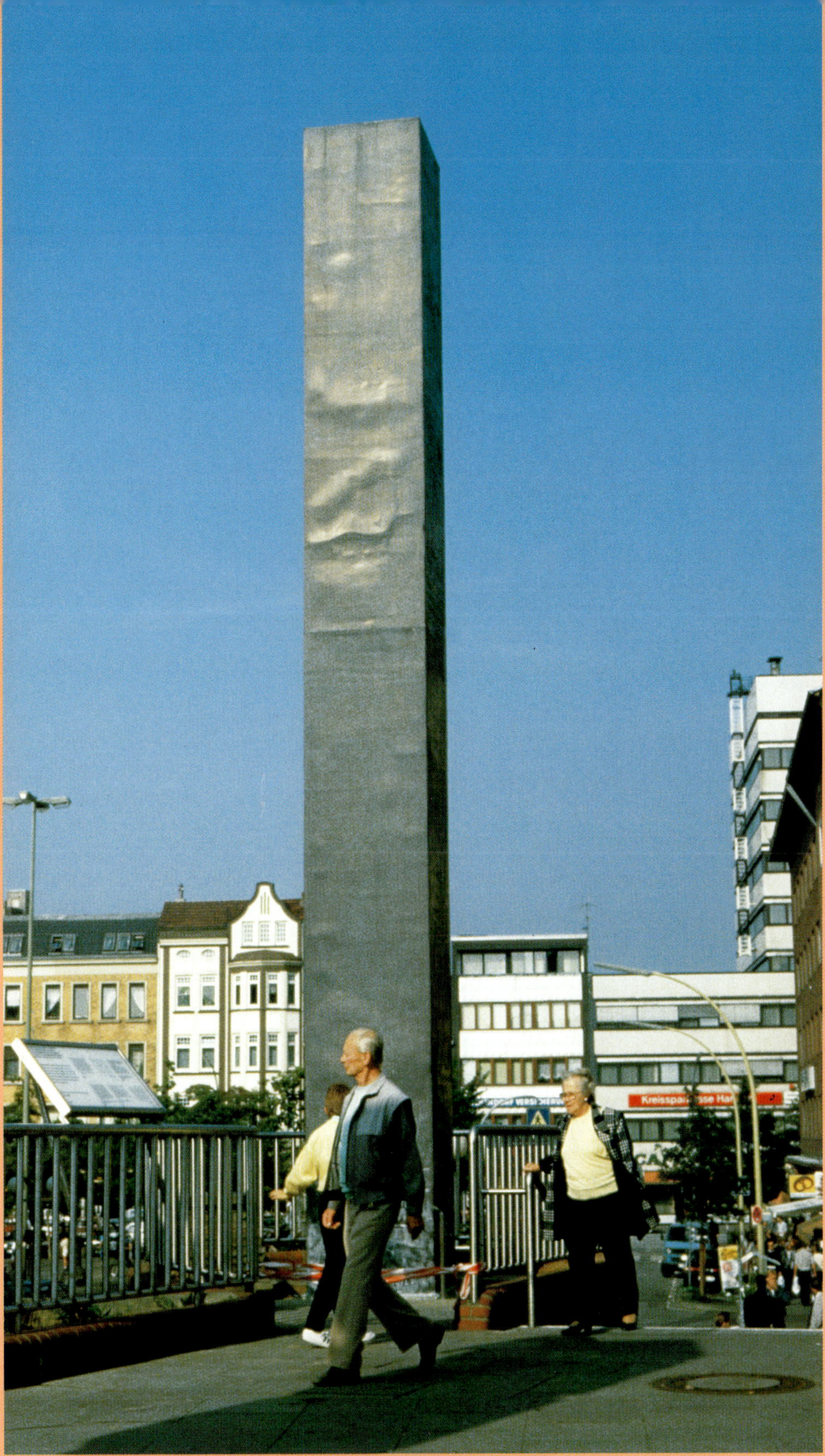

Jochen Gerz, »Mahnmal gegen den Faschismus«, Hamburg-Harburg 1986

Chronique scandaleuse

1989
Die 1980 von der amerikanischen Bundesbehörde für New Yorks Federal Plaza bestellte und 1983 aufgebaute Skulptur »Tilted Arc« von Richard Serra wird nach jahrelangem juristischem Streit auf Wunsch des Auftraggebers zerstört

1987
Im Pariser Palais-Royal wird trotz Rechtsstreit und internationaler Medienschelte Daniel Burens gestreifte Säuleninstallation »Les Deux Plateaux« eingeweiht

1974
Mitten in der Fußgängerzone der Kölner Innenstadt wird als Kunstbrunnen ein Phallus aus Naturstein aufgestellt, der bei besonderen Anlässen Kölsch-Bier ejakuliert

1963
Fluxus-Künstler Wolf Vostell betoniert in der Kölner Innenstadt vor einer Galerie unter den Protesten der Passanten ein parkendes Auto ein und nennt die später von der Stadt Köln angekaufte Skulptur »Ruhender Verkehr«

1962
Der bulgarische Künstler Christo, Mitglied der französischen Kunstbewegung der Nouveaux Réalistes, versperrt als Protest gegen die Berliner Mauer die Rue Visconti in Paris mit einer Mauer aus Ölfässern, genannt »Eiserner Vorhang«

1923
Ein Porträt des Schriftstellers Honoré de Balzac, bestellt bei Auguste Rodin, dem berühmtesten Bildhauer seiner Zeit, wird vom Auftraggeber, einem Verein zur Förderung der Literatur, entrüstet abgelehnt. Es zeigt Balzac im Schlafrock

Kunstwerke dienen keinem Zweck. Weder müssen sie funktionieren noch missionieren, noch überhaupt gefallen. So will es die Legende der Moderne. Hinter dem Vorwand totaler Selbstgenügsamkeit und praktischer Nutzlosigkeit aber sieht es anders aus: Kunstwerke erzählen nicht nur die Geschichte der Kunst, sondern auch die des Jahrhunderts. Sie spiegeln ihre Epoche, nehmen künftige gesellschaftliche Entwicklungen vorweg. Sie brandmarken sittlichen Kleingeist, weisen der Zukunft eine Richtung. Das ist die Funktion einer Avantgarde, die sich im 20. Jahrhundert explizit dem formalen und gesellschaftlichen Fortschritt verschrieben hat, von Dada und den russischen Suprematisten über Expressionismus und Surrealismus bis hin zu Pop, Konzeptkunst und Spurensicherung.

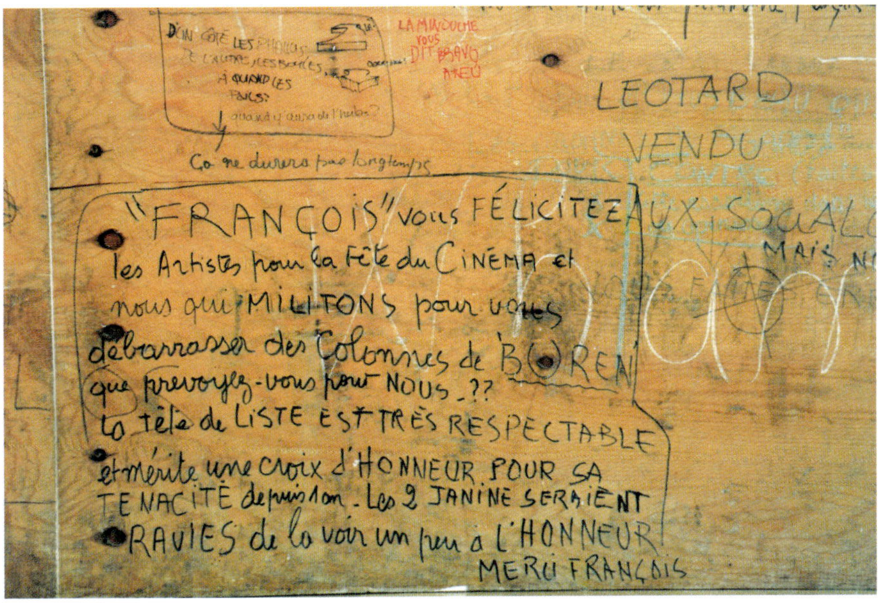

Daniel Buren,
Bauzaun des Palais-Royal,
1986 (Detail)

Doch was ist mit Kunstwerken, die nicht im nach außen hermetisch abgeschlossenen Museumsbunker, sondern im öffentlichen Raum stehen und für zehntausende Menschen Alltag sind? Gezielt plaziertes Mobiliar fürs Stadtbild? Kunst im öffentlichen Raum hat immer ein Problem: Zeigt sie formalen Mut, wird sie zum Hindernis im Blickfeld der Passanten. Passt sie sich an, wird sie zum Ärgernis der Kunstkritik.

Grenoble, im Jahre 1987. Vernissage im staatlichen Kunstzentrum Magasin, einer gigantischen Fabrikhalle mit Glasdach, gebaut hundert Jahre vorher von Gustave Eiffel. Die Pariser Kulturschickeria reist im Schnellzug TGV an, ein Empfang findet im Privathaus des Kunsthallenbegründers Jacques Guiot mit Alpenblick statt. Das im Vorjahr eröffnete Magasin ist das größte Ausstellungszentrum der französischen Provinz.

Daniel Buren, Bauzaun des Palais-Royal, 1986 (Detail)

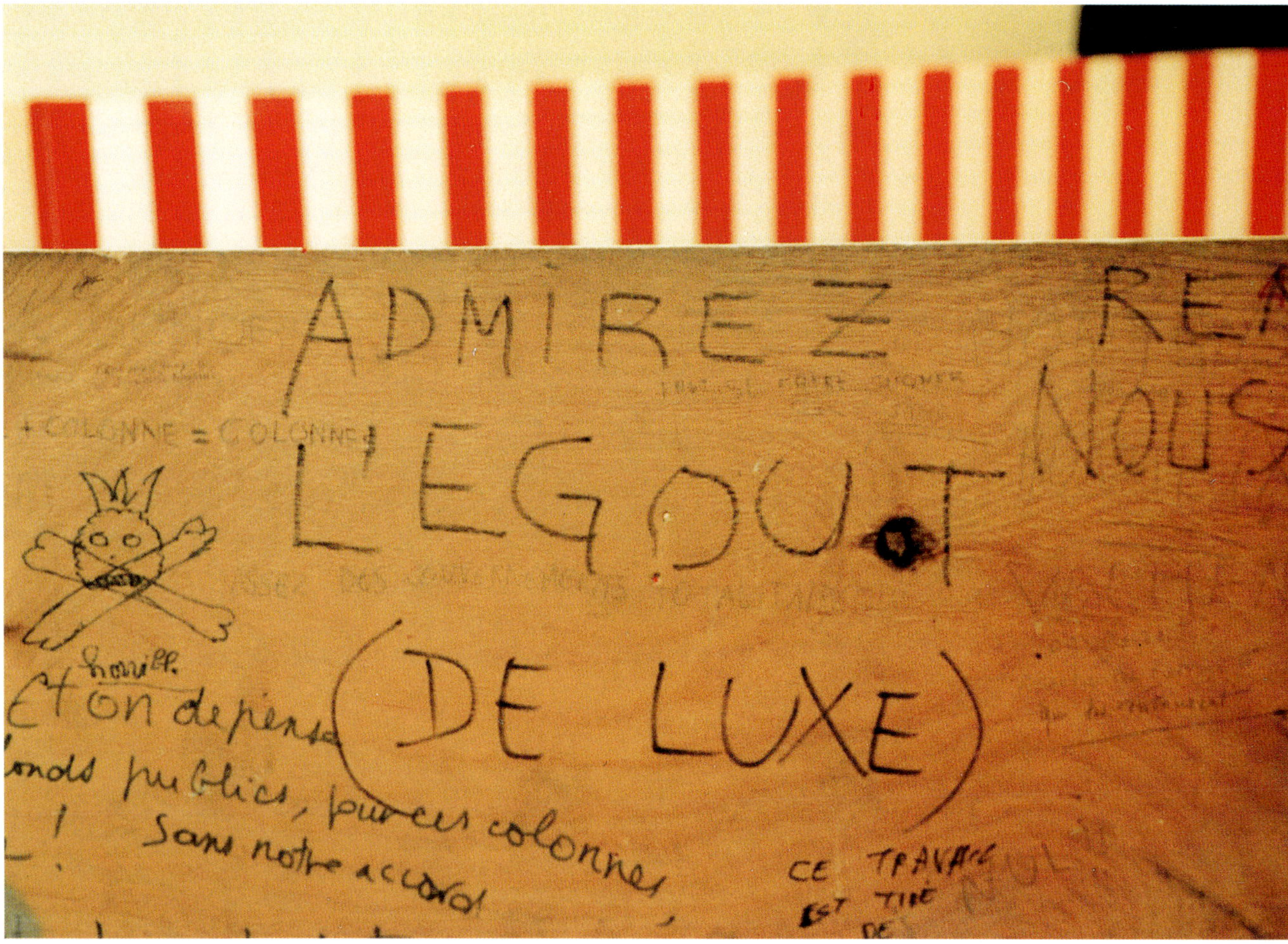

So nennen die Pariser alles, was nicht in ihrer nächsten Nachbarschaft liegt; alles, was außerhalb der Ile de France, des Pariser Beckens, stattfindet.

Anlass meiner Reise ist eine Einzelausstellung des bekanntesten französischen Künstlers: Der damals 49-jährige Daniel Buren ist der Entdecker einer industriell gefertigten Malerei, die vorgefertigte Stoffstreifenbahnen benutzt, Marke Terrassencafé. Rund um die Welt zeigt Buren in Museen, aber auch auf Werbeplakaten oder Fahnen im öffentlichen Raum seine Streifenkunst, die radikal jede expressive Geste verneint und stattdessen die Struktur von Räumen durch monotone Farbbahnen erfahrbar macht.

Doch in Grenoble arbeitet Buren zu meiner Überraschung zum ersten Mal in seiner Karriere nicht mit seinem Markenzeichen, dem Streifenstoff. Er hat keine ortsbezogene Installation in die Eiffel-Halle gesetzt, sondern aus Paris ein Ready-made der etwas anderen Art mitgebracht:

einen Bauzaun. Gebraucht. Mit Planken, Nägeln, Löchern, Plakatspuren. Und natürlich Graffiti.

Ich gehe einmal um den Zaun herum und glaube mich in einer anderen Zeit. »Scheiß-Kultur« steht da, »François, hör auf zu träumen« und »Friedhof der Sozialisten«. Aber auch »Buren, dreckiger Jude«. Von der »schändlichen Dekadenz« zeitgenössischer Kunst ist die Rede, von Kulturterror und Missachtung des nationalen Erbes. Das Wort »entartet« fehlt, denn die Sprache auf dem Bretterzaun ist französisch, aber die Beleidigung bleibt universell. In der angeblich friedlichen Wohlstandsgesellschaft der achtziger Jahre hat ein Künstler seine Zeitgenossen auf den kleinsten gemeinsamen Nenner reduziert – den Hass.

Begonnen hat alles im Frühjahr 1985. Der Sozialist François Mitterrand ist seit vier Jahren französischer Staatschef. Sein Kulturminister Jack Lang setzt Kultur als politischen und wirtschaftlichen Hebel an: Die Schönen Künste werden gefördert, Museen für Mode, Design und Comicstrips eingerichtet; Privatradios geschaffen, die ihre Quote französischer Musik spielen müssen. Frankreich öffnet sich der internationalen Kunstszene, Kommunen und Kleinstädte bekommen Kunsthallen, der telegene Lang erklärt im staatlichen Fernsehsender Antenne 2: »Unserem Land muss bewusst werden, dass die Schönheit nicht nur ins Museum gehört, sondern in unseren Alltag, ins Stadtbild, an unseren Arbeitsplatz. Schönheit ist nicht nur Balsam für die Seele, Schönheit ist auch ein Motor für wirtschaftlichen Aufschwung.«

»Jedes Kunstwerk ist grundsätzlich politisch. Damit meine ich aber nicht, dass Kunst eine politische Fahne, oder ein Spruchband sein soll. Vielmehr glaube ich, dass alles, was zuerst produziert und dann öffentlich gezeigt wird, politisch ist. Kunst zu zeigen ist ein politischer Akt.
Anfang der sechziger Jahre entstand Kunst in Frankreich in einem präzisen politischen Kontext. Erst einmal handelt es sich um den entscheidenden und schwierigsten Augenblick des Algerien-Krieges; dann ist De Gaulle schon seit 1958 an der Macht; und schließlich, was man allzu oft vergisst, ist Frankreich damals ein Polizeistaat, alles wird überwacht, die Zensur ist überall; sowohl die Presse als auch die Intellektuellen werden zensiert.«
Daniel Buren

Mitterrand stößt für Paris neun symbolische Großprojekte an, darunter ein Wissenschaftsmuseum, eine Volksoper, eine gläserne Pyramide als Eingang zum erweiterten Louvre und eine gigantische Staatsbibliothek. Zusätzlich beschließt das Kulturministerium, den Innenhof des Palais-Royal, eines eher hässlichen Gebäudekomplexes aus dem 17. Jahrhundert, ursprünglich als Palais-Cardinal für Richelieu gebaut, von einem Künstler neu gestalten zu lassen. Im Palais-Royal residiert gegenüber dem Kulturministerium das klassische Staatstheater Comédie Française. Um einen kleinen Park herum sorgen

Geschäfte und Restaurants tagsüber für einen Publikumsverkehr. Die neu zu gestaltende Fläche ist vom Park durch einen offenen Säulengang abgetrennt. Sie liegt unterhalb der Fenster des Conseil d'Etat, des Staatsrats, der die Verfassungsfreundlichkeit der Regierung überwacht. Diese ist seit 1981 links – und der Staatsrat konservativ.

Drei Projekte kommen in die engere Auswahl. Der im Kulturministerium für Kunst zuständige Staatsbeamte Claude Mollard bittet die betroffenen Künstler, darunter Daniel Buren, Modelle zu bauen. Im Juli entscheidet sich Mitterrand, Schöngeist mit absolutistischen Zügen und immer besorgt um sein Bild in der Nachwelt, für den Entwurf Daniel Burens: eine riesige, begehbare Landschaft mit 260 größeren und kleineren Säulen, alle schwarz und weiß gestreift. Die Säulen erinnern an die Architektur der Kolonnaden des Palastes, die Streifen an den frisch gebackenen Ruhm der konzeptuellen französischen Kunstszene, die mit Daniel Buren, Anne und Patrick Poirier, Christian Boltanski oder Bertrand Lavier endlich wieder eine internationale Rolle spielt.

säulen für einen parkplatz

Daniel Buren ist ein Franzose wie aus dem Bilderbuch – meist mit Seidenschal, sommers in weißem Leinen, winters in schwarzem Cord. Fehlt nur die Gauloise, ohne Filter, aber aus gelbem Maispapier. Ein Pariser Intellektueller der 68er-Generation, links, aber jeder Staatsmacht misstrauisch gegenüber, auch den Sozialisten. »Mitterrand wählte mein Projekt persönlich aus«, sagt Buren, »aber ich glaube kaum, dass er meine vorherigen Arbeiten kannte.« Buren besitzt kein Auto, keine Galerie, und vor allem kein Atelier. Dafür ein prallvolles Archiv mit Anrufbeantworter, sowie Wohnungen in Paris und New York, in denen er nie zu finden ist. Buren ist ein Kunstnomade – jede Ausstellung, von Venedig bis Tokio, wird an Ort und Stelle von ihm selbst in wochenlanger Arbeit zusammengebaut. »In situ« nennt er seit 1968 das von ihm entwickelte Verfahren, ortsabhängig zu arbeiten. »Jede Arbeit wird für den Ort, am Ort und wegen des Ortes gemacht. Ich reagiere auf die Eigentümlichkeiten des Ausstellungsraumes, ich entwerfe begehbare Malerei.«

Nicht selten baut Buren Museumsräume neu, indem er Kernstücke der Sammlung quer durch alle Jahrhunderte hindurch in *Cabanes* genannten Streifenhütten neu verteilt. Der Besucher erfährt ein ihm scheinbar vertrautes Museum neu, der Blick zur Kunst wird aufgefrischt. Ebenso wie der Blick auf Architektur und Stadtraum, wenn Buren seine Streifen auf Fahnen oder Plakatwände klebt. Für den militanten Buren ist auch dreißig Jahre nach seinen Anfängen jedes Kunstwerk, sobald es gezeigt

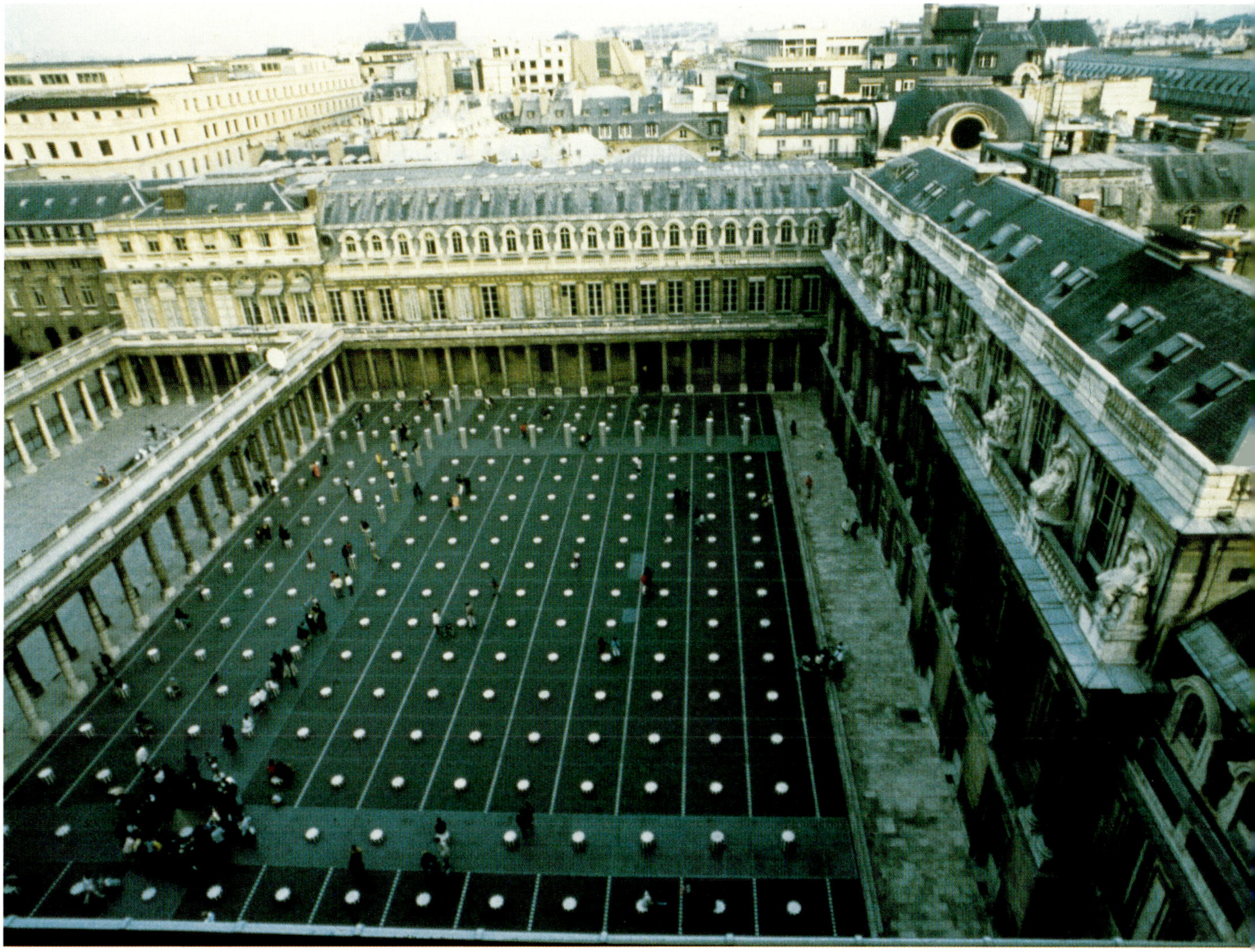

Daniel Buren,
»Les deux plateaux«, Paris,
Palais-Royal, 1985–86

wird, ein politischer Akt. Nicht im Sinne einer Ideologie, sondern einer Handlung.

Doch jetzt soll er durch sein Projekt im Palais-Royal, zumindest für seine Gegner, plötzlich zum Staatskünstler geworden sein. »Früher klebte ich nachts meine Plakate im öffentlichen Raum und wurde dafür wiederholt von der Polizei verhaftet. Jetzt, im Palais-Royal, hatte ich plötzlich Polizei und Staat hinter mir.« Um zu unterstreichen, dass er Künstler ist und kein Handwerker, dass er Bilder schafft und nicht dekorative Innenarchitektur, malt Buren bis heute pro Arbeit einen Streifen per Hand auf. Als Signatur. Macht so aus einem Massenprodukt ein individuelles Werk. Dieser Ansatz hat etwas bewusst Altmodisches, weil er, ähnlich wie Marcel Duchamp zu Anfang des Jahrhunderts, die Autorenschaft keinesfalls in Frage stellt. Buren bleibt auf seine Art in der Tradition der dekorativen französischen Oberflächenmalerei, vom Impressionismus bis Matisse, aber er versachlicht jeden gestischen Ausdruck. Er will die reine Form, pure Schönheit, allerdings ohne Tafelbild, als Gegenteil von marktorientierter Mainstream-Kultur. Nach Ablauf einer Ausstellung wird eine ortsbezogene Arbeit entweder vom Museum angekauft, falls Platz und Geld da sind, oder zerstört. Begrenzte Lebensdauer ist Teil des Konzepts.

Daniel Buren, »Les deux plateaux«, Paris, Palais-Royal, 1985–86

Im Palais-Royal soll zum ersten Mal ein Buren dauerhaft installiert bleiben. Ein Novum – für den Künstler und für Frankreich, das noch nie historisches Gemäuer von einem zeitgenössischen Künstler hat schmücken lassen. Entsprechend hoch fliegen die Erwartungen – bis im September die Mitglieder des Staatsrats aus den Ferien zurückkehren und ihre Autos nicht mehr wie gewohnt im Innenhof des Palais-Royal parken können.

Die Daniel Buren zugeteilte Fläche hat seit Jahrzehnten als Parkplatz gedient. Sie ist also weder Garten noch Besinnungsraum, noch Spielplatz, sondern ein asphaltierter Abstellraum für die Karossen der Staatsdiener. Die auf das Privileg eines büronahen Privatparkplatzes keinesfalls verzichten wollen. Erst recht nicht zugunsten der zeitgenössischen Kunst.

Als erstes gründen Anrainer und Benutzer des Palais-Royal im Spätherbst 1985 eine Bürgerinitiative. Dann schalten sie den Pariser Oberbürgermeister, Jacques Chirac, ein, der laut »Nein« schreit, aber auf Staatsboden nichts zu sagen hat. Das Zentralorgan der französischen Rechten wird mobilisiert, die Tageszeitung Le Figaro, mitsamt ihrer reaktionären Wochenendbeilage, dem Figaro-Magazine. »Große Kunst zum Draufsetzen« wird dort gespottet über das »Pissarsenal von Paris«. Der Figaro fordert am 15.4.86 die »Rettung des Palais-Royal« und verlangt: »Décolonnisons« (15.5.86). Auch die übrigen Massenmedien mischen mit. Der liberale Quotidien de Paris fragt am 28.2.86 seine Leser: »Gefällt Ihnen das etwa?« Selbst das Kunstmagazin Beaux Arts ist skeptisch: »Burens verfehlte Kühnheit« heißt es im März 86.

Die Fernsehanstalten schicken Kameras und befragen den Mann von der Straße: »Unverzüglich schleifen, das ist ohne Erlaubnis gebaut. Eine Schande«, bellt ein grauhaariger Staatsdiener. Der so Unrecht nicht hat, denn Ministerialrat Claude Mollard hat den Baubeginn angesichts zu befürchtender Rechtsstreitigkeiten auf den 15. Juli 1985 vorgezogen, als Staatsrat und Comédie Française Sommerpause haben. »Rausgeschmissenes Geld«, jammert eine gepflegte Dame und wiederholt, was die Medien ihr vorkauen. Das gesunde Volksempfinden, sollte es existieren, kocht.

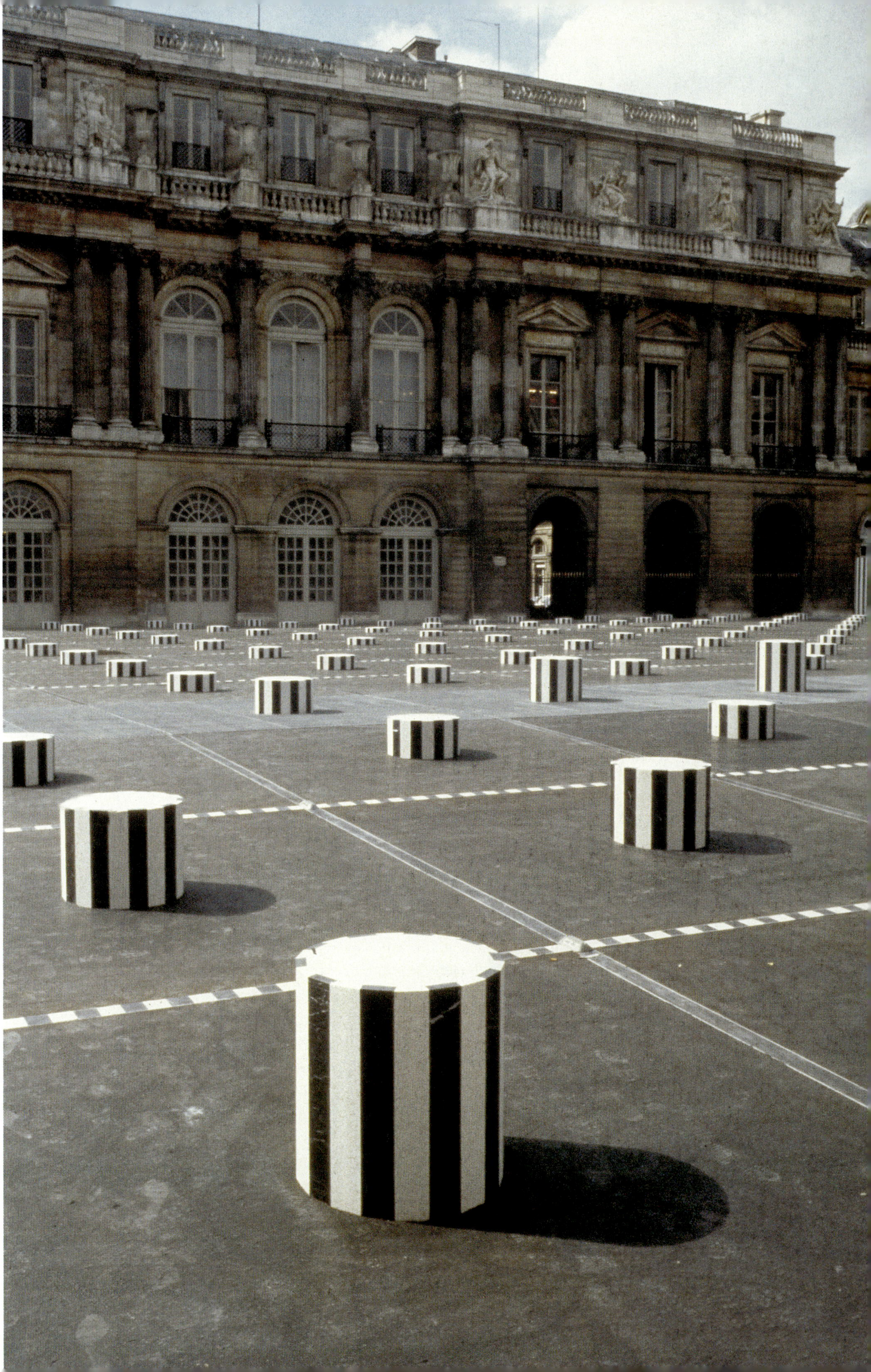

Genauer beschäftigt mit dem Projekt hat sich allerdings kaum jemand. Anstelle einer Vorsondierung der öffentlichen Stimmung hat das Kulturministerium die Mitglieder des Staatsrats zu überrumpeln versucht. Das rächt sich nun. Als die Tageszeitungen Le Monde und Libération Burens Projekt ausführlich vorstellen wollen, hört schon niemand mehr hin. Nicht die Kunst steht im Mittelpunkt des Skandals, sondern ihr schlechter Ruf. Selbst im Ausland prügelt man auf den angeblichen Egomanen Buren ein. Die Frankfurter Rundschau ist skeptisch, die FAZ wirft Buren Verrat an seinen eigenen Ideen vor, weil seine Installation nicht temporär, sondern in Stein und für die Ewigkeit sei.

»Mein Projekt heißt *Les deux plateaux*«, erzählt Buren in einem Fernsehfilm, den ich zum zehnten Geburtstag der *Zwei Ebenen* drehe. »Es ist ein für mich ungewöhnliches Projekt, weil ich erstmals nicht nur mit dem architektonischen, sondern auch dem symbolischen Umfeld der Installation spiele. Wegen der Geschichte des Ortes wollte ich möglichst wenig bauen, sondern vielmehr graben. Ich wollte ein dreidimensionales Relief, das sich vor allem unter der Erde abspielt. Und sich tief in die Geschichte von Paris hineinwühlt.«

Tatsächlich sind die von Buren geplanten Säulen keinesfalls alle mannshoch, sondern bei gleichem Durchmesser unterschiedlich sichtbare, aus dem Boden wachsende Stelen, zwischen denen Wasser durch unterirdische Kanäle fließt. Für Claude Mollard hat das Wasser entscheidende Bedeutung: »Bei Projekten im öffentlichen Raum gibt es zwei Faktoren, die die Akzeptanz erheblich erleichtern: Wasser und Kinder. Bestes Beispiel ist der *Strawinsky-Brunnen* von Nikki de Saint-Phalle und Jean Tinguely neben dem Centre Pompidou. Während der Bauarbeiten war die Stimmung sehr gereizt, wir wurden von Bevölkerung und Presse attackiert. Aber kaum war Wasser im Brunnen, haben sich alle beruhigt, zumal die Kinder von dem Ballett der farbigen Skulpturen begeistert waren.«

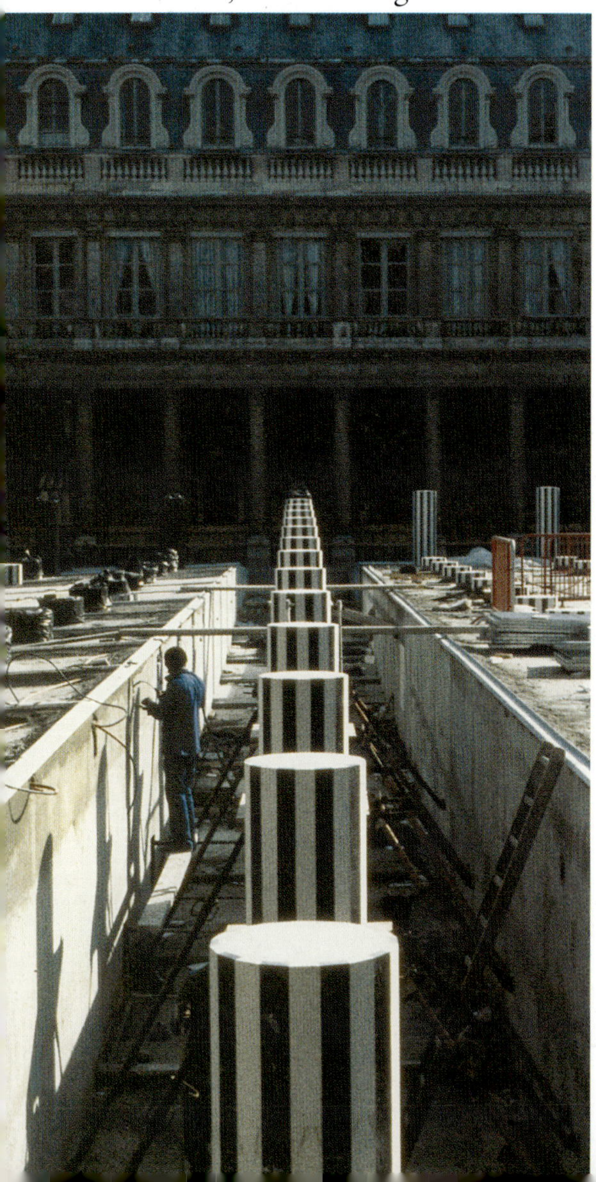

Während der Arbeiten an »Les deux plateaux«

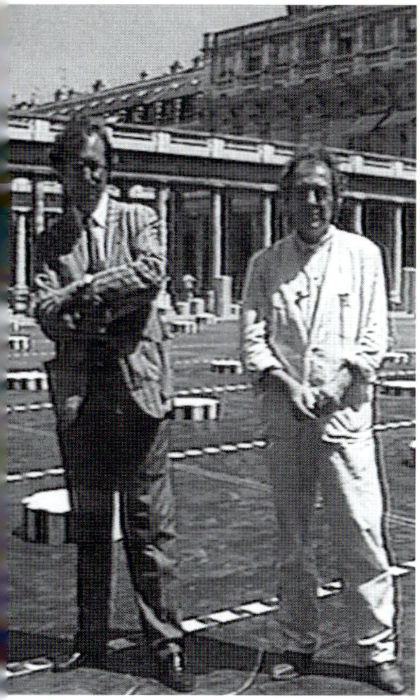

Claude Mollard und Daniel Buren bei der Einweihung von »Les deux plateaux«

Buren hat keinen Brunnen im eigentlichen Sinne geschaffen, und die Wirkung konzeptueller Streifen auf Kinder war damals nicht vorhersehbar. Das Wasser ist nur stellenweise sichtbar, es bleibt unterirdisch. Aber man hört es. Bei den Bauarbeiten stößt Buren auf Reste ehemaliger Viehweiden, mit Knochen von Rindern und Schafen. Und noch eine Schicht tiefer macht Buren eine Entdeckung, die ihm zu denken gibt: Er findet über hundert abgelagerte, völlig intakte Säulen, mitsamt der vorgesehenen Befestigung. Experten datieren das historische Baumaterial auf Anfang des 19. Jahrhunderts. Vorher, während der Revolution, waren Teile des Palastes abgebrannt. Der Durchmesser der gefundenen Säulen entspricht exakt dem der von Buren geplanten Betonstümpfe.

»Man kann sich vorstellen«, erinnert sich Buren, »wie mir zumute war. Offensichtlich hatte es schon einmal ein Säulenprojekt für diesen Innenhof gegeben, das aber nie realisiert wurde. Ich befürchtete, das sei ein schlechtes Vorzeichen.«

Buren sollte recht behalten mit seinem Pessimismus. Eine einstweilige Verfügung der Anrainer kann zwar abgewiesen werden, da der Staat Bauherr und Eigentümer des Grundstücks ist. Doch das Amt für Denkmalsschutz bleibt mehr als skeptisch und fürchtet das Wagnis. Und dann finden Parlamentswahlen statt: Die Linke verliert. François Mitterrand muss sich ab 1986 die Macht mit der Regierung des Konservativen Alain Juppé teilen. Zum neuen Kulturminister wird François Léotard, der viel lieber das Verteidigungsministerium übernommen hätte. Das Einzige, was der Liberale Léotard mit der Kultur gemein hat, ist sein Bruder, Philippe, ein Filmschauspieler. Folglich verfügt François Léotard erst einmal einen Baustopp.

alltagsschönheit mit geheimklausel

Von Jack Langs Ruf nach der Schönheit als Motor für wirtschaftlichen Aufschwung ist nicht mehr die Rede. Angesichts steigender Arbeitslosigkeit und Flucht in Radikalliberalismus von London bis Washington werden die staatlichen Zuschüsse für Kultur in Frankreich von der neuen konservativen Regierung stark gekürzt, noch ehe 1987 die Börse zusammenbricht und der Kunstmarkt in eine zehn Jahre dauernde Krise schlittert. Von Mitterrands Versprechen eines Kulturetats in Höhe eines Prozents des Gesamthaushalts wird nie mehr die Rede sein. Die einzigen Kulturausgaben, die damals nicht beschnitten werden, sind die der noch nicht vollendeten Großprojekte des Präsidenten; darunter die von dem amerikanischen Architekten Pei entworfene Pyramide für den Louvre, die von der Rechten, wieder unter Anführung von Bürgermeister Chirac, ebenfalls erbittert bekämpft wird. 1992, bei der Einweihung des Grand Louvre und angesichts des schwarzgläsernen Pyramidenbaus, wird Chirac seine Halsstarrigkeit murrend, aber vernehmlich bedauern.

Doch das Palais-Royal gehört nicht zu den Präsidial-Projekten, und Buren kann nur immer wieder verzweifelt bitten, man möge *Les deux plateaux* erst beurteilen, wenn sie fertiggestellt seien. »Ich war außer mir vor Angst, man könne etwas abreißen, was noch gar nicht existierte und das niemand, nicht einmal ich selbst, wirklich beurteilen konnte.«

Doch im Mai tritt François Léotard auf dem Balkon seines Ministeriums vor die Fernsehkameras, mit Blick auf die Baustelle. »Die Bauarbeiten haben begonnen, alle Verträge unterschrieben, und der Künstler hat ein Recht darauf, sein Werk vollendet zu sehen. Ich habe daher beschlossen, das Projekt weiterzuführen.« Die Pariser Kunstszene jubelt, die politische Rechte schäumt. Zwei Monate später ist das Projekt fertig gestellt.

Was hat Kulturminister Léotard, der das ungeliebte Projekt von einem ungeliebten Vorgänger erbte, umstimmen können? Die Antwort

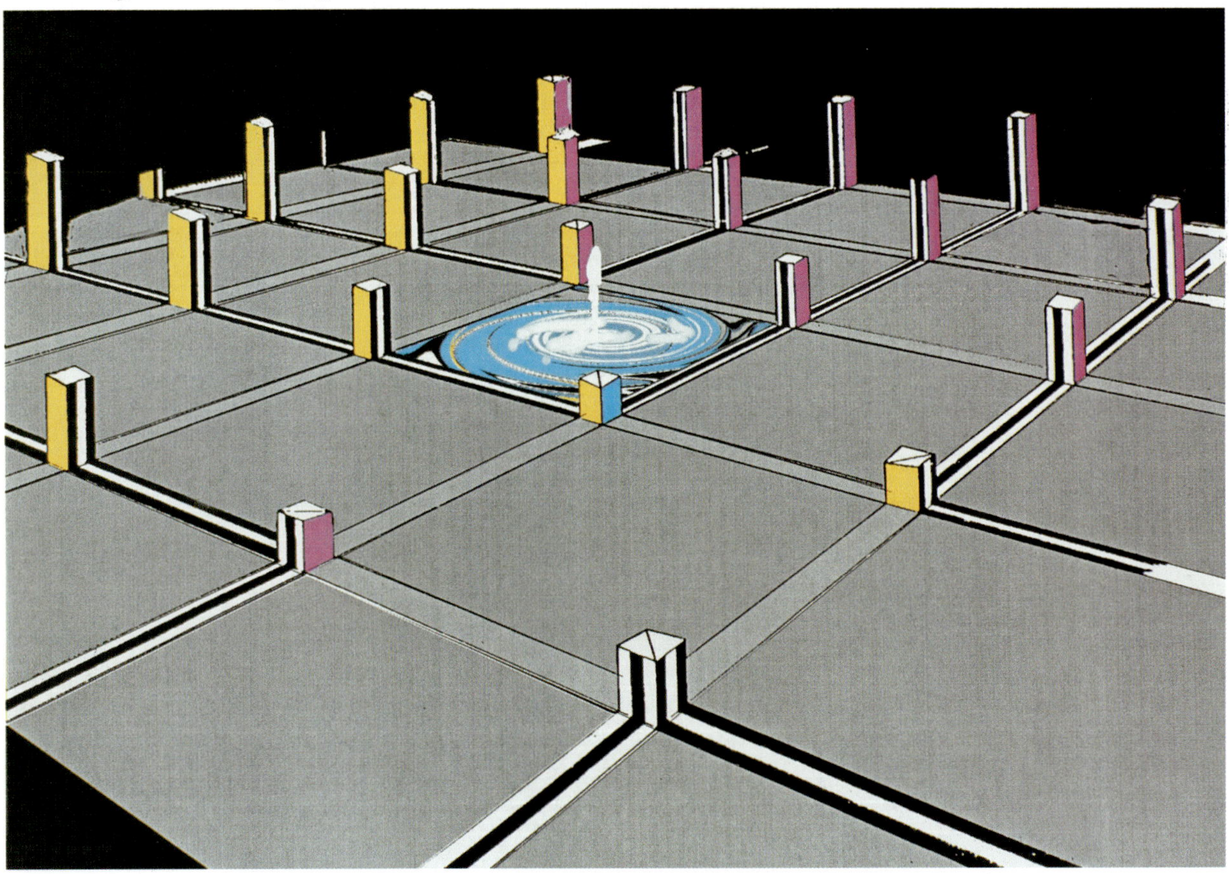

Daniel Buren, Neugestaltung eines Parkplatzes in Weimar (Modell)

Daniel Buren vor einem Modell von »Les deux plateaux« (Videostill)

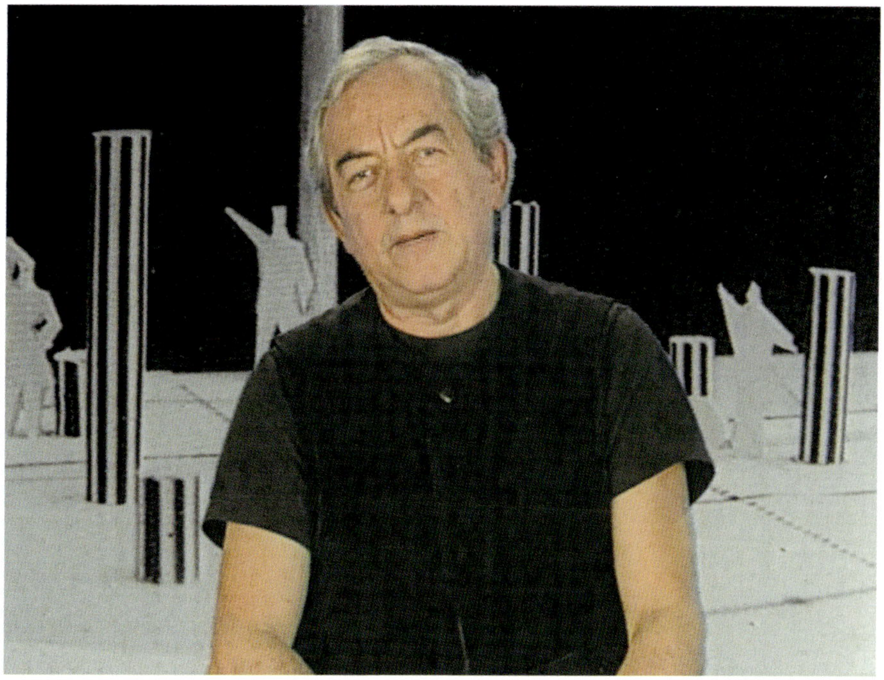

kennen lange Zeit nur Daniel Buren und seine Anwälte sowie Projektleiter Claude Mollard. »Ich habe damals einen Brief geschrieben«, erzählt Buren elf Jahre später, »mit dem ich heute noch einverstanden bin. Da es sich um einen öffentlichen Raum handelt, in dem sich viele Menschen bewegen, die sich in der Kunst nicht unbedingt auskennen, habe ich mich damit einverstanden erklärt, dass die Arbeit nach zehn Jahren zerstört würde, wenn sie entweder einstimmig abgelehnt oder aber von allen Passanten geschnitten würde.«

Burens einzige Bedingung: Seine Erklärung soll geheim bleiben. Er will um jeden Preis, dass der Krieg um das Palais-Royal von der Kunst und nicht von der Politik entschieden wird. »Wäre die Installation heute wirklich menschenleer, ohne Besucher, dann wäre sie misslungen, und man könnte sie abreißen. Denn eins vergessen die Leute immer wieder bei Kunst im öffentlichen Raum: Die meisten Außenskulpturen können genauso wieder entfernt werden wie man in einem Museum ein Bild wieder abhängt.«

Am 22. August 1986, die Schlacht ist geschlagen, vergleicht die Tageszeitung Le Monde in einem langen Artikel Daniel Buren mit dem größten französischen Bildhauer des Jahrhunderts, Auguste Rodin. Der Vergleich ist nicht persönlich gemeint, vielmehr geht es um das Schicksal einer berühmten Skulptur Rodins, die nach Volksbegehren und Presseprotesten mehrfach in Paris umziehen muss. Es handelt sich um ein Abbild des großen, zu Lebzeiten nicht unbedingt geliebten Schriftstellers Honoré de Balzac, dessen Porträt 1898 die Freunde französischer Literatur bei Rodin bestellen. Doch wie groß ist das Entsetzen, als Rodin den Denker Balzac mit herrischer Geste, aber im Schlafrock, abliefert! Die Skulptur wird abgelehnt. Daraufhin bildet sich eine Bürgerinitiative zu ihrer Verteidigung, die sie schließlich 1939, also vierzig Jahre später, und unter dem Protest von Presse und Anrainern, am Boulevard Raspail aufstellt. Nicht für lange: Das ungeliebte Werk wird mehrfach ausgeliehen, dann probeweise auf der Champs-Elysée platziert.

Paris, im Sommer 1999. Rodins *Balzac* grüßt von seinem hoffentlich endgültigen Sockel an der Kreuzung von Boulevard Raspail und Boulevard Montparnasse. Und der Innenhof des Palais-Royal ist immer noch gestreift. Jugendliche umkreisen die schwarz-weißen Säulen mit Rollerblades. Auf mehreren Sockeln picknicken Verliebte, Kleinkinder spielen Versteck. Touristen werfen Münzen in die unterirdische Kanalisation, als stünden sie vor Roms Trevi-Brunnen. Ein Clochard versucht, sie durch die Gitter hindurch mit Angel und Magnet zu fischen. Ein Modefotograf nutzt das Abendlicht für Aufnahmen mit zwei Mannequins aus. Vorher hat schon Couturier Jean-Charles de Castelbajac hier defilieren lassen, Firmen wie Ford oder IBM nutzen *Les deux plateaux* für Werbefotos. Alle Aufnahmen tragen brav das Copyright von Daniel Buren um die Welt. Dessen Projekt der Neugestaltung für einen Parkplatz im Zentrum der europäischen Kulturhauptstadt des Jahres, Weimar, ist allerdings abgesagt worden. Nach einer Bürgerinitiative. Vielleicht hätte Buren dem Stadtrat von Weimar eine Busfahrt nach Paris spendieren sollen. Im Palais-Royal schießt 1999 eine japanische – oder koreanische? – Touristengruppe zwischen schwarz-weissen Säulen Souvenirfotos: Erinnerungen an die Avantgarde.

querkopf mit kurven

Die Avantgarde tut sich im öffentlichen Raum immer schwer, sobald sie sich für länger niederzulassen plant. Meister der zeitlich begrenzten Kunst-Zeremonie wie Christo und seine Frau Jeanne-Claude dürfen den Pariser Pont-Neuf oder den Berliner Reichstag nur verhüllen, weil sie ein temporäres Ereignis, keine bleibende Installation schaffen. Selbst ein sogenannter Aktionskünstler wie HA Schult kann den Markus-Platz in Venedig mit Tonnen von Zeitungspapier verfremden, wenn er denn nur brav wieder aufräumt. Doch lacht durchaus nicht immer ein Happy End in den Schlachten, die die Moderne im Stadtbild schlägt. Die besten – und traurigsten – Beispiele für Niederlagen der Kunst im Kampf gegen den

Mehrheitsgeschmack liefert der wohl innovativste und einflussreichste Plastiker der letzten dreißig Jahre, dessen Ringen um Radikalisierung der Außenskulptur immer wieder von spektakulären Rückschlägen gekennzeichnet ist: Der Amerikaner Richard Serra, Jahrgang 1939.

Letztes Beispiel für Serras Arbeit: Sein zusammen mit dem Architekten Peter Eisenman entworfenes Projekt eines Berliner *Mahnmals für die ermordeten Juden Europas*, kurz Holocaust-Mahnmal genannt. Serra und Eisenman schlagen eine wellenförmige Bebauung des Arsenals mit verschieden hohen Stelen vor. Bauen muss der Architekt das Mahnmal inzwischen allein: Nach allzu vielen Kompromiss-Wünschen seitens der deutschen Auftraggeber zieht sich der Künstler 1998 verstimmt zurück

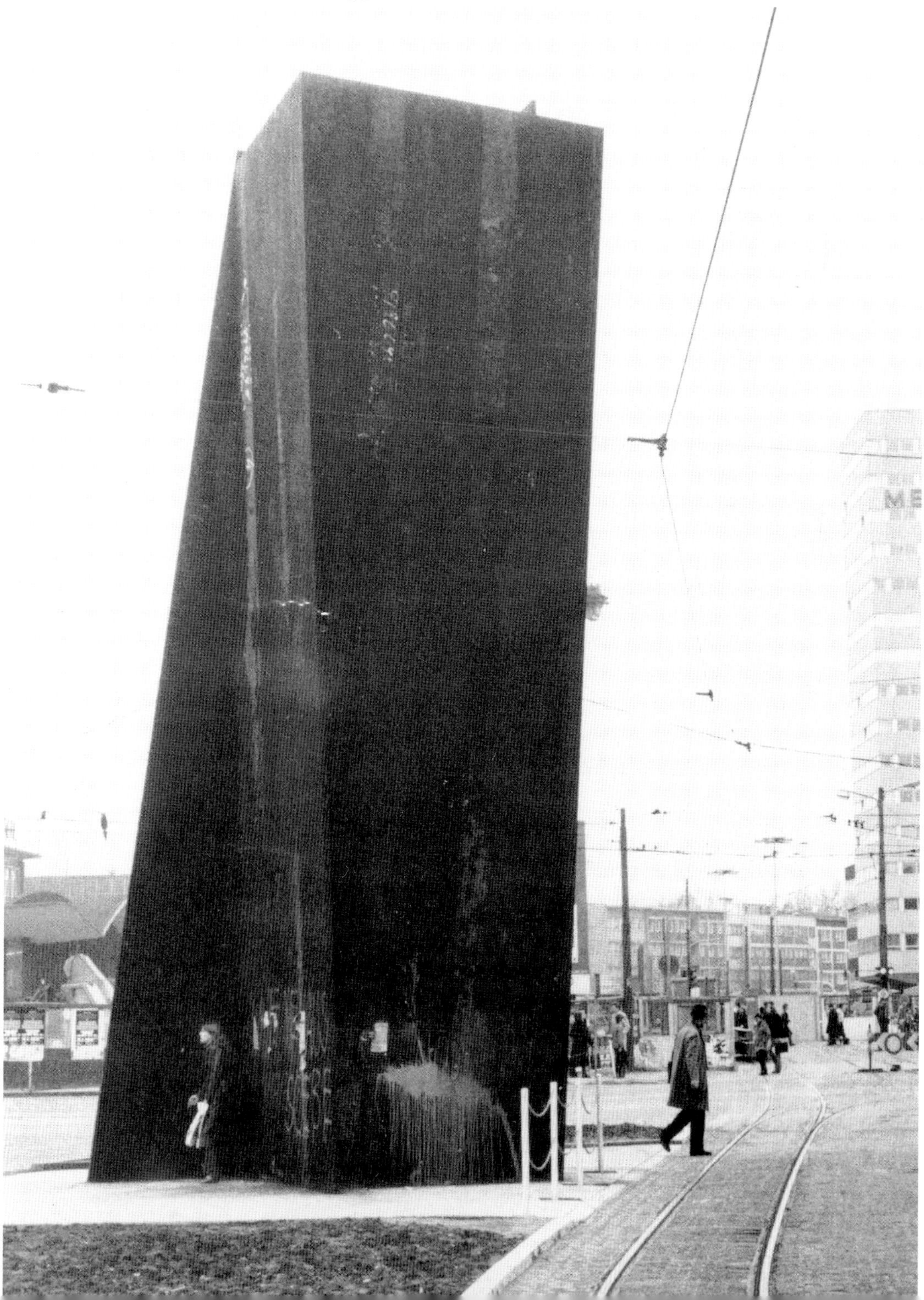

Richard Serra, »Terminal«, Bochum 1977

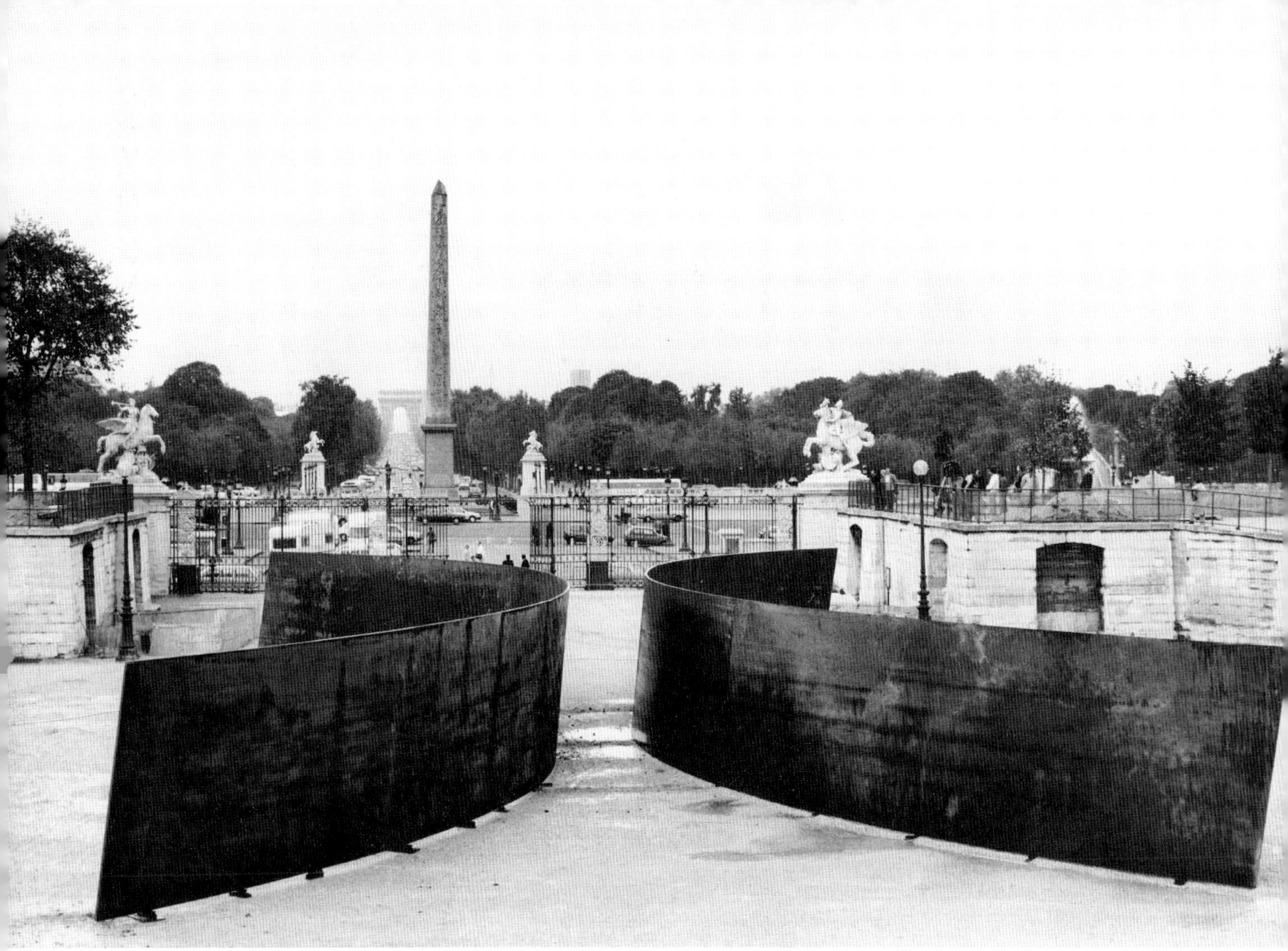

und überlässt seine Stelen ihrem Schicksal: Ein Richard Serra schließt keine Kompromisse.

Nach Versuchen mit geworfenem Blei, vulkanisiertem Gummi, dann aneinander gelehnten, sich durch ihr Gewicht stabilisierenden Bleiplatten sowie Experimentalfilmen über die Schwerkraft entdeckt Serra 1969 den Cor-ten oder Walzstahl, ein schnell anrostendes, dann aber resistentes Material, das sich in entsprechenden Hochöfen bearbeiten lässt. Seitdem entwirft Serra für Innen- und Aussenräume abstrakte Skulpturen, die auf den ersten Blick unsichtbare architektonische Prinzipien von Bauwerken in oft aggressiver Form sichtbar machen.

Als ich bei einem Besuch in New York 1983 versuche, in Downtown Manhattan die Federal Plaza zu überqueren, stehe ich vor der wohl extremsten Arbeit Serras, wenn man einmal absieht von dem *Terminal* am Bochumer Bahnhof. Federal Plaza ist ein uninteressanter, windiger Platz, auf dem man sich instinktiv beeilt. Es gibt Kopfsteinpflaster mit einer dekorativen Variation von Halbkreisen, und ein in den Boden ein-

links:
Richard Serra, »Clara-Clara«
in den Pariser Tuilerien
unten:
»Clara-Clara« in der Parkanlage
am Square de Choisy

gelassenes Amphitheater, zum Hamburger-Verzehr in der Mittagspause. Ich habe nie dort jemand sitzen sehen.

Federal Plaza ist Bundesbesitz. In der Hausnummer 26 residiert in einem klobigen, rechteckigen Klotz die New Yorker Vertretung der Washingtoner Bundesbehörde. Dorthin muss jeder Einwanderer, der sich in New York niederlassen will. Zum Schmuck des hässlichen Gebäudes auf dem ungeliebten Platz bestellt Washington 1980 bei Richard Serra eine Skulptur. Den sogenannten *Tilted Arc* oder *Gekrümmten Bogen.*

Gut fünfzig Meter vor den Eingang des Federal Building stellt Serra eine zweifach gekrümmte, sich wunderbar leicht windende Stahlplatte aus Cor-ten. Dreieinhalb Meter hoch, imitiert sie auf 36 Meter Länge die angedeuteten Halbkreise im Pflaster des Platzes, geht anmutig auf Distanz zum architektonischen Klotz des Verwaltungsgebäudes – und versperrt Bundesbediensteten und Einwanderern den Weg zum Arbeitsplatz. Und den Einwanderern symbolisch den Blick auf Amerika?

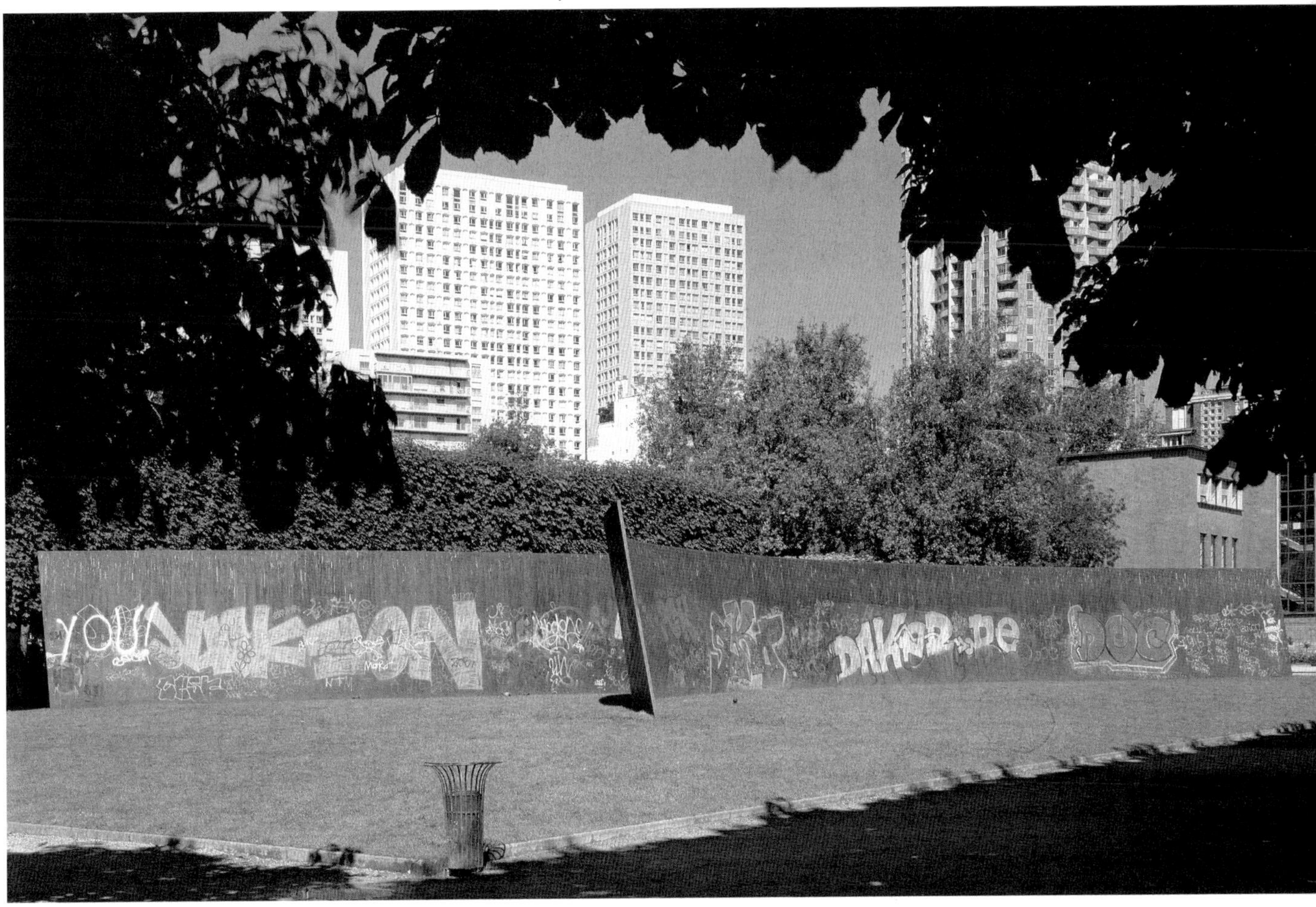

Wer Serras Kunst verstehen will, muss sich mit ihr auseinandersetzen. Aber dafür gibt es Baukommissionen, und eine solche Kommission hat sich in New York für Serras Vorschlag entschieden. Obwohl man an einem Serra nur selten leicht vorbeikommt. Auf der documenta 8 versperrt er 1987 den Blick auf die unappetitliche, hässliche Fussgängerzone von Kassel mit *Street level*, einer stählernen Sackgasse. Innerhalb des Hauptausstellungsgebäudes Fridericianum installiert er *Spiral sections*, im halbrunden Treppenhaus einen gegen die Biegung leicht gekrümmten Bogen, der auf den Besucher fallen möchte, aber nicht kann – so perfekt sind Biegung und Schwerkraft ausbalanciert. In Münster baut Serra einen hohen, hohlen Turm in einen mittelalterlichen Hof, in Bielefeld stellt er einen offenen Würfel vor die Kunsthalle des amerikanischen Architekten Philip Johnson.

Seine vielleicht schönste Arbeit der achtziger Jahre tauft Serra nach seiner deutschen Frau: *Clara-Clara* wird 1983 anlässlich seiner Retrospektive im Centre Pompidou im Tuilerien Park aufgestellt, gleich an der Place de la Concorde, auf der historischen Zentralachse zwischen Louvre und Triumphbogen. Die Skulptur besteht aus zwei gigantischen Kurven, eine konkav, die andere konvex, und so gegeneinander gestellt, dass ihre Mitten für die Spaziergänger nur einen kleinen Durchgang lassen. Wer vom Louvre aus über die Concorde auf die Champs-Elysées schauen will, muss durch *Clara-Clara* hindurchblicken: Die Krümmungen der beiden Formen lenken seinen Blick.

Doch wenig später ist *Clara-Clara* plötzlich verschwunden. Das sei normal, geben mir die Kuratoren des Centre Pompdiou Auskunft, die Skulptur solle nur zeitweise hier stehen. Das französische Kulturministerium sucht nach einem neuen Standort und findet schließlich einen Verbündeten im konservativen Bürgermeister des dreizehnten Bezirks, Jacques Toubon, einem Kunstsammler und späteren Kulturminister. Toubon lässt die Skulptur 1987 in der kleinen Parkanlage des Square de Choisy aufstellen, angeblich auf Dauer, und noch 1993 steht sie dort sinnlos vor den rechteckigen Wohnsilos vom Pariser Chinesenviertel. Sie ist über und über mit Graffiti verschmiert. Serra hasst Graffiti – und die Pariser Bevölkerung hasst Serra. Die Skulptur verschwindet kurze Zeit später, über Nacht und spurlos.

Noch 1997 leugnen anlässlich einer Recherche am Telefon mehrere städtische Mitarbeiter, etwas über ihren Verbleib zu wissen. Schließlich finde ich *Clara-Clara* in einem Lager der östlichen Vorstadt, in Ivry, gleich am Seine-Ufer. Dort kann jeder Kunstfreund sie besuchen. Sie steht, in sechs Teile zerschnitten, untätig inmitten von Friedhofsskulpturen

Richard Serra,
»Tilted Arc«, Federal Plaza
New York, 1981–89

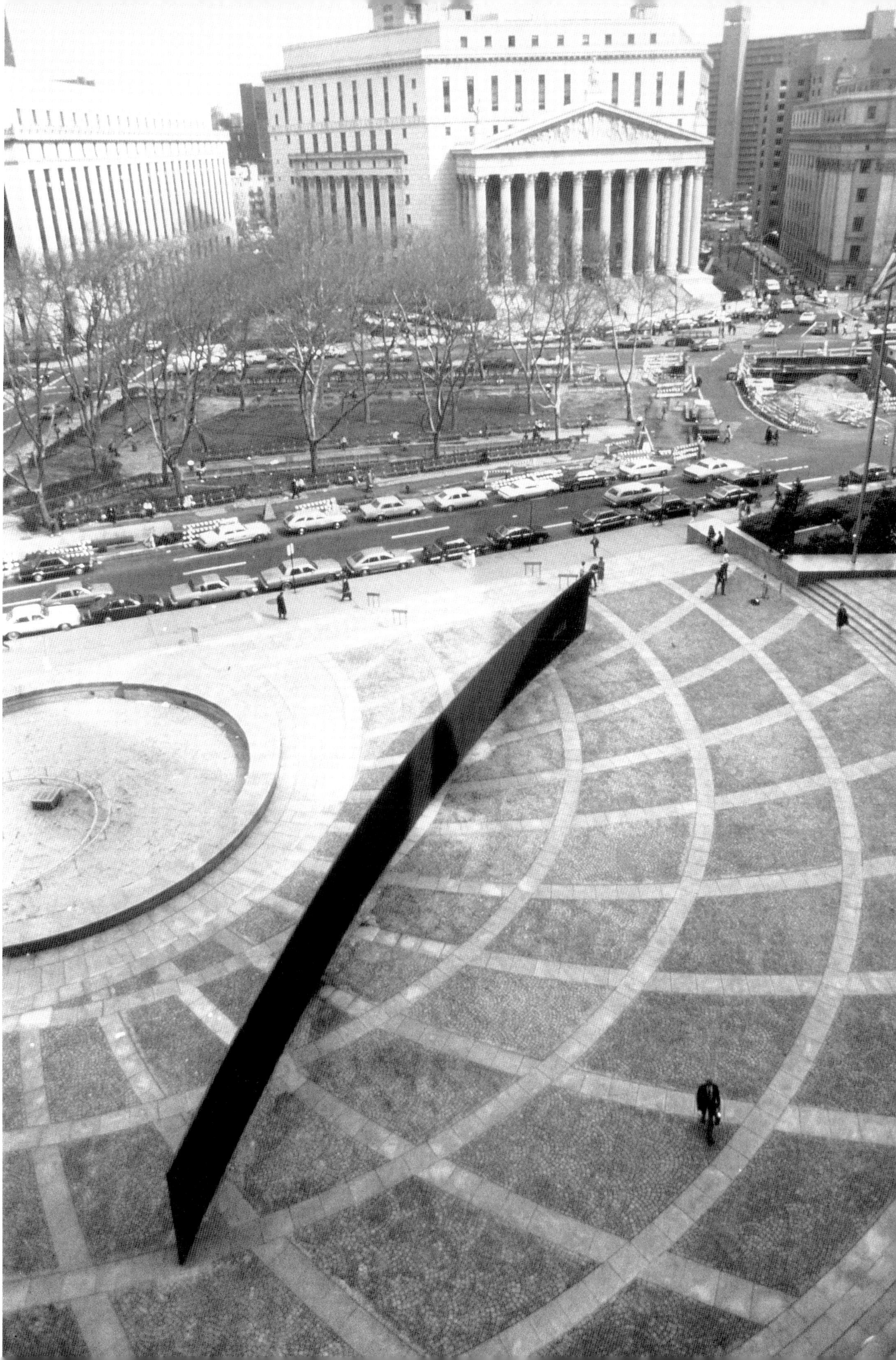

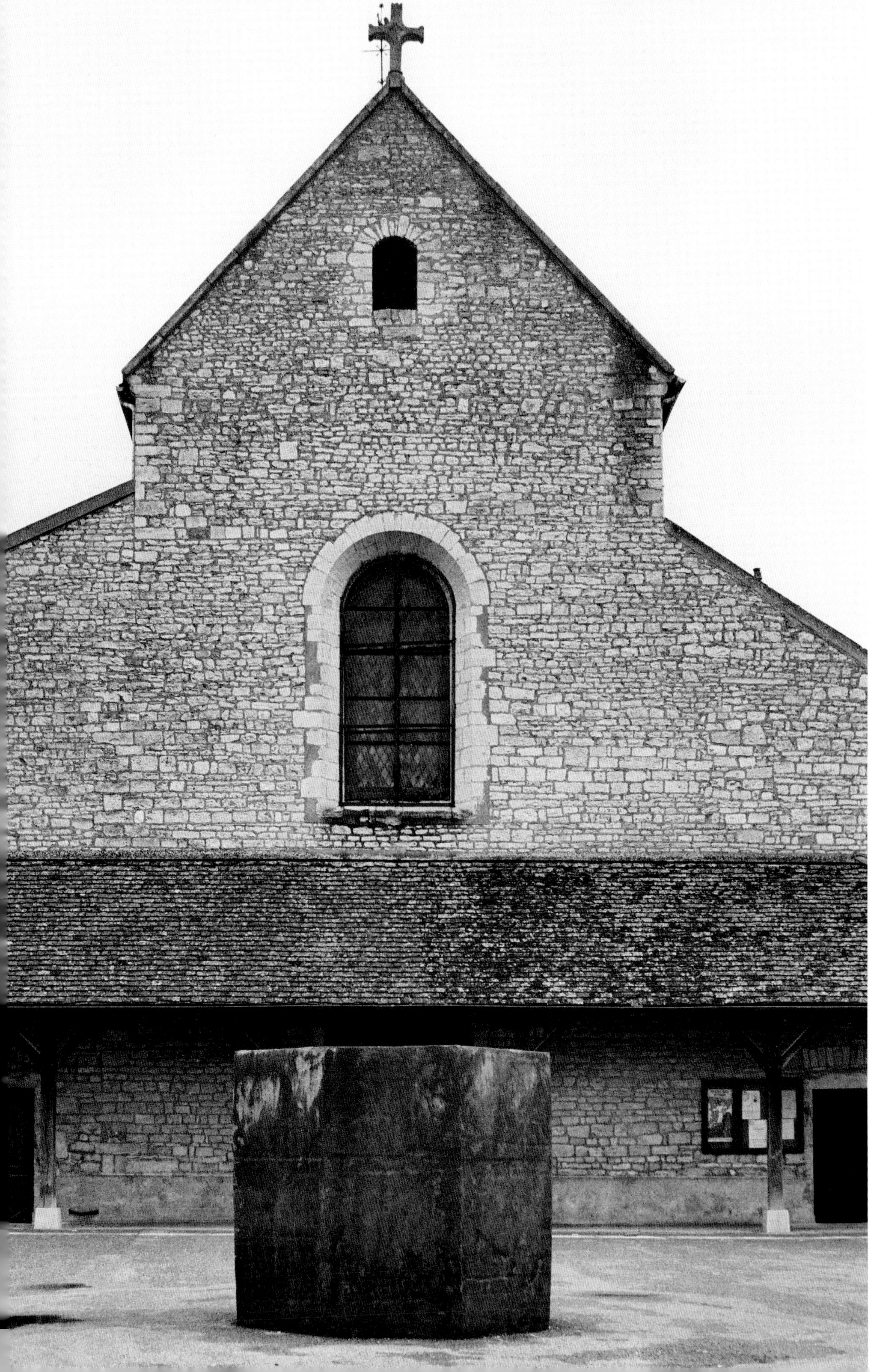

und Gipskopien. Rosten kann sie nicht, Cor-ten sei dank. Vor Graffiti schützen sie mannshohe Mauern und der Arm des Gesetzes. Einen neuen Standort plant die Stadt Paris bis heute nicht.

kunst und demokratie

Für Daniel Buren, in vielem Serra vergleichbar und sicher nicht weniger störrisch als sein amerikanischer Kollege, gehorcht die Kunst im öffentlichen Raum, will sie formal erfindungsreich sein, anderen Gesetzen als Museumskunst. »Einerseits ist es unmöglich für einen Künstler zu akzeptieren, dass die Öffentlichkeit über seine Arbeit abstimmt oder eine Mehrheit entscheidet: Die Arbeit wollen wir, und die nicht. Was wunderbar demokratisch scheint, ist in Wirklichkeit völlig absurd und bringt nur banales Mittelmaß. Andererseits glaube ich nicht, dass man im Stadtbild Werke realisieren kann, die in ihrer Gewalttätigkeit eine öffentliche Mehrheit verletzen.«

Ich bin Serras Skulpturen inzwischen an vielen Orten begegnet, in Münster, Kassel, Bochum, London, Bielefeld, Hamburg, Berlin oder am Eingang zu Manhattans Holland Tunnel. Unsere erste persönliche Begegnung anlässlich einer Reportage für das ZeitMagazin findet statt fernab von Kunstszene und Großstadt, 1991 in Burgund. Auf Initiative eines mutigen, ortsansässigen Galeristen soll Serra in dem Weinort Chagny südlich von Beaune eine Skulptur auf den Kirchplatz setzen. Chagny ist bekannt für Schneckenravioli in Knoblauchsaft, serviert im Drei-Sterne-Restaurant Lameloise. Außerdem ist es logistischer Knotenpunkt der Weingroßhändler der Côte de Beaune. Dass Chagny auch eine romanische Kirche besitzt, wissen nur wenige.

Eigentlich sogar nur die Einwohner des Ortes. Denn die ursprünglich konsequent achteckige Kirche ist irgendwann teilweise abgebrannt und weniger geometrisch neu gebaut worden. Vom ehemaligen Oktogon des Hauptschiffs ist nichts mehr zu sehen, romanisch wirkt es trotzdem. Mitsamt einem benachbarten Kloster bildet die Kirche das spirituelle Zentrum eines ansonsten unattraktiven Städtchens und ist Nahziel für Feinschmecker auf Verdauungsspaziergang.

»Skulpturen in einem urbanen Kontext zu platzieren ist nicht synonym mit dem Interesse an einem großen Publikum, obwohl das Werk von vielen Leuten gesehen wird, die sonst Kunst nicht sehen würden. Meine Arbeit ist der Konzeption von Skulptur als Skulptur verpflichtet. Mein Publikum ist deshalb notwendigerweise sehr klein. Wenn man sein Werk im isolierten Kontext einer Privatgalerie oder kultureller Institutionen zeigt, dann wird es automatisch aufgewertet und geschützt. Im Stadt- und Landschaftsraum errichtete Skulpturen umgehen Kommerzialisierung und kulturelle Institutionen, da sie weder für Zweitverkäufe noch für die Einsperrung im ahistorischen Raum des Museums verfügbar sind.«

Richard Serra

Richard Serra,
»Octogon« vor der Kirche
Saint Eloi in Chagny, 1991

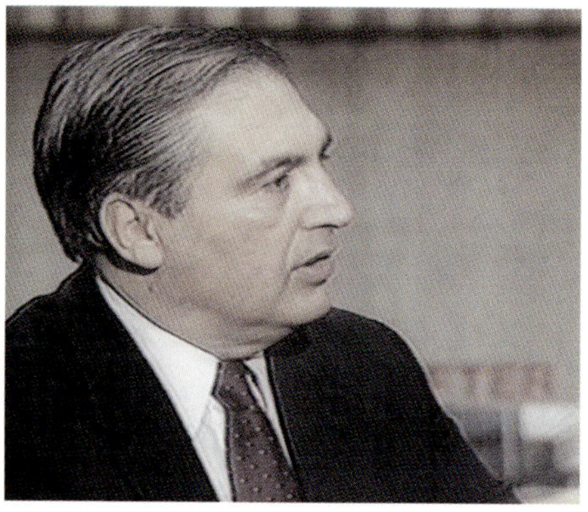 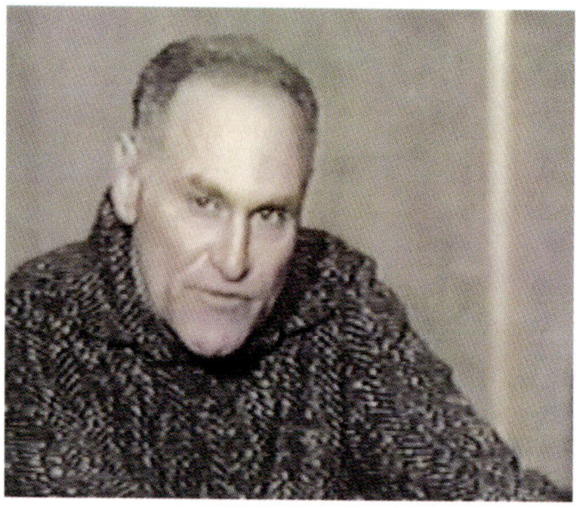

Bei dem Prozeß gegen Serra; Richard Serra (rechts) und Ankläger (Videostills)

Auch Serra ist Feinschmecker. Doch in der Kunst klotzt er. Wir treffen uns erst in der Vieille Poste in Avallon, dann am Hochofen in Le Creusot, dann zu Tisch in Chagny. Serra ist ein Harvey Keitel der Kunst, er hätte spielend in Paul Schraders Film *Blue Collar* Keitels Rolle eines sturen, unkorrumpierbaren Gewerkschafters übernehmen können. Ein kompakt gebauter Querkopf, verschlossen, auf störrische Art sympathisch. Er erwärmt sich erst, als er hört, dass ich 1979 als Student das heute berühmte Haus des Architekten Frank Gehry in Santa Monica besucht habe. Gehry ist Serras bester Freund, auch wenn er Aldo Rossi seinen Lieblingsarchitekten nennt. Heute ist Rossi tot und Gehry ein Weltstar, vor allem durch sein Guggenheim Museum im spanischen Bilbao. Dort zeigt Serra Ende 1999 seine *Ellipsen*, leichtfüßige Stahlspiralen, denen man eine solche Anmut nie zugetraut hätte.

Doch zurück nach Burgund. Wir sprechen über *Tilted Arc*, Serras Skulptur auf Downtown Manhattans Federal Plaza. Ein Thema, das den Künstler auf Dauer verbittert hat. Denn zwei Jahre vorher ist *Tilted Arc* zerstört worden, am 15. März 1989, auf Betreiben der Nutzer des Federal Building und nach vierjährigem Rechtsstreit, in dem die Ankläger immer wieder auf den »aggressiven Charakter« der Skulptur hinweisen. In Uniform erklärt Colonel Griffith von der Bundesbehörde: »Im Namen der überwiegenden Mehrzahl meiner Mitarbeiter verlange ich, dass die Skulptur sofort entfernt wird.« Und er erdreistet sich nicht, hinzuzufügen: »Da ich selbst Maler bin, fühle ich mich durch die Gegenwart dieser sogenannten Skulptur besonders schockiert.«

Judge De Carlo vom US-Gericht für internationalen Handel erklärt in einer öffentlichen Anhörung 1985: »Ich komme gerade von einer Rundreise durch amerikanische Botschaften in Rom, Rangoon und Bangkok zurück und dachte zuerst, es handle sich um eine rostige Barriere zur Abschreckung von Terroristen.« Serra versucht seine Arbeit zu retten: Der Umzug seiner ortsspezifischen Skulptur an einen anderen Standort

Richard Serra
im Stahlwerk von Le Creusot,
1991

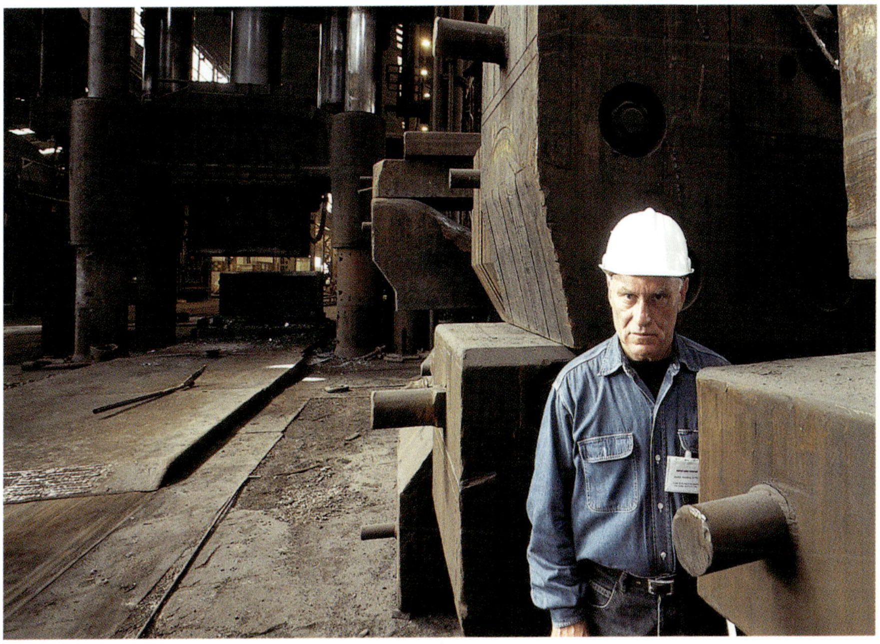

komme einer Zerstörung gleich. Er präsentiert Unterschriftenlisten von mehreren tausend Befürwortern. Kann aber nicht leugnen, dass selbst Teile der Kunstkritik, etwa Hilton Kramer von der New York Times, die Arbeit für »schädlich« halten.

Federal Plaza ist Bundesgebiet. Eine demokratische Regierung in Washington hat die Skulptur für 175 000 Dollar bestellt, die neu gewählte republikanische Regierung will sie über ihre in New York arbeitenden Behördler wieder loswerden. Und sie gewinnt. Noch in Burgund, vor dem Scherbenhaufen des Kriegs um *Tilted Arc* und den Federal Plaza, zeigt Serra wenig Einsicht: »Ich lasse die psychologischen Befindlichkeit des Publikums erst mal außer acht. Sie einzuschätzen wäre einfach zu kompliziert. Außerdem hatte man mich beauftragt, eine Skulptur für die Nation zu bauen. Nicht für die Benutzer des Federal Building.«

Der Verlust von *Tilted Arc* wird für Serra zur bleibenden Niederlage, zum Tiefpunkt einer Kette von verlorenen Schlachten. Lange vor *Tilted Arc* verhindert in Paris der Architekt des Centre Pompidou, Renzo Piano, persönlich das Aufstellen einer »Kurve« vor dem Centre. In Bochum wird 1977 *Terminal* von der SPD für 300 000 Mark angekauft, gegen die Stimmen der Fraktion der CDU, die die Plastik zum Wahlkampfthema macht. Argument der CDU: Wenn sie wenigstens in Edelstahl wäre und nicht verrostet… Die CDU lässt sogar ein Plakat drucken mit einem Foto der Arbeit und dem Satz »Es kann ja nicht immer so bleiben.« Ist es auch nicht, die Skulptur ist heute abgebaut.

ein historisches vor-bild:
auguste rodin, balzac

1898 bestellt die Gesellschaft der Freunde französischer Literatur bei dem berühmten Bildhauer Auguste Rodin ein Porträt des 1850 verstorbenen Schriftstellers Honoré de Balzac. Balzac, Verfasser von Romanen wie *Le lys bleu* und der Erzählungssammlung *Les Contes drolatiques*, wird durch die Veröffentlichung seiner Bücher als Fortsetzungsliteratur in Zeitschriften zwar schnell berühmt, bleibt aber sein Leben lang von materiellen Problemen und politischen Intrigen gequält. Bei seinem Ableben öffentlich gewürdigt von Kollegen wie Victor Hugo oder Emile Zola, überdauert ihn die Feindschaft des gesellschaftlichen Establishments.

Rodin verewigt den Denker Balzac nicht als eleganten Literaten oder ehrwürdiges Mitglied der Akademie, sondern im Schlafrock. Er zeigt einen Balzac in seiner Intimsphäre, spielt damit auf sein kompliziertes Liebesleben an, aber auch auf den komplizierten Gefühlshaushalt seiner Hauptfiguren, die von – unglücklicher – Liebschaft zu Liebschaft eilen und deren sentimentale Verwicklungen oft inspiriert sind von Balzacs eigenen Problemen.

Die Skulptur wird von den entrüsteten Literaturfreunden abgelehnt und übrigens auch nicht bezahlt. Daraufhin bildet sich eine Bürgerinitiative zu ihrer Verteidigung. Nach jahrzehntelangem Kampf um einen geeigneten Platz im Pariser Stadtzentrum wird die Bronzeskulptur schließlich 1939, also vierzig Jahre nach ihrer Vollendung, am Boulevard Raspail, nahe der Kreuzung mit dem Boulevard Montparnasse, aufgestellt. Damals läuft die Presse Sturm; Anrainer versuchen, das angeblich unsittliche und Balzac beleidigende Werk zu entfernen. Diese Proteste reichen bis in die heutige Zeit – erst als die Skulptur gereinigt und anlässlich einer Skulpturenschau zeitlich begrenzt auf den Champs-Elysées platziert wird, wo sie frei und gut erkennbar einem größeren Publikum trotzt, wird sie als Meisterwerk anerkannt.

Auguste Rodin, »Balzac«,
Boulevard Raspail, Paris

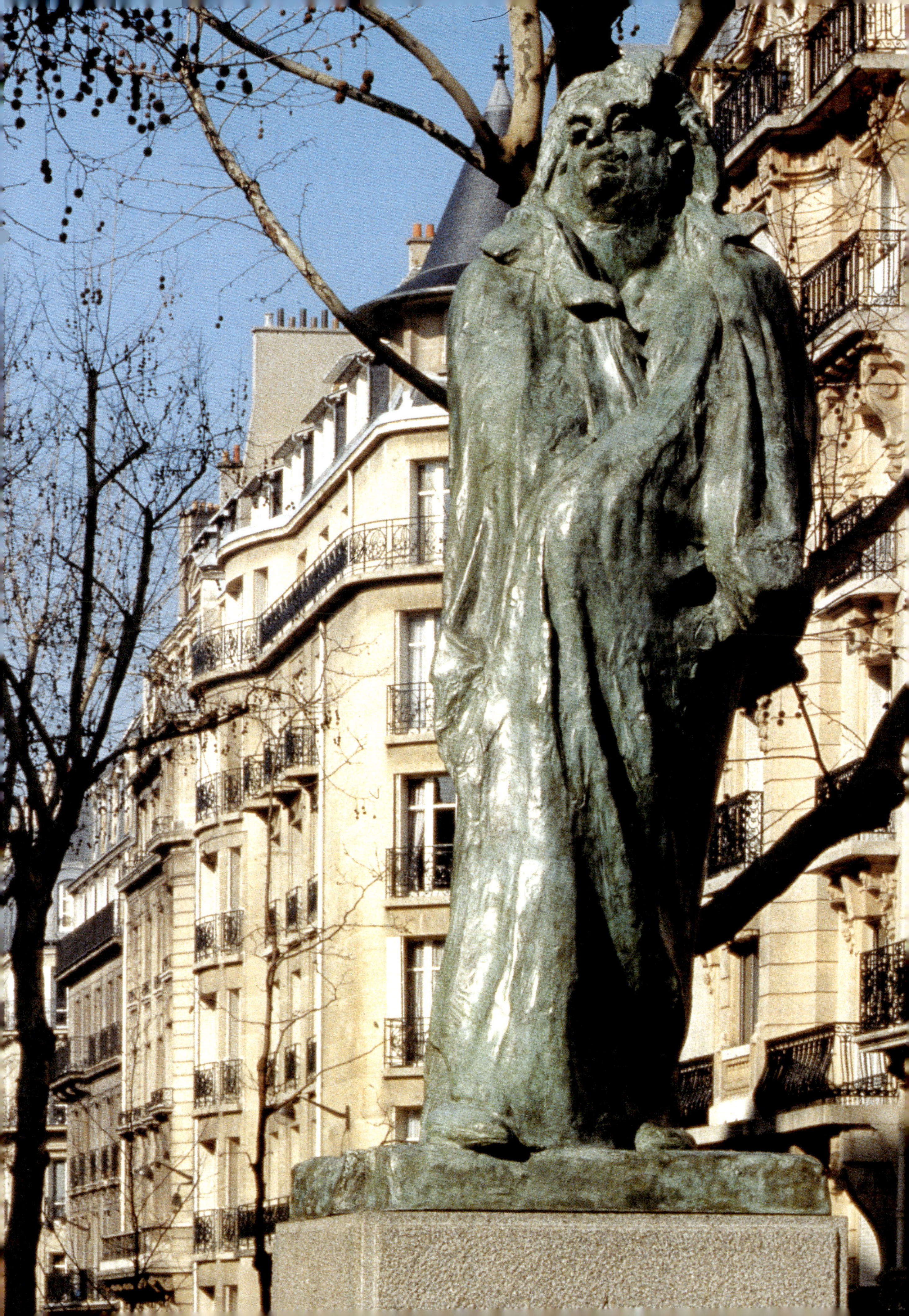

In Berlin steht auf dem Kulturforum an der Potsdamer Straße Serras *Junction*, die ebenfalls wegen ihres angerosteten Wahlzstahls und ihrer Monumentalität regelmäßig mit Protest-Graffiti beschmiert wird. Meist beschwören Bürgerproteste die angebliche Verschwendung von Steuergeldern. Rausgeschmissenes Geld ist das Lieblingsargument beim Kampf um Kunst im öffentlichen Raum, doch wird es grundsätzlich nur bei ästhetisch innovativen und damit unbequemen Arbeiten benutzt. Etwa bei Wolf Vostells *Ruhendem Verkehr*, einem 1963 in Köln vor einer tickenden Parkuhr einbetonierten Ford. Nach heftigen Protesten lässt die Kunststadt Köln das Werk erst auf den Neumarkt, dann auf den Ring verpflanzen. Inzwischen ganz ohne Proteste.

Auch ein anderes Kunstwerk überlebte in Köln dumme Fragen und wütende Proteste, nämlich ein Anfang der siebziger Jahre mitten in der autofreien Schildergasse, gleich vor dem Kaufhof erigierter Bier-Phallus, bezahlt von einer kölschen Bier-Brauerei und bis heute von den Kölnern als avantgardistisches Kunstwerk missverstanden. Wie sagt der französische Ministerialbeamte Claude Mollard: Wichtig ist, dass was fließt. Und dass die Kinder es klasse finden.

Nur wenig Gespür für Kunst haben dagegen die Berliner Gören: Als 1987 auf dem Kufürstendamm für einige Monate die Ausstellung *Skulpturenboulevard* stattfindet, dulden Öffentlichkeit und Presse nur rein

rechts: Proteste vor der Skulptur »2 Beton-Cadillacs in Form der nackten Maja« von Wolf Vostell, Rathenauplatz, Berlin 1987
unten: Wolf Vostell, »Ruhender Verkehr«, Köln 1963

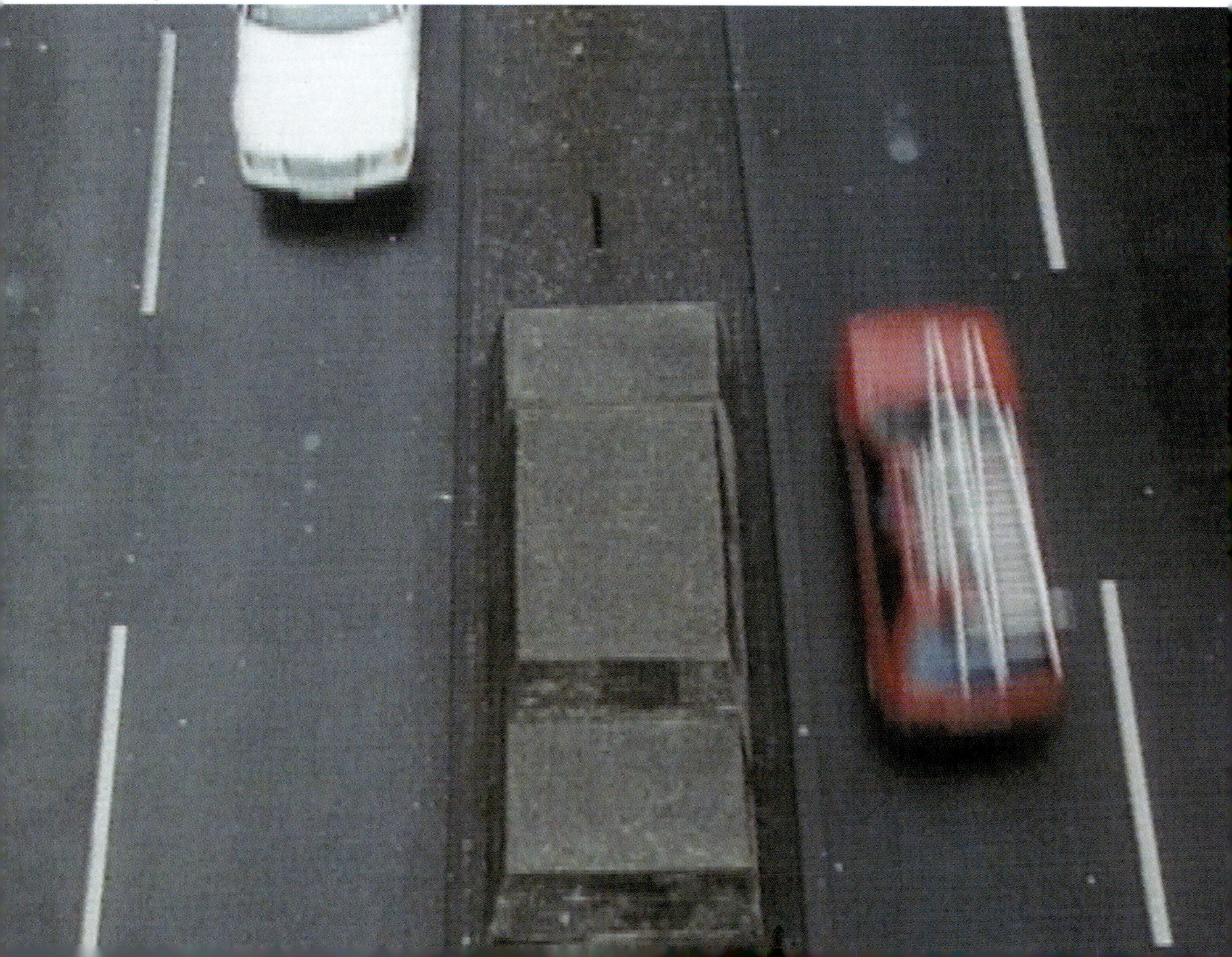

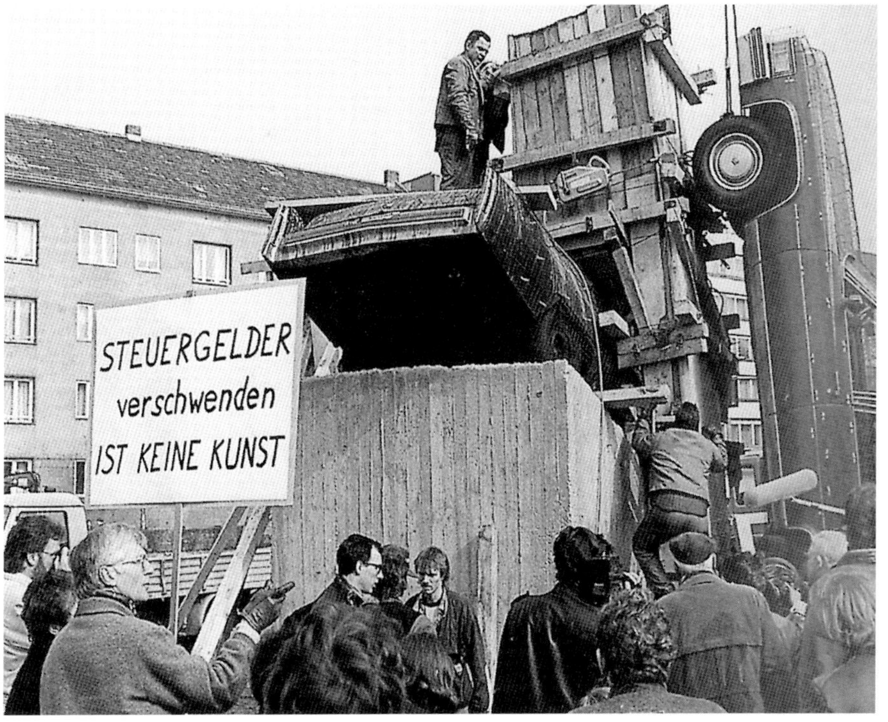

dekorative Arbeiten, während gesellschaftskritische, formal rigorose Werke befeindet werden. Etwa Olaf Metzels Ansammlung von rot-weißen Absperrgittern für Demonstrationen. Oder zwei von Wolf Vostell in Beton versenkte, senkrecht aufeinander stehende Cadillacs. Gegen Vostells Arbeit finden Demonstrationen und Sit-Ins statt, als die Stadt ihren Ankauf beschließt. Heute steht die Skulptur immer noch ungeschoren an Ort und Stelle – dem vom Stadtring zum Ku'Damm abbiegenden Autofahrer eine längst vertraute, augenzwinkernde Begrüßung.

Für Chagny entwirft Richard Serra 1991 übrigens ein stilles, aber massives Achteck aus Stahl, in den Dimensionen einer Kirche, die es längst nicht mehr gibt. Im Hochofen der Stahlwerke von Le Creusot geformt, wird das Oktogon per Schwertransport nach Chagny auf den Kirchplatz gebracht. Heute noch wirft man mir im Restaurant Lameloise wütende Kommentare an den Kopf, wenn ich mich nach dem Künstler erkundige, von dem das einzige bedeutende Kunstwerk des Ortes stammt.

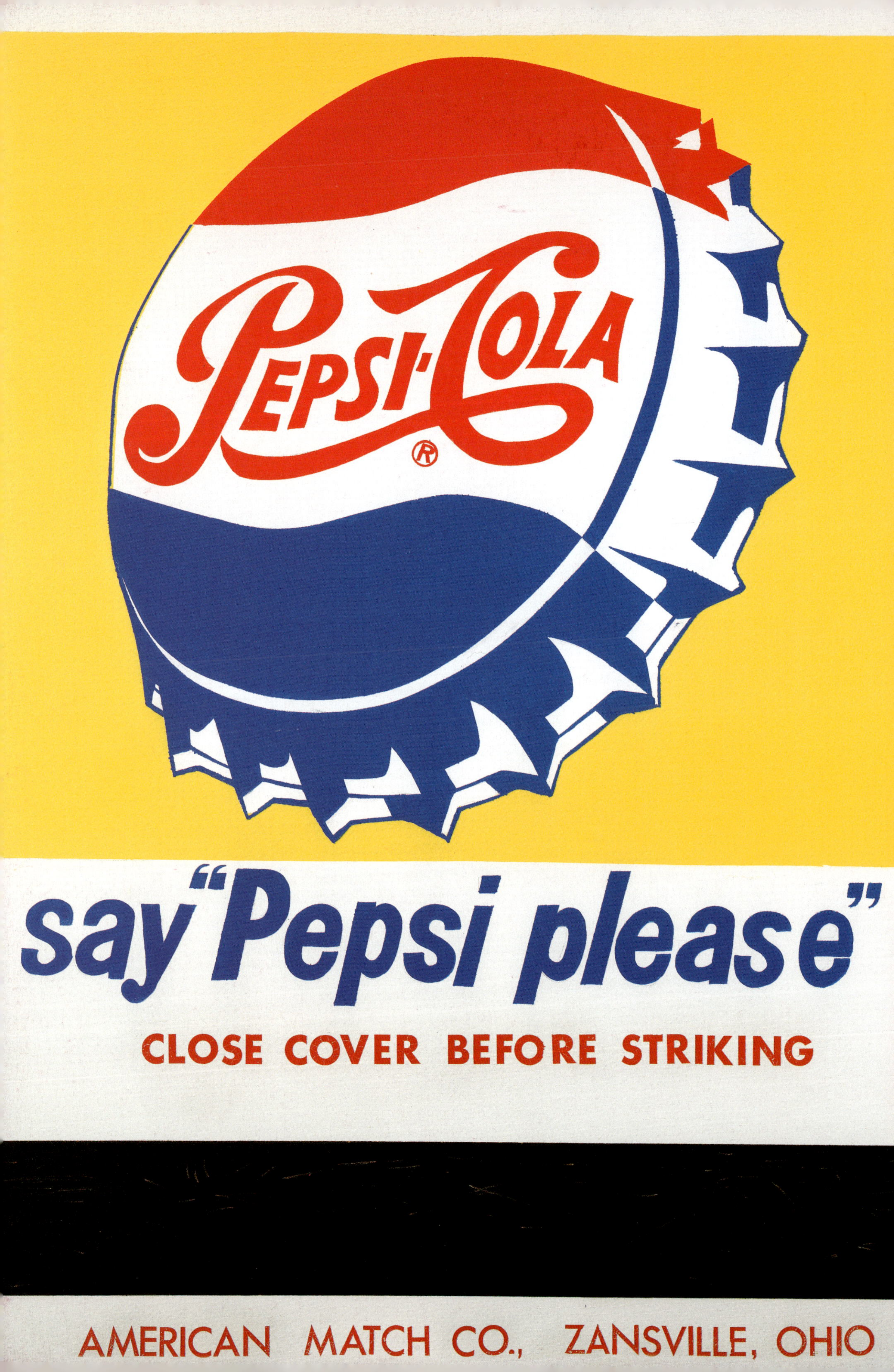

Andy Warhol, »Close Cover before Striking« (Pepsi-Cola), 1962

mode und müll: kunst und konsum

Bertrand Lavier,
Hans Haacke,
Wolf Vostell,
César,
Mimmo Rotella,
Jasper Johns,
Richard Hamilton,
Andy Warhol,
Duane Hanson
und andere

Chronique scandaleuse

1987
Der berühmte Pariser Juwelier Cartier versucht, die Ausstellung von Hans Haackes »Les Must de Rembrandt« im Centre Pompidou zu verhindern. In der Arbeit weist Haacke die Verflechtungen des wichtigsten Cartier-Großaktionärs mit dem Apartheid-Regime in Südafrika nach

1986
Bertrand Lavier wuchtet mitten in der Konsumwut der achtziger Jahre einen Eisschrank der Marke Brandt auf einen Geldschrank der Marke Fichet-Bauche und stellt beide als Skulptur aus

1985
Der Franzose Bertrand Lavier stellt in Paris ein authentisches Unfallauto als Skulptur aus. Noch 1999 in Strasbourg provoziert die »Giulietta« durch ihr emotionales Pathos und das gleichzeitig lakonische Spiel mit dem Konsumgut Automobil

1962
Andy Warhol benutzt in Serie Motive von Suppendosen. Die »Campbell's Soup Cans« gehen um die Welt

1961
Wolf Vostell präsentiert in seiner Serie der Décollagen die Arbeit »Coca-Cola«, ein abgerissenes Werbeplakat, das die Werbeästhetik mit einer politischen Aussage verknüpft und die Marke Coca-Cola stellvertretend für Amerika benutzt

1960
César provoziert auf dem Pariser Salon de Mai einen Skandal mit seinen ersten »Compressions«, zusammengepressten Schrottautos

1960
Der New Yorker Jasper Johns lässt zwei Bierdosen in Bronze gießen und bemalt sie. Was als Witz geplant war, schreibt Kunstgeschichte

1956
In London beginnt mit der Ausstellung »This is Tomorrow« der Siegeszug der Pop Art. Ihr erster Star ist Richard Hamilton

1949
Die Franzosen Raymond Hains und Jacques Villeglé stellen mit »Ach Alma Manetro« ihre erste Arbeit aus abgerissenen Plakaten vor

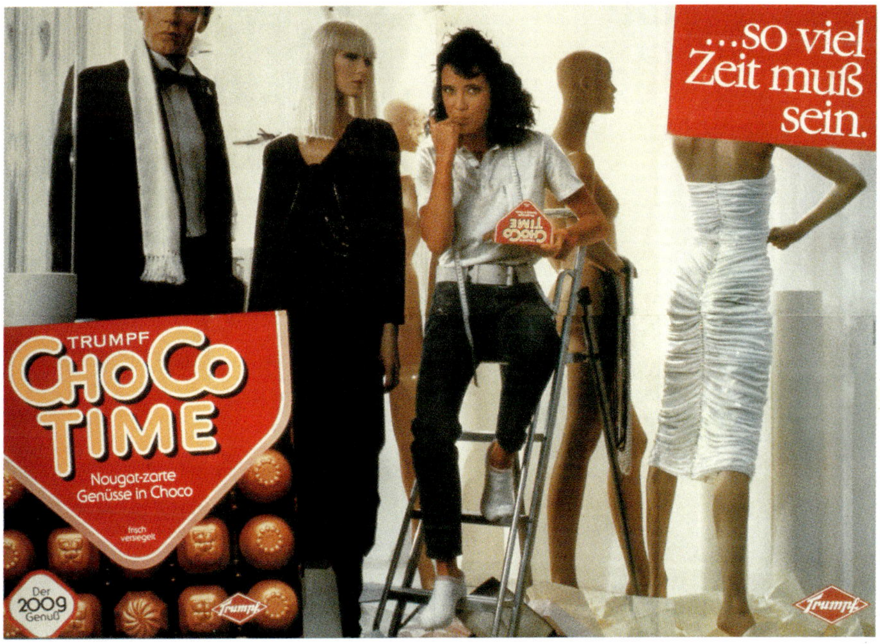

Hans Haacke, »Weite und Vielfalt der Brigade Ludwig«, 1984 (Detail)

Wir leben in kunstfreundlichen Zeiten. Trotz aller Skandale. Boomt die Wirtschaft, blüht der Kunstmarkt. Dank Wirtschaftswunder und Abschreibungskarussel wird in den frühen siebziger Jahren von Berliner Immobilienmaklern sowie rheinischen und schwäbischen Unternehmern massiv in amerikanische Kunst investiert. Nach der Ölkrise von 1973 dagegen darbt der Kunsthandel und erobert erst im Zeitalter der Reaganomics mit den Tafelbildern der Jungen Wilden die Wohnzimmer der Golden Boys. Nach dem Börsenkrach von 1987 bricht auch der Kunstmarkt zusammen. 1999 klettert der Dow Jones mit bedrohlicher Zuverlässigkeit; prompt steigen auch die Preise bei Auktionen für Klassische Moderne auf Rekordhöhe. Die Kunstmärkte in Basel, Madrid oder Köln vermelden ausgezeichnete Geschäfte, eine frisch betuchte Generation der 35-jährigen drängelt in die Galerien.

Altes Geld kauft keine junge Kunst. Nur wer in neuem Geld schwimmt, dem dient Kultur als Statussymbol. Und, nach amerikanischem Vorbild, zur Geschäftsstrategie. Beispiel: Der Duisburger Bauunternehmer Hans Grothe, Architekt und Selfmademan, knallhart im Geschäft, aber ehrlich und sentimental, wenn es um Kunst geht. Grothe, der sich beim Skat wohler fühlt als im Drei-Sterne-Restaurant, ist eine Ausnahme unter den Großsammlern: Er kauft mit dem Herzen, nicht mit der Brieftasche, und zwar ausschließlich deutsche Künstler, die er kennt, mit denen er in den meisten Fällen sogar befreundet ist. Obwohl er von einem Georg

Baselitz oder Markus Lüpertz achtzig Arbeiten und mehr besitzt, lässt er sich seinen persönlichen, manchmal sturen Zugang zu den Werken nicht nehmen. Außerdem liegt ihm jeder Gelddünkel fern: In dreißig Jahren hat er viele Millionen vornehmlich in deutsche Malerei investiert, doch spricht er nicht über Zahlen. Genauso wenig wie er bei Wertsteigerung weiterverkauft wie viele andere Großsammler.

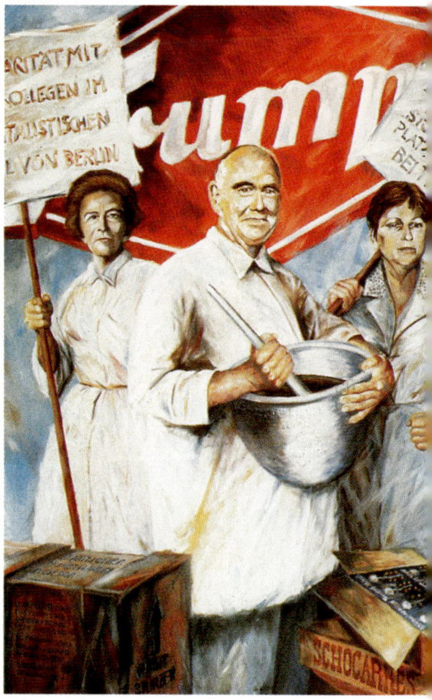

Hans Haacke, »Weite und Vielfalt der Brigade Ludwig«, 1984 (Detail)

Doch selbst einem Grothe dienen seine 800 Stück Kunst mit einmaligen Werkgruppen von Sigmar Polke, Gerhard Richter oder Rosemarie Trockel als strategisches Kapital: Er streut Leihgaben auf Städte wie Bremen, Bonn und Duisburg, in denen er geschäftlich zu tun hat. Und als er 1999 sein Berliner Ku'dammeck baut, lässt er sich gern von der Deutschen Bank eine Ausstellung im besten Haus am Platz, dem Martin-Gropius-Bau, spendieren.

Im Gespräch in seiner Bremer Zweitwohnung gesteht Grothe, er hätte seine Sammlung lieber im Rheinland gezeigt, am besten in Düsseldorf. Dort lernte er einst im legendären Rathinger Hof bei Alt und Kurzem seine ersten Künstlerfreunde kennen. Doch Geschäftsinteressen in Berlin gehen vor. Für die Deutsche Bank ist es beste gesellschaftliche – und politische – Werbung, neben der von ihr finanzierten Kunstvitrine Deutsche Guggenheim eine Sammlung zu präsentieren, wie kein Museum sie hat. Zur Eröffnung tritt auch Berlins Kultursenator an. Nur das Publikum wird – leider – ausbleiben.

Auch der Londoner Werbemogul Charles Saatchi setzt seine Kunstsammlung gern als Imagewerbung ein: Als er nach Verkauf seiner Stammfirma und zeitweiligem Abtauchen in die Frührente Mitte der neunziger Jahre ein neues Unternehmen aufbauen will, kauft er junge britische Kunst ein. Und schickt sie als *Sensation* um die Welt, auf Werbetour für den eigenen Namen. Den Katalog zur Ausstellung lässt er sich vom Auktionshaus Christie's finanzieren, wo er Teile seiner Sammlung anschließend feilbietet.

1981 nimmt sich der in New York lebende Konzeptkünstler Hans Haacke einen anderen Großsammler vor, den Aachener Schokoladenfabrikanten Peter Ludwig. Dieser ist damals neben dem italienischen Grafen Panza der weltweit bekannteste Sammler in Sachen zeitgenössischer Kunst: Zusammen mit seiner Frau Irene kauft er ab Mitte der sechziger Jahre flächendeckend amerikanische Pop Art, die er als einer der ersten nach Europa bringt. Anfangs beleiht er vor allem die Neue Galerie Aachen und das Kölner Wallraf-Richartz-Museum. Seine Schenkungen und Leihgaben, ein ausgeklügeltes System, zu dem auch wichtige Konvolute alter Kunst gehören, erklärt er mir 1993 als »bewusst geplante Initial-

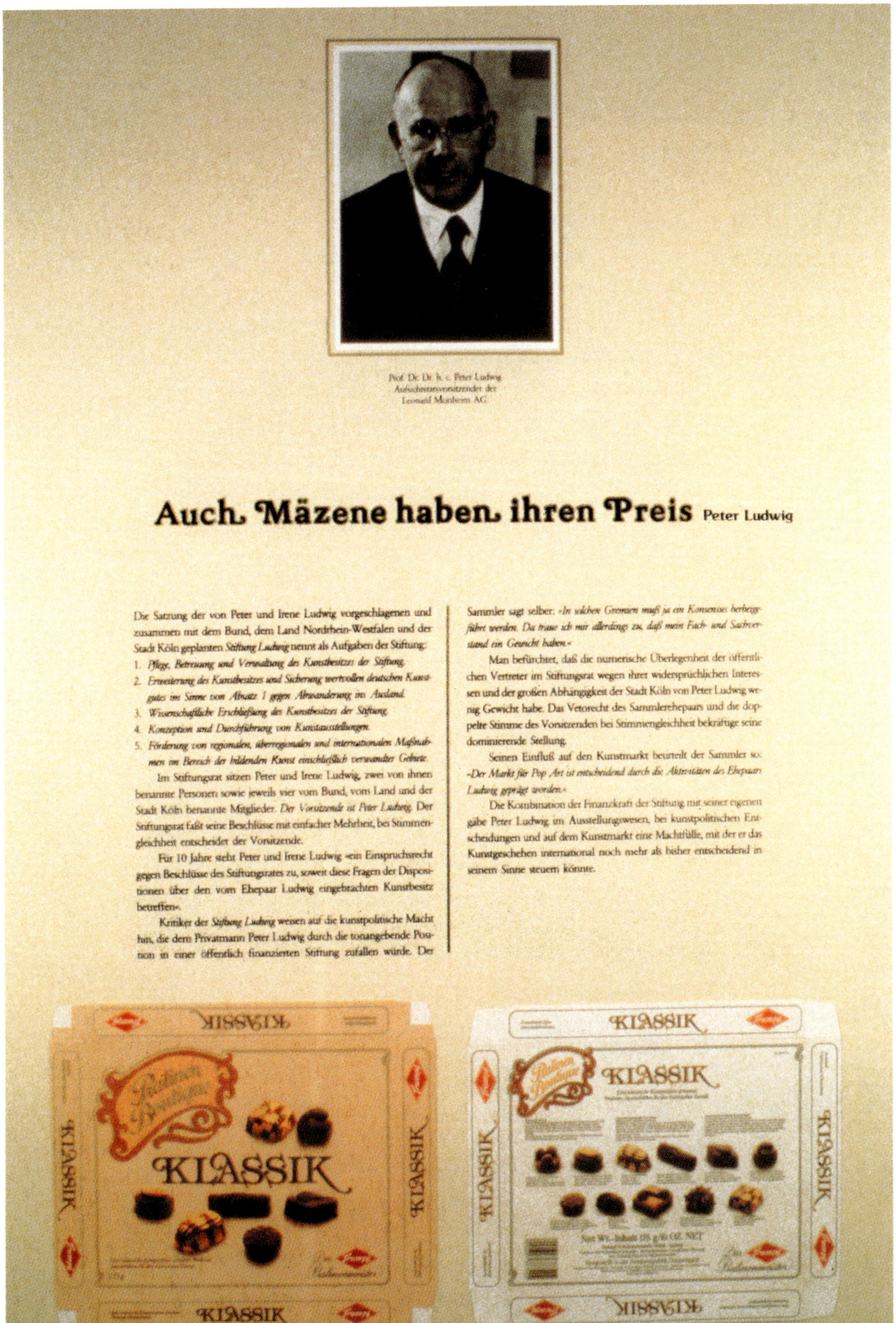

Hans Haacke,
»Der Pralinenmeister«,
Tafel 11, 1981

zündungen«. Ludwig ist ein Kunstfreund, der sich als Kulturpolitiker versteht – er will die öffentliche Hand zum Engagement in Sachen Kunst anschieben. Wenn er schenkt, verlangt er Gegenleistung; zum Wohle – wie er sagt – der beschenkten Kommune.

Über Ludwigs historische Bestände an Pop Art und Fotorealismus werden in Aachener und Kölner Seminaren bereits Anfang der siebziger Jahre Kurse durchgeführt; Ästhetikprofessor Walter Biemel, ein Heidegger-Schüler, doziert 1974 über den Fotorealismus und schickt uns Studenten zu graugrünen Eifellandschaften und internationalen Geistesgrößen, porträtiert von Gerhard Richter, die zur Wallfahrtsstätte einer neuen Malerei werden. Ludwig selbst ist damals längst damit beschäftigt, sein Spektrum geografisch zu erweitern: Ich erinnere mich an die Vernissage einer bunten Ausstellung breit eingekaufter Vertreter der DDR-Malerei 1978 in Aachen. In den deutschen Feuilletons kommt es zu erbitterten Debatten über den Wert der angeblichen Staatskunst; später bereisen Irene und Peter Ludwig die Sowjetunion, Bulgarien, Kuba und China und kaufen Offizielles und Halboffizielles unterschiedlicher Qualität ein, das auf Museen in Deutschland und Österreich verteilt wird.

In seiner süffisant *Pralinenmeister* genannten und in der Kölner Galerie Paul Maenz gezeigten Serie zieht Haacke Parallelen zwischen dem seiner Ansicht nach gefährlichen Einfluss des Großsammlers auf die damals noch nicht wieder vereinigte deutsche Kulturlandschaft einerseits und seinen kapitalistischen Herrschergepflogenheiten als Herr über Sarotti-Mohr, Lindt und die Novesia-Goldnuss andererseits. Ludwig wehrt sich gegen Haackes Angriff; der Künstler befürchtet gar, der Sammler würde die Arbeit vom Markt kaufen, weshalb er drei Jahre später mit der in absichtlich farbenfroher Figürlichkeit gemalten *Brigade Ludwig* noch einen drauflegt.

»Peter Ludwig war ein geltungsbedürftiger Mensch«, kommentiert Haacke heute, »aber von der Sorte gibt es viele, darüber braucht man sich nicht weiter den Kopf zu zerbrechen. Was in seinem Fall besonders unangenehm wurde, war, dass er versuchte, als Privatmann das Zepter in öffentlichen Instituten übernehmen zu wollen.«

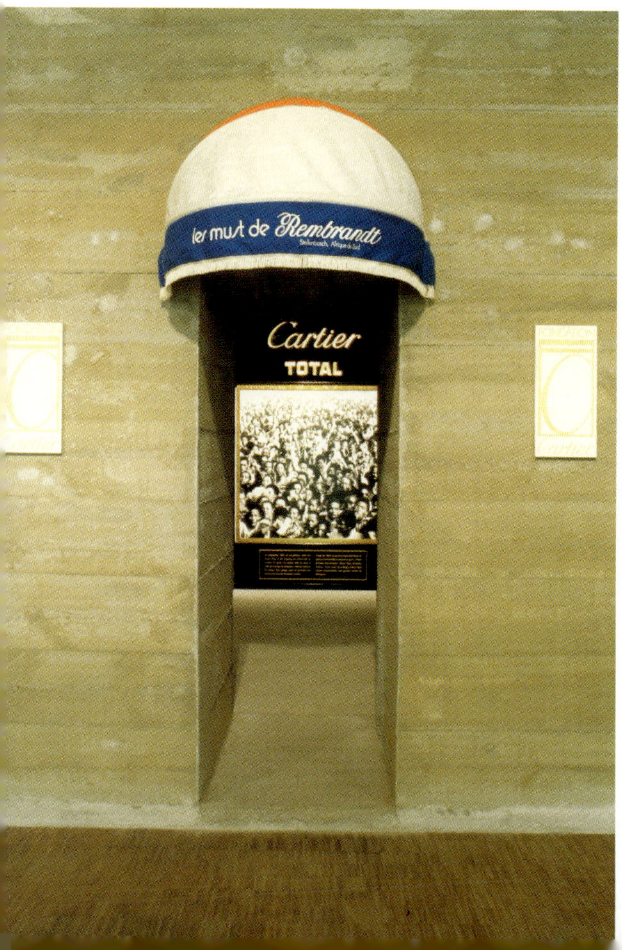

Hans Haacke, »Les Must de Rembrandt«, 1986

Wann immer es kulturelle Initiativen mit privatem Geld gibt, tauchen für die öffentliche Hand Probleme auf. Nach Trumpf-Schokolade und Zentis-Marmelade ist es 1986 das glänzende Gold von Cartier, das Haacke künstlerisch untergräbt. Der französische Uhrmacher und Juwelier Cartier hat 1984 eine Stiftung gegründet, die Fondation Cartier, die sich ausschließlich um die Förderung zeitgenössischer Kunst kümmern soll. Die Fondation residiert anfangs im idyllischen Pariser Vorort Jouy-en-Josas, lädt Künstler aus fremden Ländern zu großzügigen Arbeitsstipendien ein und zeigt bei mondänen Eröffnungen neben neuer Kunst auch schon mal Trendiges, etwa den Mythos Ferrari oder die poppigen sechziger Jahre. Dabei geht es dann weniger um Kunst als um Glamour für potenzielle Cartier-Kunden: Die Accessoires des Formel-Eins-Rennstalls von Ferrari werden nämlich von Cartier vermarktet.

Nicht selten tauchen auf geheimnisvollen Umwegen Cartier-Schmuck oder der Prototyp eines Feuerzeugs, Vorläufer der Serie Les Must de Cartier, als Kunstwerke in den Ausstellungen auf. Als die Stiftung Cartier Mitte der neunziger Jahre schließlich an den Boulevard Raspail nach Paris umzieht und dort einen wunderbar transparenten Neubau des Architekten Jean Nouvel bezieht, scheint niemandem aufzufallen, dass die Kunst künftig weitgehend im Keller stattfindet. Rund achtzig Prozent des als Stiftung Cartier bezeichneten Gebäudes beherbergen heute die Verwaltung des Luxuskonzerns.

Um solch undurchsichtige Verflechtungen von Kultursponsoring und handfestem wirtschaftlichen Interesse geht es Haacke in seinen Arbeiten. Der an amerikanischen Zuständen geschulte Rheinländer befürchtet, der von den westlichen Regierungen praktizierte Rückzug der öffentlichen Hand aus dem Kulturleben könne dazu führen, »dass die vom Steuerzahler unterhaltenen Institute zu Werbeinstrumenten privater Unternehmen werden«. Dass also Marken wie Cartier oder Mercedes über die Kunst den Markennamen aufpolieren wollen. Ähnlich wie die Schwarzwälder Textilfirma Hugo Boss dies versucht.

Als Anfang der neunziger Jahre Boss vom halb-

»Ich habe mich seit Anfang der siebziger Jahre für das Phänomen Peter Ludwig in Deutschland interessiert und habe dann, das hat wohl so zehn Jahre gebraucht, 1981 eine Arbeit gemacht, den ›Pralinenmeister‹, in der ich sowohl auf den industriellen Aspekt des Ludwig-Phänomens, zum Beispiel sein Verhältnis zu den Arbeiterinnen, angespielt habe als auch auf sein derzeitiges Machtspiel mit der Stadt Köln ums Kölner Museum. Und über seinen Versuch, über eine von ihm gegründete und kontrollierte Stiftung, die er zusammen mit dem Bund, der Stadt und dem Land NRW einrichten wollte, sich quasi als eine Art Kulturminister zu etablieren, den es damals ja noch nicht gab. Das hat nicht geklappt. Ich glaube, es war die Bonner Regierung, die letztlich kalte Füsse bekommen hat.«

Hans Haacke

seidenen Image des Ausstatters der Fernsehserie Miama Vice weg will, beschließt man, das Programm des New Yorker Guggenheim Museums zu unterstützen. Zu den vom Museum geforderten Gegenleistungen gehört ein Hugo-Boss-Flügel für Medienkunst sowie die Vorschrift, dass Künstler – bis auf den Deutschen Georg Baselitz, der selbst erstandene Garderobe mitbringt – bei ihren Guggenheim-Vernissagen Boss zu tragen haben.

Im Falle Cartier setzt Haacke bei den der Öffentlichkeit nicht bekannten internationalen Kapitalverflechtungen des Unternehmens an, die bis ins Südafrika der Apartheid reichen. 1986 befinden sich 47 Prozent des Kapitals von Cartier in der Hand der südafrikanischen Rembrandt-Gruppe, die lange mit Zigaretten – Marke Rothman – ihr Geld verdient hat. Rembrandt besitzt vor allem Goldminen, in denen politisch ohnmächtige Farbige ausgebeutet und auch schon mal unzulänglichen Sicherheitsvorkehrungen geopfert werden. Besitzer von Rembrandt ist Anton Rupert, Partei-Freund von Staatschef Pieter Botha und, nach Presseberichten, Mitglied und Förderer des neonazistischen Broederbonds.

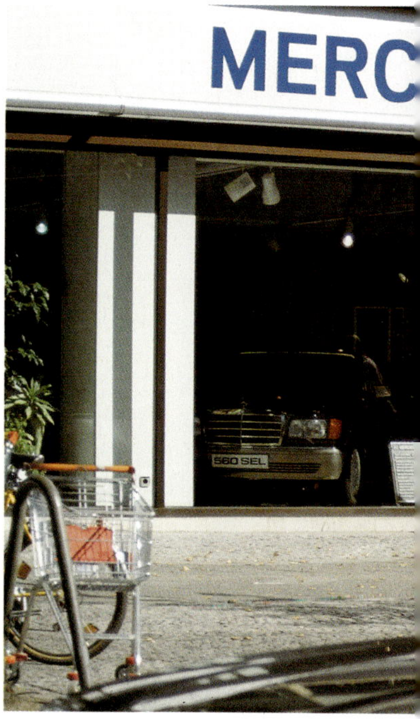

Hans Haacke fährt 1990 Fahrrad auf dem Berliner Ku'damm

Wirtschaftliche Kungeleien in dem mit Kulturembargo belegten Apartheid-Staat Südafrika kommen bei Haacke auch schon in Arbeiten über Mercedes und British Leyland vor. Für den Cartier-Block *Les Must de Rembrandt* arbeitet er mit Bildmaterial aus Werbekampagnen, stellt einem Dokumentarfoto von streikenden Minenarbeitern Statistiken über die Besitzverhältnisse der Rembrandt-Gruppe entgegen. Und verschönt die Arbeit mit einer realistischen Nachbildung der berühmten schwarz-goldenen Marmorfassade des Cartier-Stammgeschäfts an der Place Vendôme.

Haackes Werk wird erstmal im Kunstzentrum Le Consortium in Dijon ausgestellt. Als die Arbeit dann 1987 bei einer großen Themenausstellung im Centre Pompidou, immerhin einem staatlichen, mithin unabhängigen Museum, gezeigt werden soll, läuft der Konzern Sturm. Cartier-Chef Alain Dominique Perrin, in Haackes Begleittext namentlich erwähnt, versucht mit allen Mitteln, ausgenommen dem aussichtlosen Rechtsweg, die Teilnahme Haackes zu verhindern. Damals ist Perrin einflussreiches Mitglied des für mehr Kultursponsoring kämpfenden Unternehmerverbands Admiral. Er lässt die Kuratoren der Ausstellung sowie die Museumsleitung massiv unter Druck setzen; selbst das französische Kulturministerium spielt auf seiner Seite mit, denn Kulturminister François Léotard hat Perrin soeben zum Sonderbeauftragten für Sponsoring ernannt.

Dass die Arbeit schließlich gezeigt wird, hängt vor allem damit zusammen, dass gleich drei Kuratoren hinter ihr stehen. Ein einziger Kustos,

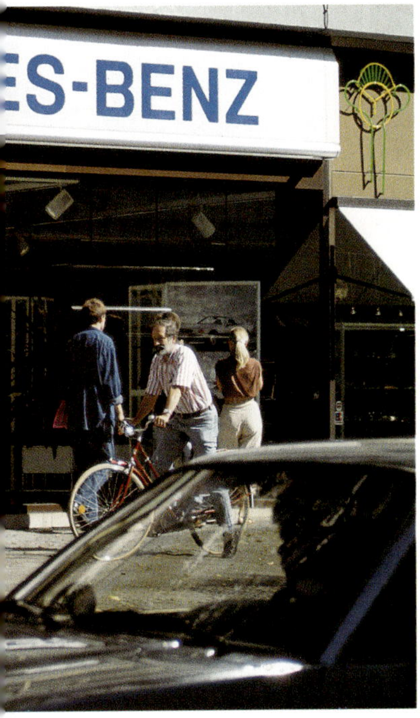

so sagen die Verantwortlichen heute, hätte dem über Ministerium, Verein der Museumsfreunde und Sammler ausgeübten Cartier-Druck kaum standhalten können.

stern über dem todesstreifen

Große Firmen reagieren wegen des befürchteten Prestigeverlusts grundsätzlich nur hinter den Kulissen, wenn zeitgenössische Kunst sie ins Visier nimmt. Nach außen bleibt man kulturfreundlich, stellt eventuell sogar noch die eigenen Produkte zur Verfügung. Mercedes etwa beliefert Künstler der documenta des Jahres 1987 für ihre Installationen bereitwillig mit Limousinen, schenkt dem Franzosen Bertrand Lavier 1990 einen Mercedes 190 zum Anmalen, kauft diesen auch noch zurück für die Firmensammlung. Auch der schwedische Automobilhersteller Volvo zeigt sich großzügig und leiht Autos gratis für Kunstausstellungen; Saab gibt bekannten Künstlern satte Rabatte, BMW lässt neue Modelle von Malern wie A.R. Penck schmücken.

Als Hans Haacke sich im Sommer 1990 in Berlin zum wiederholten Mal den Daimler-Konzern vorknüpft, bleibt wieder einmal jede explizite Reaktion aus. Mir schlägt man lediglich meine Bitte ab, mir für einen vom Berliner Senat bei mir bestellten Film ein S-Modell zu leihen; ich muss es bei Europcar teuer bezahlen. Skandal ist, wenn es keinen Skandal mehr gibt – der Widerstand gegen die kritische Kunst beschränkt sich auf politische Manöver des Verhinderns und wird, oft im Einvernehmen mit der öffentlichen Hand, nicht öffentlich gemacht.

In Berlin geht es damals um die Wiedervereinigung Deutschlands. Bei der vom Ost-Berliner Schriftsteller Heiner Müller initiierten Ausstellung *Die Endlichkeit der Freiheit* sucht sich Haacke einen der gefürchteten alten Wachtürme der DDR-Grenzer aus, die auf dem Todesstreifen liegen, der seit dem Mauerbau rund 175 DDR-Bürgern das Leben gekostet hat. Für Müller geht es in der Ausstellung – geplant vor dem Mauerfall, aber realisiert nach dem Zusammenbruch der DDR – darum, »die unsichtbare Mauer, die weiterbesteht, sichtbar zu machen«, wie er mir erklärt. Künstler wie Rebecca Horn, Mario Merz, Jannis Kounellis, Christian Boltanski oder Ilya Kabakov sollen zeigen, »was wieder vereinigt wird, obwohl man es eigentlich gar nicht wieder vereinigen kann«.

Haacke klebt seinem Spähturm zwei Zitate auf, nämlich »Kunst bleibt Kunst« von Goethe und »Bereit sein ist alles«. Beide geflügelten Worte beschwören die angebliche Freiheit von Volk und Kunst und werden zur Zeit der Ausstellung gerade von Mercedes als Werbeslogan missbraucht, als handle es sich bei der S-Klasse des Automobilkonzerns um Kunstwerke.

Zusätzlich lässt Haacke den rotierenden hellblauen Mercedes-Stern nachbauen, der seit vielen Jahren vom Europa-Center aus über die Mauer hinweg nach Ost-Berlin strahlte. Eben diesen Stern installiert Haacke auf dem ehemaligen Wachturm. Und nennt die Arbeit *Die Freiheit wird jetzt einfach gesponsert – aus der Portokasse.*

Die Botschaft ist klar: Wiedervereinigung findet im Zeichen der Deutschen Mark statt. Mercedes ersetzt Grenzpolizei, Konsumwahn den Staatsterror. Die Politik steht unter dem guten Stern aus Stuttgart, der zu einem Großteil der Deutschen Bank gehorcht.

Für unsere Dreharbeiten radelt Haacke in gespielter Ernsthaftigkeit über den Kurfürstendamm, wo sich seit November 1989 die Bürger der ehemaligen DDR ihre Nasen an den Schaufenstern der Mercedes-Niederlassung platt drücken. Zu Zehntausenden werden sie sich für einen Benz in Schulden stürzen, die sie mühsamst zurückzahlen, als die große Arbeitslosigkeit beginnt.

Selten ist die triumphale Ehe von Konsum und Demokratie so griffig in ein einziges Bild gebracht worden wie in Hans Haackes Grenzerturm mit Mercedes-Stern. Doch liegt im Sommer 1990 seine Kunst in Berlin viel zu richtig, als dass sie irgendwelche Empörung auslösen könnte. Zumindest hat Daimler-Benz nie wieder Goethe oder Shakespeare für seine Reklamen missbraucht. Schade nur, dass sich der Stern heute nicht mehr über dem ehemaligen Todesstreifen dreht. Sondern nur noch über Berlin.

das auto als kunstwerk

Hans Haacke kritisiert nicht die Ware Auto, sondern eine Firma als Kulturfaktor. Der damalige Daimler-Konzern, heute um die amerikanische Firma Chrysler erweitert, ist eine politisch wirkende Macht, die ihre Rüstungs-, Luftfahrt- und Weltraumaktivitäten hinter dem positiven Image ihrer ach so deutschen automobilen Wertarbeit versteckt. Die Auseinandersetzung mit speziellen Marken wie Trumpf, Mercedes, Sarotti, Benetton ist typisch für Haackes Arbeit, aber ungewöhnlich für die zeitgenössische Kunst. Normalerweise nehmen Künstler nicht konkrete Firmen ins Visier, sondern die Konsumwut schlechthin. Entweder als Auseinandersetzung mit der Werbung, dem medialen Folterwerkzeug der Wirtschaft; oder durch das Herauspicken von Paradebeispielen, die als Statussymbole repräsentativ sind für eine Gesellschaft und ihre Zeit.

Hans Haacke, »Die Freiheit wird jetzt einfach gesponsert – aus der Portokasse«, mit zusätzlichem Mercedes, Berlin 1990 (Videostill)

Das beliebteste Spielzeug der Kunst ist, vor und nach der Ölkrise von 1973, auch des Deutschen liebstes Kind: das Auto. Seit vierzig Jahren taucht es in Museen und Galerien immer wieder auf, mal zur abstrakten

Skulptur komprimiert, mal mit Videos verunstaltet oder einbetoniert wie Wolf Vostells *Ruhender Verkehr* in Köln. 1993 schneidet der in New York lebende Gabriel Orozco einen Citroen DS in voller Länge auf, nimmt das Mittelstück heraus und setzt die Karosserie wieder zusammen: das Auto als surreale Ausgeburt des künstlerischen Windkanals. Der Franzose Ange Leccia stellt 1987 bei der documenta einen nagelneuen Benz auf eine Drehplattform und lässt das teure Prachtstück für sich sprechen. »Glamour«, sagt der englische Schriftsteller und Kunsthistoriker John Berger, »ist nur möglich, weil es Neid gibt.«

Im Januar 2000 importiert Lavier für die Pariser Ausstellung *Le temps, vite*, übersetzt etwa *Die Zeit, aber schnell*, einen feuerroten Rennwagen der Marke Ferrari ins Centre Pompidou. Das Publikum reagiert verwundert: Ist der Bolide wegen seines Designs hier, oder soll das ein Kunstwerk sein? Die Raserei der Formel Eins ist für Lavier neben Golfspielen die schönste Art des Zeitvertreibs. Genauso wichtig ist die künstlerische Geste: Achtundachtzig Jahre nach Marcel Duchamps erstem Ready-made ist der Transfer eines industriell gefertigten Gegenstands ins museale Reich der Kunst kurioserweise immer noch skandalös.

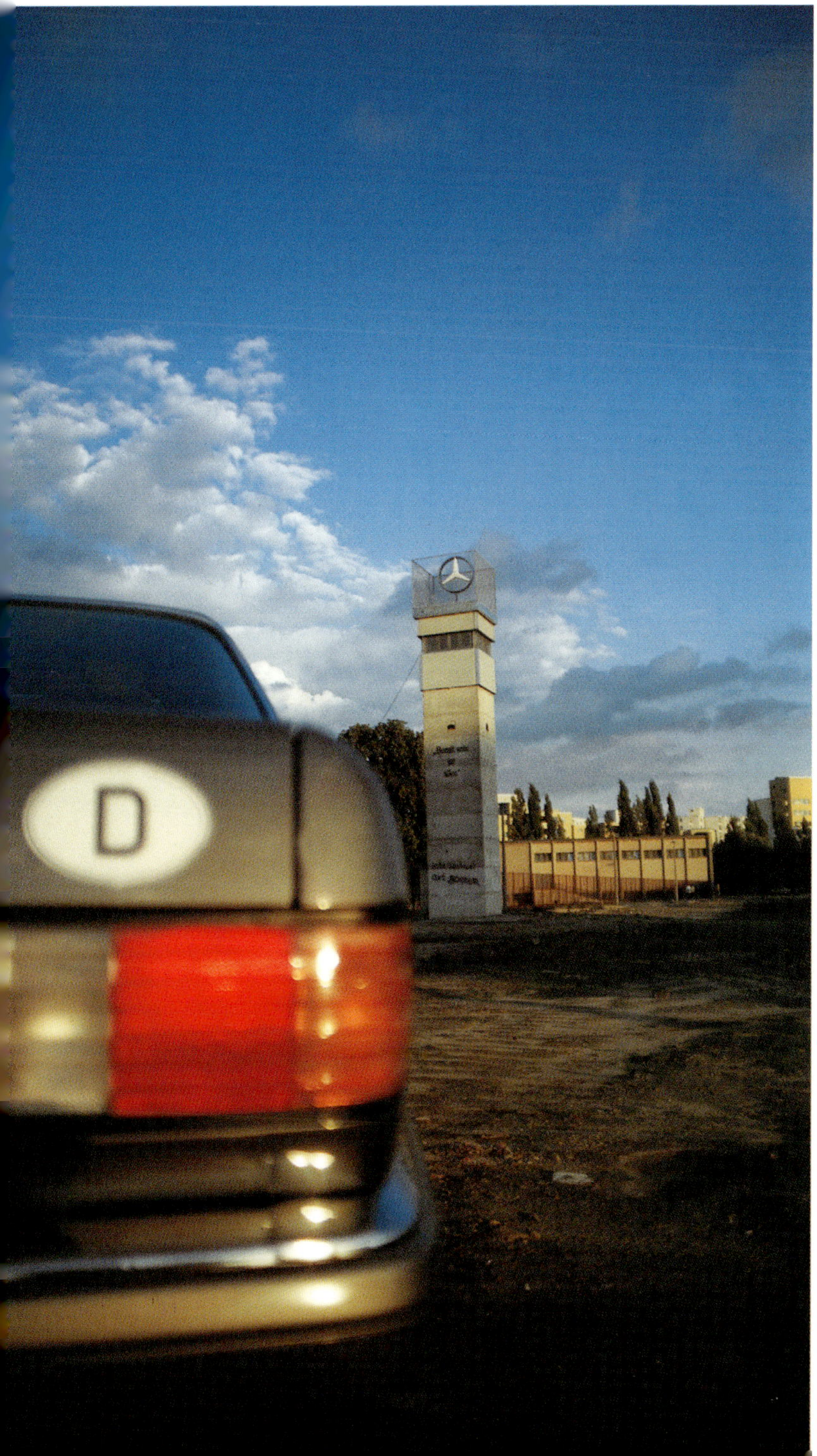

Im Juni 1999 bekommt Lavier in Berlin für sein innovatives Gesamtwerk den Preis der Bernhard-Heiliger-Stiftung, benannt nach dem wohl erfolgreichsten deutschen Stahlplastiker der fünfziger Jahre. Die Ehrung wird feierlich vorgenommen: Festakt mit Preisscheck und Kultursenator, Pianokonzert und Laudatio durch den Rektor der Hochschule der Künste. Beim anschließenden Empfang tritt ein Künstlerkollege an den Preisträger heran und bittet mich, da ich neben Lavier sitze, zu übersetzen, da er kein Französisch spreche. »Ich wollte Ihnen nur persönlich sagen, Herr

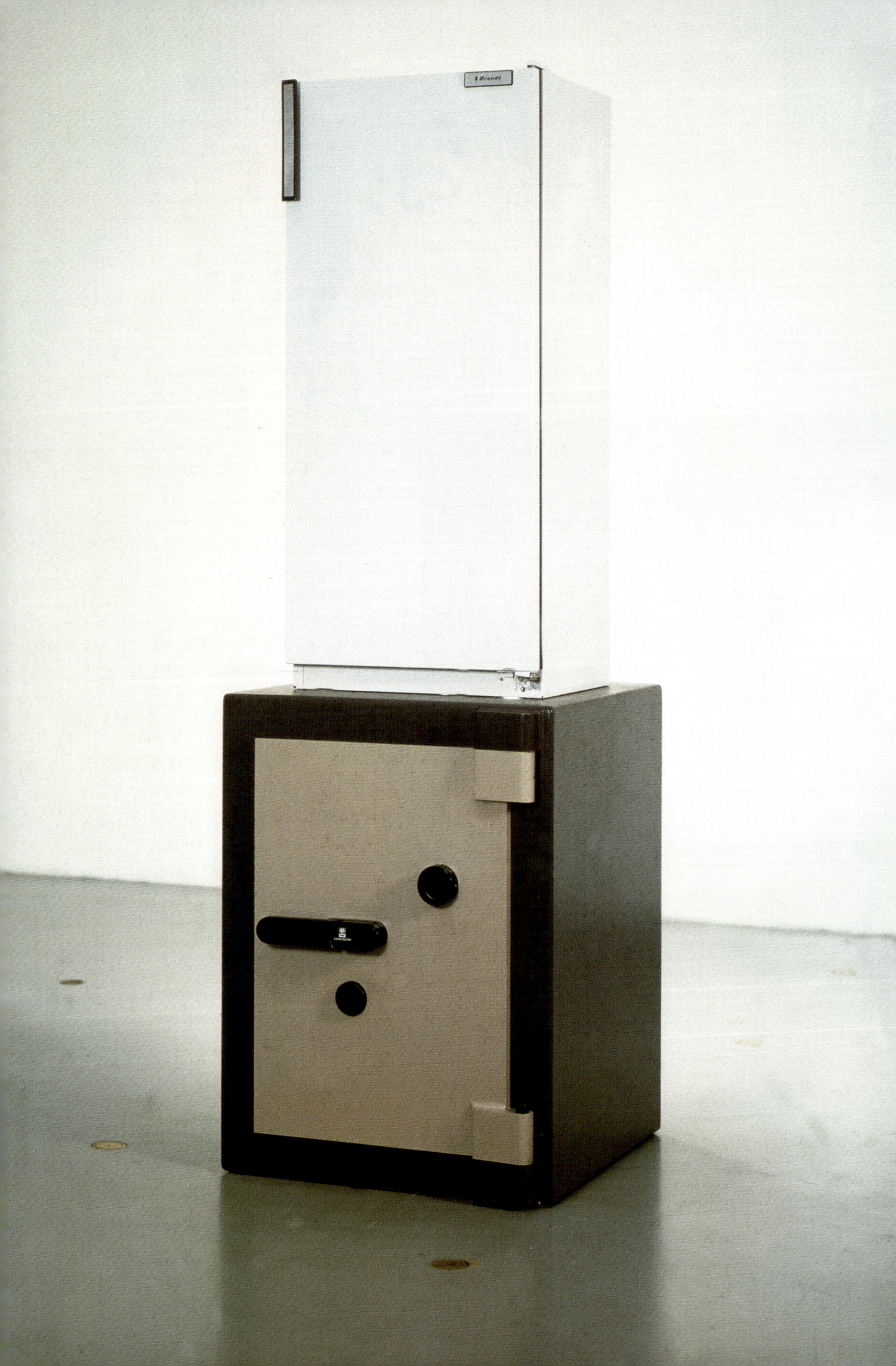
Brandt

Bertrand Lavier,
»Brandt sur Fichet-Bauche«,
1985

Lavier, dass ich Ihr Werk grottenschlecht und absolut zum Kotzen finde.«

Der 51-jährige Franzose ist ausfallende Reaktionen gewohnt. Das Pariser Feuilleton hat ihn ständig auf dem journalistischen Kieker, der Fernsehsender Canal Plus dreht einen Kurzspot über ihn in der Elektrowarenabteilung eines Haushaltsgeschäfts. Dort wird sarkastisch rekonstruiert, wie Lavier einen Eisschrank der Marke Brandt ersteht und auf einen Geldschrank der Firma Fichet-Bauche stellen lässt.

Mir fällt Laviers Werk zum ersten Mal 1982 bei der documenta 7 auf. Beziehungsweise es fällt mir nicht auf. Denn Lavier bemalt Treppengeländer und Heizkörper mit dem ihm eigenen dicken, fast transparenten Pinselstrich. Die künstlerische Intervention bleibt auf den ersten Blick fast unsichtbar – Lavier verwandelt Mobiliar durch malerische Gesten in Kunst, und keiner sieht es.

Das Hamburger Kunstmagazin Art beauftragt mich, Lavier zu besuchen, weil man das bei Publikumszeitschriften so beliebte Spiel des Pro und Contra veranstalten möchte – ein Museumsdirektor schreibt positiv, ein Kunstkritiker negativ über eine Arbeit. Oder umgekehrt. Die Frage im Hintergrund verneigt sich vor dem angeblich gesunden Menschenverstand: Ist das überhaupt Kunst?

Ich rufe Lavier an, fahre aber nicht zu ihm. Das Unternehmen Pro und Contra ist mir peinlich, ich will erst mehr vom Werk sehen, und dafür heißt es, genauer hinzuschauen. Es wird vier Jahre dauern, ehe der Künstler und ich uns endlich kennen lernen, in seinem Heimatdorf Aignay-le-Duc nahe Dijon, wo er lebt und arbeitet.

»Meine Arbeit ›Brandt auf Fichet-Bauche‹ ist ein Eisschrank auf einem Geldschrank. Darin kann man natürlich eine Symbolik der Aufbewahrung von Nahrung und von Kapital sehen. Eine solche Interpretation ist vielleicht richtig, aber sie ist für mich zweitrangig. Für solche Deutungen gibt es Soziologen, und Kunstkritiker; ich bin Künstler, mir geht es um die Erweiterung des künstlerischen Betätigungsfeldes.«
Bertrand Lavier

Lavier hat nicht Kunst, sondern Gartenbau studiert. Sein erstes Werk besteht im Bemalen der heimischen Hecke mit einem weißen Farbstrich. Dann bedeckt er ein Transistorradio, wenig später ein Klavier mit dickem Pinselstrich. Sein Arbeitsprinzip ist bis heute das gleiche geblieben – provokative Schichtung. Auf ein real existierendes, funktionierendes Objekt wird eine zweite Schicht gelegt, die die Bedeutung des Objekts grundsätzlich verändert. Auf dem Geldschrank der Marke Fichet-Bauche steht mal ein Eisschrank, mal ein vom Designer Verner Panton entworfener Plastikstuhl. Der Stuhl macht den Safe zum Sockel, der Sockel macht Möbel zur Kunst. Auch ein Garagentor wird mit Farbe bedeckt und so an der Museumswand zum monochromen Gemälde. Einen schönen alten Teddybär lässt Lavier 1994 auf einen Sockel schrauben wie eine afrikanische Skulptur. Der Teddy wird vom Alltagsobjekt zum Fetisch, zu einem Voodoo-Relikt des Kultes, den wir mit der Kindheit treiben.

Das hat natürlich viel mit Kunstpionier Marcel Duchamp zu tun, geht aber weiter. Bei Lavier ist es nicht nur Geste, sondern System – ein künstlerischer Trick, Objekte aus der vertrauten Warenwelt herauszuziehen. Lavier zwingt uns zum zweiten Blick auf die Dinge; aus Konsumgut wird Kunst. Und mit dem neuen Kontext verändert sich auch unser Verständnis – wir erleben auf einem Sockel, im Museum, an unserer Wohnzimmerwand, was wir normalerweise mehr oder weniger automatisch konsumieren. Und nach Gebrauch wegwerfen – einen Stuhl, einen Eisschrank, einen Safe, ein Moped. Oder eben ein Auto.

die giulietta

1993 bittet mich Lavier, eine neue Arbeit zu filmen, die er in der Pariser Galerie Durand-Dessert ausstellt. Die Galerie hat neue, große Räume mit offenem Mezzanin und viel Oberlicht im modischen Bastille-Viertel bezogen.

Als ich ankomme, sind die weiß getünchten Räume völlig leer – bis auf ein einziges Objekt. Auf einem flachen Holzpodium steht ein rotes Sportcoupé von Alfa Romeo, Modell Giulietta, in rasantem Rot, mit Fließheck und Sportfelgen. Der Wagen ist weder auf die bei Lavier übliche Art bemalt, noch ist ein anderes Objekt auf ihn gestellt. Er steht für sich, von Insassen oder Besitzern keine Spur – Lavier hat alles Blut von Sitzen und Armaturenbrett abwaschen lassen.

Die *Giulietta* ist ein Totalschaden, von Lavier nach wochenlanger Suche auf einem südfranzösischen Schrottplatz gefunden. »Ich wollte einen Wagen, der in Farbe und Form ästhetisch wirkt, der für sportliches Fahren und Automobilkult steht. Der auch als Wrack noch schön ist. Aber ich wollte auch, dass der Unfall nicht tödlich war. Das wäre sonst zu viel an Symbolik.«

Als mir Lavier seine Giulietta erklärt, rasen wir mit hundertachtzig Stundenkilometern über die schmalen Landstraßen Nordburgunds. Lavier fährt Ferrari, eine dunkelblaue Limousine der 400er Serie aus den achtziger Jahren. Sein Verhältnis zum eigenen Wagen ist ebenso vieldeutig wie seine Kunst – er spielt mit dem Objekt Ferrari, liebt seine technische Perfektion vom Zigarrenanzünder bis zur Zylinderkopfdichtung. Gleichzeitig ironisiert er den Kultstatus der Marke Ferrari und fährt den Wagen aus bis an die Schmerzgrenze – normalerweise steht ein Ferrari bei Drehzahl Null in der Garage und wartet auf Wertsteigerung.

Bertrand Lavier, »Giulietta«, 1993

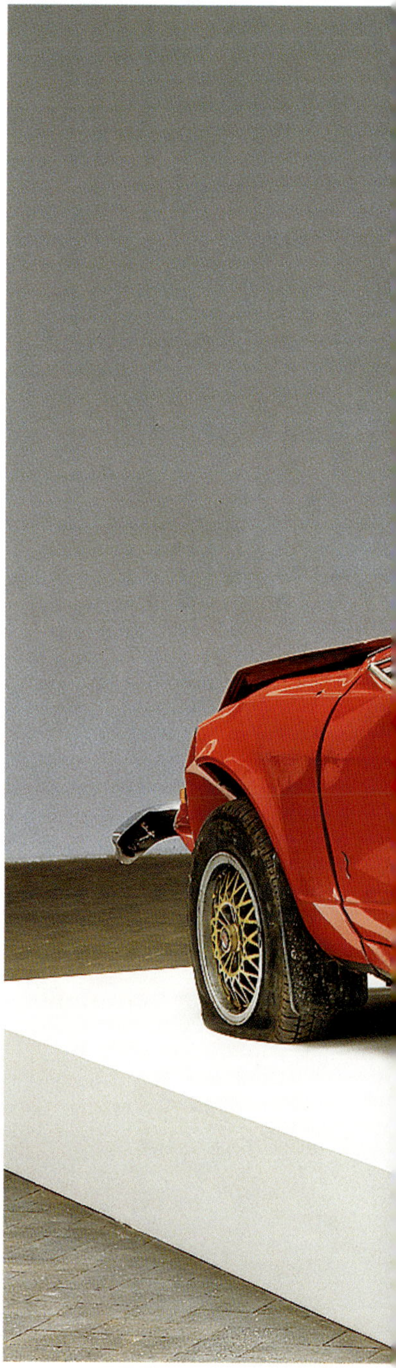

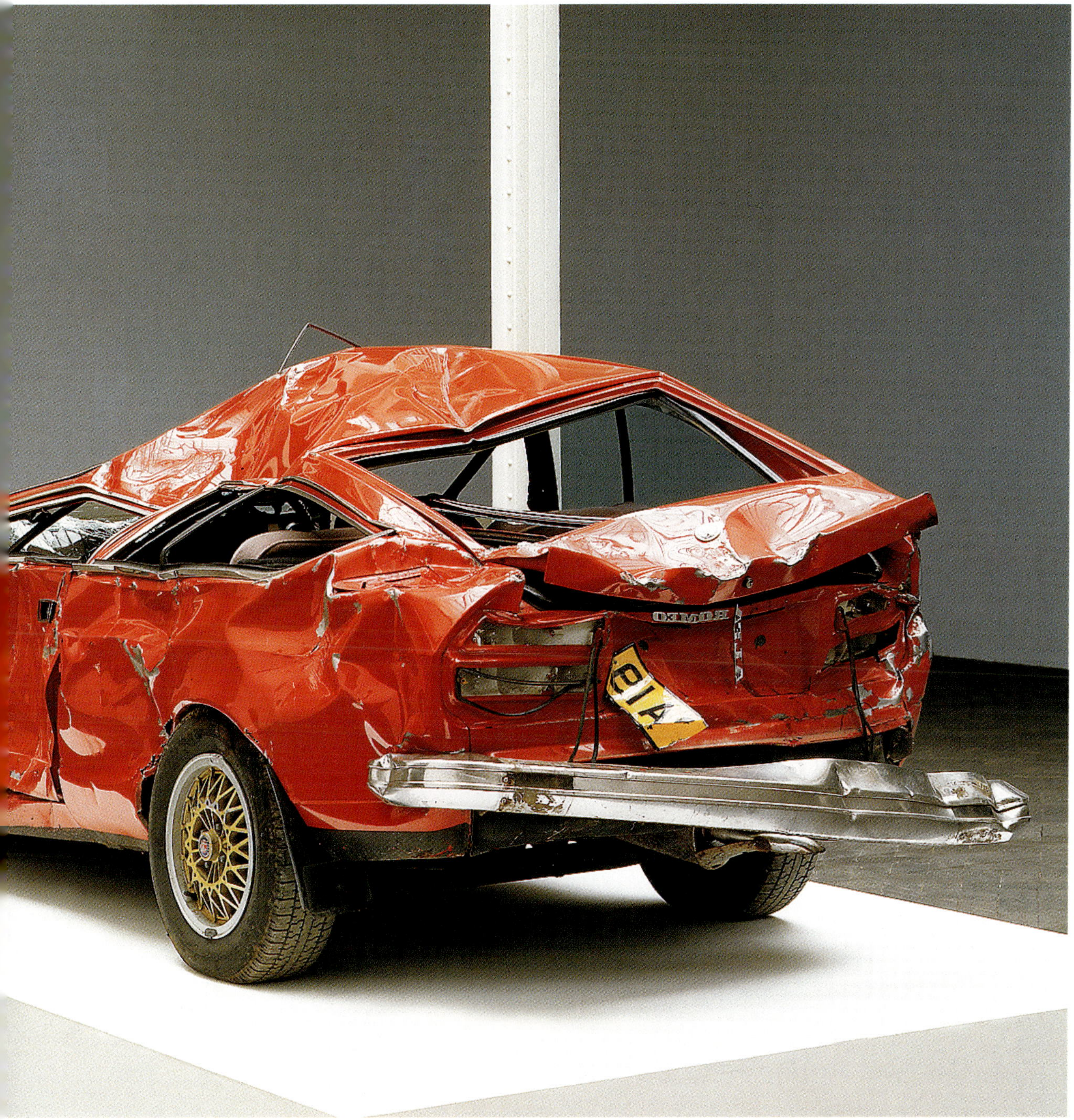

»In der Geschwindigkeit steckt immer auch ein Überschreiten aller Grenzen. Davon handelt die ›Giulietta‹. Sie ist einerseits reine Emotion, und dennoch gehört sie andererseits zu einer langen Tradition von Kunstwerken, die mit der ›Schönheit der Indifferenz‹ zu tun haben, wie Marcel Duchamp von seinen Ready-mades sagte. Die ›Giulietta‹ ist ein großes, tragisches Gemälde. Sie steht sozusagen an der Kreuzung von Malerei und Skulptur, kühlem Ready-made und reiner Emotion.«

Bertrand Lavier

»Die *Giulietta*«, erklärt Lavier, »ist für mich ein Schlüsselwerk. Nie habe ich ein Objekt mit so viel offensichtlicher Emotion gezeigt. Sogar die Glassplitter der zerdepperten Frontscheibe liegen noch im Innenraum; jeder spürt sofort, wie grausam der Unfall gewesen sein muss. Und trotzdem ist sie vor allem Skulptur, eine konzeptionelle Arbeit, die sich in die automobile Tradition der Kunstgeschichte einträgt«.

»Ich habe mir auf dem Schrottplatz irgendein Auto ausgesucht, ich weiss nicht mehr welches. Auf jeden Fall war es aus Frankreich. Es war gelb, zumindest teilweise, und auf der Tür stand groß das Wort ›Ricard‹, für den Aperitif. Ich habe zum Kranfahrer gesagt: Das da nimmst du. Er hat es zur Presse rübergegeschwenkt, und Schlong!! Ist es zu einem Kubus geworden. Und nochmal Schlong!! Da war es meine ›Compression Ricard‹.«
César

Ähnlich wie Hans Haacke hat jedes Werk Laviers seine kunstimmanente Lesart. Deshalb die beleidigende Attacke bei der Berliner Preisverleihung, deshalb die empörte Pariser Pressereaktion auf die *Giulietta.* Einige Pressestimmen fragen nach den Grenzen des schlechten Geschmacks, andere behandeln die *Giulietta* als dümmliches Plagiat der Schrottskulpturen von César. Noch 1999, als sie im neuen Straßburger Kunstmuseum gezeigt wird, hetzen die Zeitungen gegen die angeblich »geschmacklose Provokation«. Und wieder heißt es: »Das ist keine Kunst!«

Genau das ist beabsichtigt von Lavier, wenn er den Kunstbegriff erweitern will und von der »automobilen Tradition« der Kunst spricht. Von César und Vostell bis Orozco und Lavier ist das Auto Leitmotiv, bei Vostell und Lavier aus konsumkritischen, bei César und Orozco aus rein künstlerischen Erwägungen.

schrott wird zu kunst

Der in Paris abgehaltene Salon de Mai ist in seiner Glanzzeit die Vitrine des Untergrunds, Gegenschau zu den großen offiziellen Museumsausstellungen. Eine Reaktion auf die Avantgardefeindlichkeit des französischen Kunsthandels, der bis in die siebziger Jahre ganz im Zeichen von wohnzimmerfreundlicher Malerei steht. Am Salon de Mai nehmen durchaus auch renommierte Künstler teil, es ist keineswegs ein Nachwuchstreffen; und als bekannt wird, dass an der sechzehnten Ausgabe im Mai 1960 der Bildhauer César Baldaccini, genannt César, dabei ist, kann das niemanden erstaunen.

Der Südfranzose César, 1921 in Marseille geboren und erst kürzlich im freiwilligen Pariser Exil verstorben, gehört seit seiner ersten Einzelausstellung in der Pariser Galerie Lucien Durand im Jahre 1954 zu den renommierten Bildhauern Frankreichs. César ist ein kleiner, mürrisch blickender Proletarier, oder zumindest gibt er sich so. Seine frühen »Schrott-Tiere« bestehen aus zusammengeschweißten Schrottstücken, darunter auch Karosserieteile von Autos, die dem metallenem Federvieh Farbe verleihen sollen.

César hat bereits 1955 am Salon de Mai teilgenommen; nun, im Jahre 1960, schafft er die Titelzeilen der Pariser Presse ganz allein. »Das war mal ein schöner Skandal«, beschreibt der Figaro die Vernissage. Der Parisien spricht von »Schrott-Paketen«. Denn anstelle der erwarteten Schweißskulpturen zeigt César im wahrsten Sinne des Wortes »Blech«. Seine drei tonnenschweren *Kompressionen*, hochkannt gestellte Quader, bestehen jeweils aus Karosserieblech und Motorblock eines einzigen Schrottwagens. Auf dem Schrottplatz von Villetaneuse, einem Vorort von Paris, in dem César sein Atelier hat, per Presse zur Skulptur geformt.

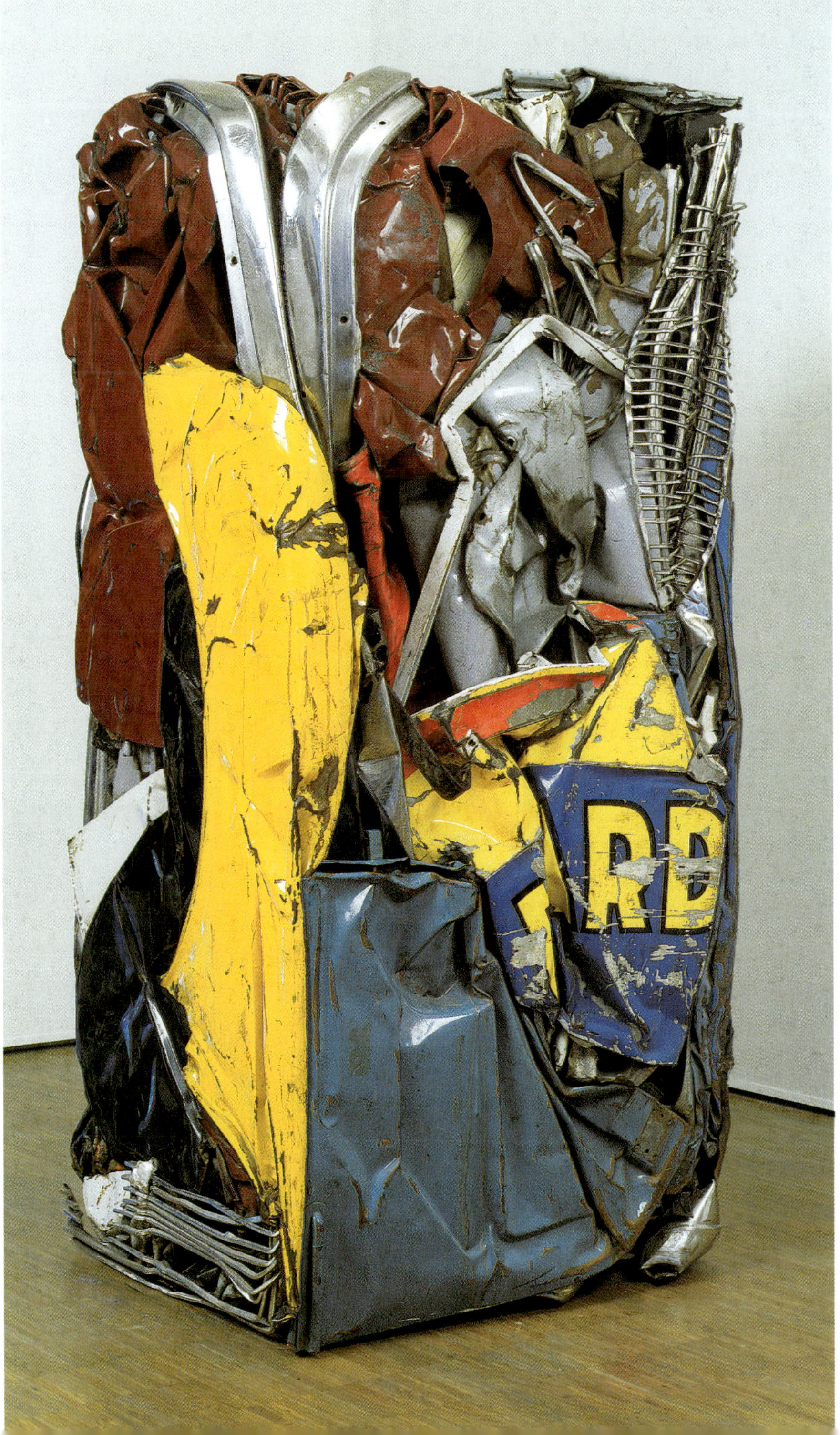

César, »Compression Ricard«, 1962

Bei der Vernissage des Salon de Mai kommt es zu entrüsteten Publikumsreaktionen. Dabei ist Césars Schritt innerhalb seines Werkes durchaus folgerichtig – schon seit 1954 hat er gegenständliche Skulpturen aus abstraktem Schrott geschweißt. Nun macht er das genaue Gegenteil: Er presst reale Gegenstände zu abstrakten Skulpturen. Und lässt die Schrottpresse die Arbeit tun.

1960 hat es sich Frankreichs Staatspräsident De Gaulle nicht nehmen lassen, den Pariser Automobilsalon persönlich einzuweihen. Auf dem Stand der Firma Citroen wird das Cabriolet der luftgefederten »DS« vorgestellt. Césars Geste holt das Kultmobil Auto, die Utopie der invidiuellen Freiheit, zurück in die Endlichkeit. Ein Symbol für den Wohlstand der Nachkriegsgesellschaft wird auf seine zeitlich begrenzte Funktionsfähigkeit reduziert, sein Wert erst auf Null zurückgefahren und dann durch die veredelnde Geste der Kunst auf – theoretisch – unendlich erhöht. Eine César-Kompression der ersten Jahre ist heute bis zu 150 000 DM wert. Ein gebrauchter Citroen vielleicht noch zehntausend Mark. Wenn er denn fährt.

Im französischen Fernsehen erklärt der Künstler bierernst, er habe nichts gegen Autos. »Im Gegenteil. Ich benutze selbst ein Automobil als Fortbewegungsmittel. Für meine Arbeit verwende ich aber kein Auto – ich verwende die Metallteile, die mal ein Auto waren. Ich bearbeite farbiges Blech wie andere Carrara-Marmor benutzen.« Wenig später schon wird er sich seinen Marmor von Automobilherstellern wie Ford liefern lassen und vor deutschen Fensehkameras Schau-Kompressionen fahren. Damals jedoch belässt es César nicht bei den *Kompressionen*. Noch im gleichen Jahr 1960 schließt er sich der aus Südfrankreich in die Pariser Kunstszene geschwappten Gruppe der Nouveaux Réalistes an, die Alltagsobjekten eine künstlerische Form geben, um die gestische Salonmalerei jener Jahre durch einen »neuen Wirklichkeitssinn« zu ersetzen. Der Schweizer Jean Tinguely baut sich bewegende Reliefskulpturen; sein ehemaliger Assistent Daniel Spoerri kommt vom Theater und fixiert »zufallsgelenkte Situationen«, etwa einen Frühstückstisch oder eine Arbeitsplatte aus dem Künstleratelier. Der prominenteste Nouveau Réaliste ist Judoka und Avantgarde-Maler, seine monochromen Farbschwämme und Feuerbilder sind bis heute Meisterwerke von Konzept und Meditation: Yves Klein, geboren 1928 in Nizza, wird schon kurz nach Gründung der Neuen Realisten an einem Herzinfarkt im Juni 1962 sterben.

Ebenfalls zur Gruppe gehört der 1928 geborene Arman Fernandez alias Arman. Arman ist durch Müll reich geworden. Heute bewohnt er neben einem Haus im südfranzösischen Vence eine mit afrikanischen

Skulpturen vollgestellte Wohnung in New York. Weilt er in Paris, bezieht er eine von ihm eingerichtete Suite im Luxushotel Lutetia. In seiner Abwesenheit können normale Sterbliche die Wohnung mieten.

Im Hotel Lutetia erzählt Arman, wie er 1960 für seine Ausstellung in der Pariser Galerie Iris Clert in mehrtägiger Arbeit aus Mülltonnen Abfall, Verpackungen, Konservendosen, kaputte Glühlampen gesammelt hat, den Schrott der Wegwerfgesellschaft sozusagen. Er füllt den Abfall in durchsichtige Plastikkästen, schafft so *Akkumulationen*, die in der Galerie zum Verkauf stehen. »Der Skandal war beträchtlich«, erinnert er sich. »Erst wetterte die Presse, dann die Nachbarn, weil der Gestank nach ein paar Tagen unerträglich wurde.« Nicht nur für Arman ist Müll die Kehrseite der Wohlstandsgesellschaft: »Man kann Kunst nicht begreifen, wenn man die jeweilige Epoche nicht versteht. Deshalb habe ich den Abfall meiner Epoche benutzt. Schließlich bin ich ein Kind meiner Zeit.«

der werbeslogan als tafelbild

Ebenfalls zum Gründerkreis der Nouveaux Réalistes gehören die sogenannten Affichisten. Verkürzt gesprochen, reißen die Affichisten Werbeplakate von Mauern und verarbeiten sie zu Collagen, die sie anschließend in Galerien aufhängen.

Die wichtigsten Vertreter dieser Kunstform sind Jacques Villeglé und Raymond Hains, beide in Paris lebend. In Rom arbeitet der Italiener Mimmo Rotella, der, ohne von seinen Pariser Kollegen zu wissen, ebenfalls Werbeplakate ablöst und ausstellt. 1958 besucht ihn der Kunstkritiker Pierre Restany, der künftige Chefdenker der Nouveaux Réalistes. Restany wird dafür sorgen, dass Rotella vom ersten Manifest der Gruppe 1960 an dazugehört.

Die Neuen Realisten sind ideologisch eine uneinheitliche Gruppe: Arman oder Raymond Hains spielen mit den Verführungsmechanismen von Werbung und Konsum; César oder Yves Klein geht es um eine frische Ästhetik. Sie wollen eine neue Kunstrichtung als Gegengewicht zur in Amerika explodierenden Pop Art und betreiben eine typisch europäische Formulierung des zeitgenössischen Optimismus. Dass Frankreich in diesen Jahren den Höhepunkt des Algerienkriegs erlebt, dass wichtige Intellektuelle wie Jean-Paul Sartre oder der in Algerien geborene Albert Camus von der Regierung De Gaulles geknebelt werden, das interessiert sie nicht. Zumindest nicht künstlerisch.

Als 1960 der populäre und populistische César zur Gruppe stößt, sorgt das für das gewünschte öffentliche Aufsehen. Über Césars *Kompressionen* schreibt Chefideologe Pierre Restany: »Ein neues Kapitel in der

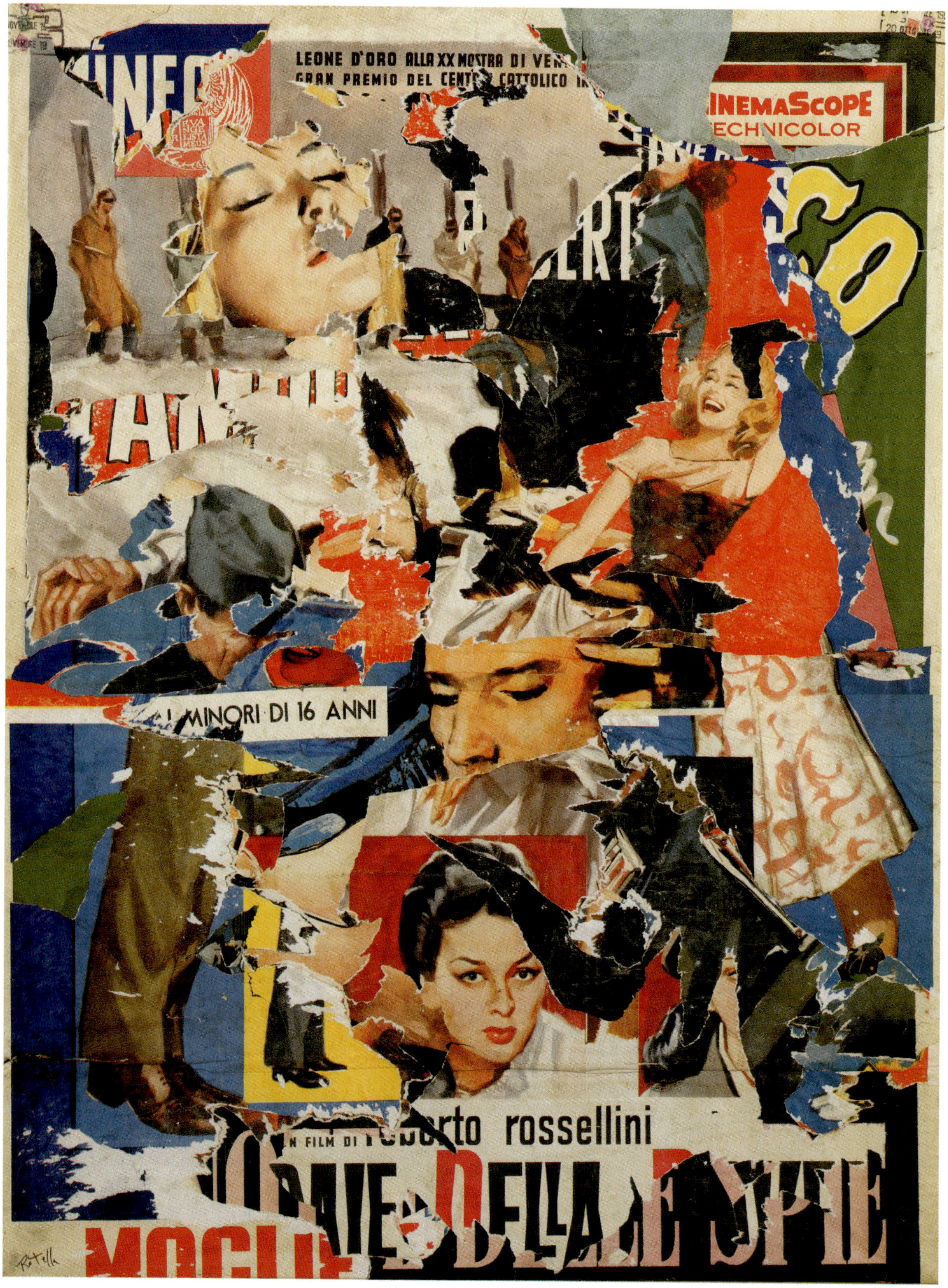

Mimmo Rotella,
»Cinemascope«,
1962

»Die Presse hat uns lange vorgeworfen, l'Art-pour-l'Art zu machen, rein formale Kunst. Aber die gibt es gar nicht. …

Geschichte des Metalls schlägt über die Provokationen der neodadaistischen Amerikaner hinweg dem Neuen Realismus eine Bresche. Es wird Zeit, dass das Publikum in ihm eines der bedeutendsten Ereignisse der zweiten Jahrhunderthälfte erkennt.«

Mit den »neodadaistischen Amerikanern« meint Restany vor allem Robert Rauschenberg und Jasper Johns, die durch konsequente Tabuverletzung von Tafelbild und Hochkultur damals in New York Furore machen und langsam auch Europa erreichen. Vor allem Jasper Johns hat nach seinen *Flags*, in denen er ab 1955 die amerikanische Flagge zu malerischen Zwecken verwendet, in der Galerie Castelli schon 1960 ein besonders radikales Objekt am Scharnier zwischen Konsum und Kunst gezeigt: zwei bronzene Bierdosen, genannt *Painted Bronze (Ale cans)*.

Johns geht es nicht um vordergründige Konsumkritik. Ähnlich wie die französischen Nouveaux Réalistes operiert er ohne Ideologie, seine Kunst ist weniger Gesellschaftskritik als vielmehr Bestandsaufnahme einer im Umbruch befindlichen Zivilisation der Warenwelt. Trotzdem ist der Rückgriff auf Schießscheiben als malerisches Motiv natürlich auch Hinweis auf den Waffenkult der Amerikaner; und die Verwendung der Nationalflagge Stars-and-Stripes bewegt sich immer am Rande eines gerichtlichen Verbots wegen Verletzung patriotischer Gefühle. Zu seinen in Bronze gegossenen und dann bemalten Bierdosen schließlich hat Johns selbst die Geschichte erzählt:

Von seinem berühmten Malerkollegen Willem de Kooning hört Johns, dass dieser sich über den Erfolgsgaleristen Leo Castelli aufregt, der würde in seiner Skrupellosigkeit ja wirklich alles verkaufen. Wahrscheinlich würde er noch nicht einmal vor einer Bierdose zurückschrecken: Johns nimmt die Bemerkung wortwörtlich, gießt zwei Bierdosen der Marke Ballantine Ale in Bronze und vergisst auch nicht, sie zu öffnen, um ihnen nun wirklich auch den letzten Inhalt zu nehmen. Natürlich verkauft Castelli das Werk auf Anhieb.

… Kunst hat immer eine Funktion. Immer sind wir Künstler entweder Fetischsammler oder Kritiker unserer Gesellschaft.«
Arman

Mit den Bierdosen löst Johns in New York das künstlerische Interesse an der Markenwerbung aus. Werbeästhetik, wie sie bisher nur einzelgängerische Maler wie Alex Katz beeinflusst, wird nun konsequent zitiert oder sogar nachgeahmt. Andy Warhol vermischt in einem seiner plakativen Großformate Werbeslogan und Bedienungsanleitung: *Close before striking (Pepsi-Cola)*. Warhol ist gelernter Werbegrafiker und hat Schuhe im Bataillon gezeichnet; Werbeästhetik ist für ihn Bildinhalt ohne jeden

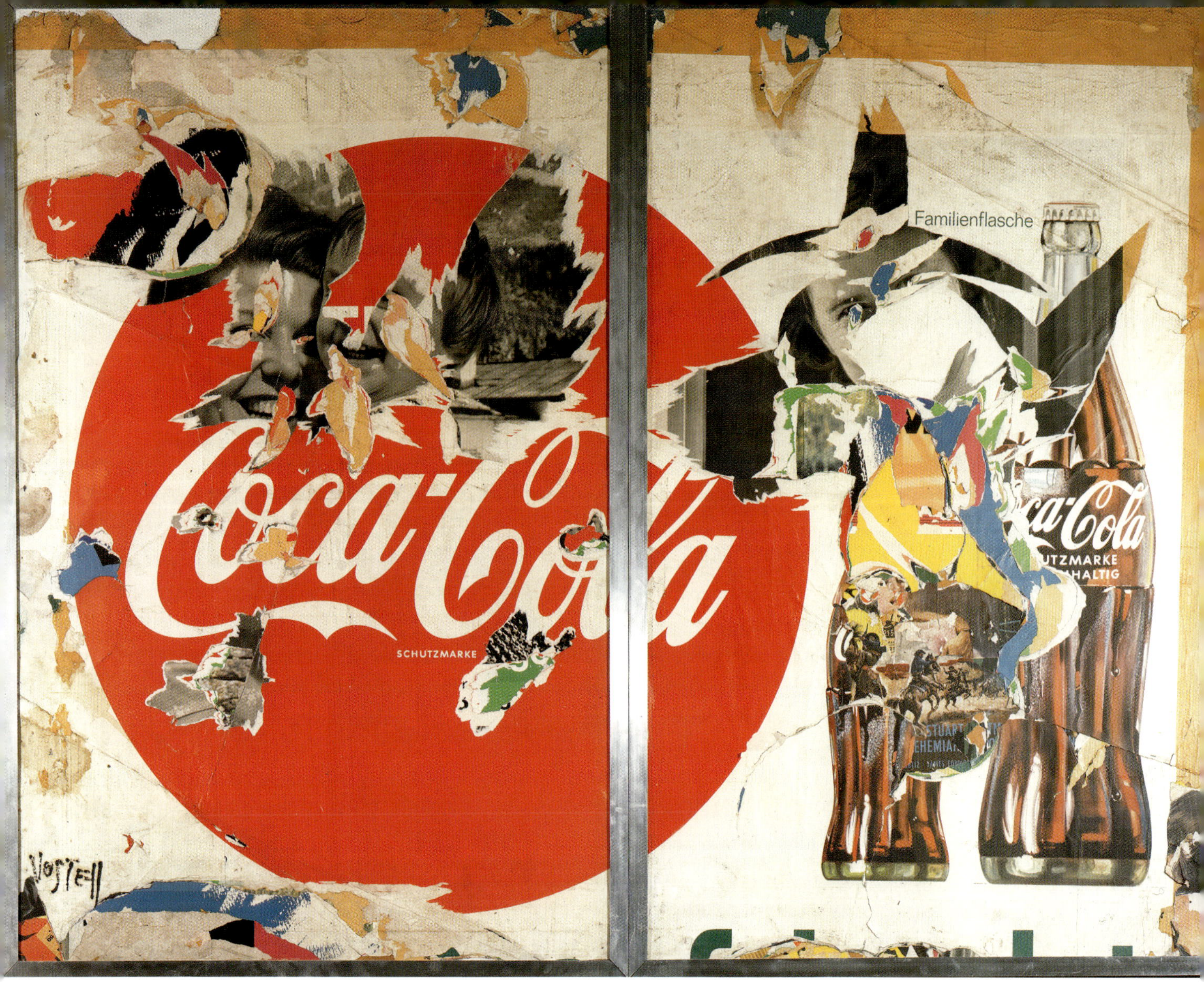

konsumkritischen Hintergedanken, Pepsi-Cola ein Verwandter von Brillo-Waschpulver und Campbell-Suppen, die in Serie hergestellt und verkauft werden. Damit hilft Warhol, unser Bewusstsein im Umgang mit der Warenwelt zu erweitern und zu schärfen. Mit Konsumkritik allerdings hat seine künstlerische Geste nichts zu tun.

Wolf Vostell, »Coca-Cola«, 1961
rechts: Jasper Johns, »Painted Bronze (Ale Cans)«, 1960

Da zeigt Fluxus-Künstler Wolf Vostell seit 1954 in seinen *Décollagen* deutlich mehr kritische Distanz. »Décollage« bedeutet im französischen das Abnehmen oder Abreißen von etwas Festgeklebtem, es heisst aber auch Start, im Flugverkehr wie im Leben. Gemeint ist im übertragenen Sinne der Karrierestart. Vostells *Coca-Cola* von 1961, das nicht in kleinen Stücken abgerissen ist, sondern hinter der Cola-Werbung den Blick auf andere, teilweise verunstaltete Plakate freigibt, zielt gleich in mehrere Richtungen: Nicht nur holt er die schmutzige Wegwerfkultur der Werbewände ins hehre Museum, sondern er zeigt hinter der Cola-Reklame angerissene Gesichter, die nicht mehr heile Welt sind.

Außerdem benutzt er eine Marke, die damals, im Augenblick des Berliner Mauerbaus, für weit mehr als nur sich selbst steht – Coca-Cola ist die freie Welt, das gelobte Land Amerika, es ist aber auch Paradeexport einer Wirtschaftsmacht, die die globale Hegemonie des Konsums predigt. Vostells *Coca-Cola* ist nicht nur ästhetisches Manifest – es benutzt künstlerischen Jargon als politischen Protest gegen den amerikanischen Imperialismus.

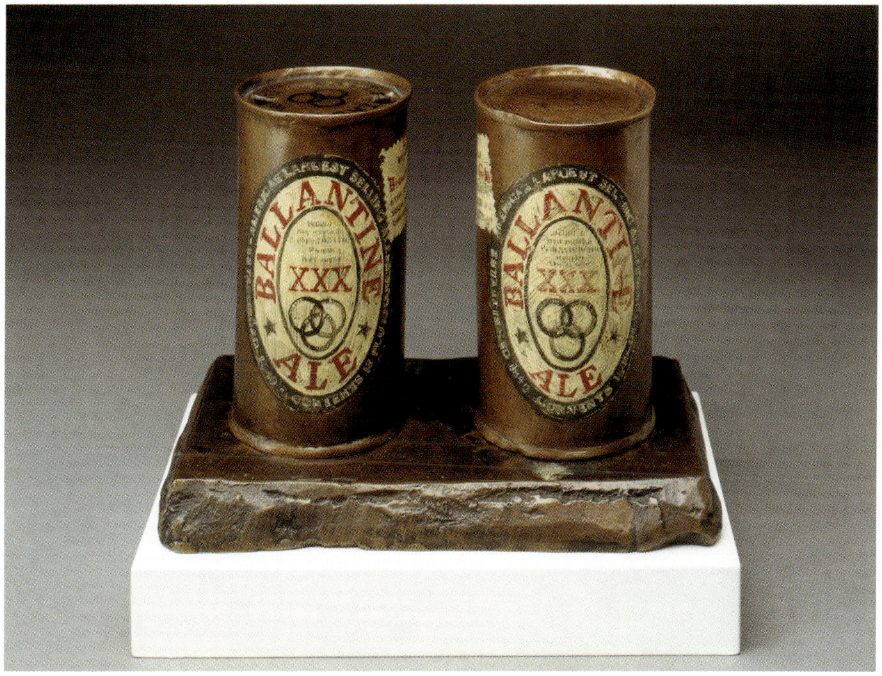

kunst bleibt kunst

»Kunst bleibt Kunst«, »Arbeit macht frei«, »Bereit sein ist Alles« und »Wer nicht hören will muss fühlen«. Werbung gibt Befehle, sie ist Propaganda im Dienste des Konsumterrors; selbst wenn Künstler sich kritisch mit der Konsumgesellschaft auseinander setzen, wenden sie bis heute gern die verführerische Bildrhetorik der kritisierten Werbung an. Ende der neunziger Jahre feiert in Europa und New York die Pop Art Wiederauferstehung. Unter dem in den Sechzigern lancierten Stichwort Cross Culture vermischen sich Hoch- und Trivialkultur, Kunst und Werbung, Musikclip und Videoinstallation. Bildende Künstler legen als DJs Platten auf, Heroen der Musikszene von David Byrne bis DJ Spooky nehmen an Ausstellungen teil. In der Fotoszene gehören Jürgen Teller,

ein historisches vor-bild:
richard hamilton, »just what is it that makes today's homes so different, so appealing?«

»Pop Art ist:
Populär
(für ein Massenpublikum entworfen)
Vergänglich
(kurzfristige Lösung)
Zum Gebrauch
(leicht vergessen)
Preiswert
Massenproduziert
Jung
(zielt auf die Jugend)
Geistreich
Sexy
Trickreich
Bezaubernd
Großes Geschäft«
Richard Hamilton

Der britische Pop-Pionier Richard Hamilton bringt Konsumkritik, neue Medien und sarkastischen Humor schon 1956 in seiner Collage *Just what is it that makes today's home so different, so appealing?* auf den künstlerischen Punkt. Fotografie und Zeichnung, Möbelkatalog und Werbegrafik werden zum Spiegel der damaligen Gesellschaft, die sich gut zehn Jahre nach Ende des Weltkriegs nach amerikanischem Vorbild in Wirtschaftswunder und Konsumrausch stürzen möchte. Durch das Fenster wachsen Werbewand und Kinofassade ins Wohnzimmer herein, in dem massenproduzierte Haushaltsartikel der unterbeschäftigten Hausfrau Zeit für dumme Gedanken schenken – Gedanken an einen nackten Mann wie aus einer Traumbroschüre, der die modische Einrichtung des Eigenheims vervollständigen würde.

Alltagskultur, innovative Ästhetik und Kunstgeschichte in der Tradition eines Kurt Schwitters oder einer Hannah Höch werden zu einer neuen Kunstrichtung zusammengefügt, deren Name *Pop* ausdrücklich – und verschmitzt – im Bild auftaucht.

Obwohl der 1922 in London geborene Hamilton 1956 an der Ausstellung *This is Tomorrow* in der Londoner Whitechapel Art Gallery, die die Pop Art begründet, teilnimmt, bleibt er lange regelrecht unbekannt im Vergleich zu den Pop-Heroen der New Yorker Szene: Weil seine Arbeiten nicht so dekorativ übers Sofa der betuchten Sammler passen?

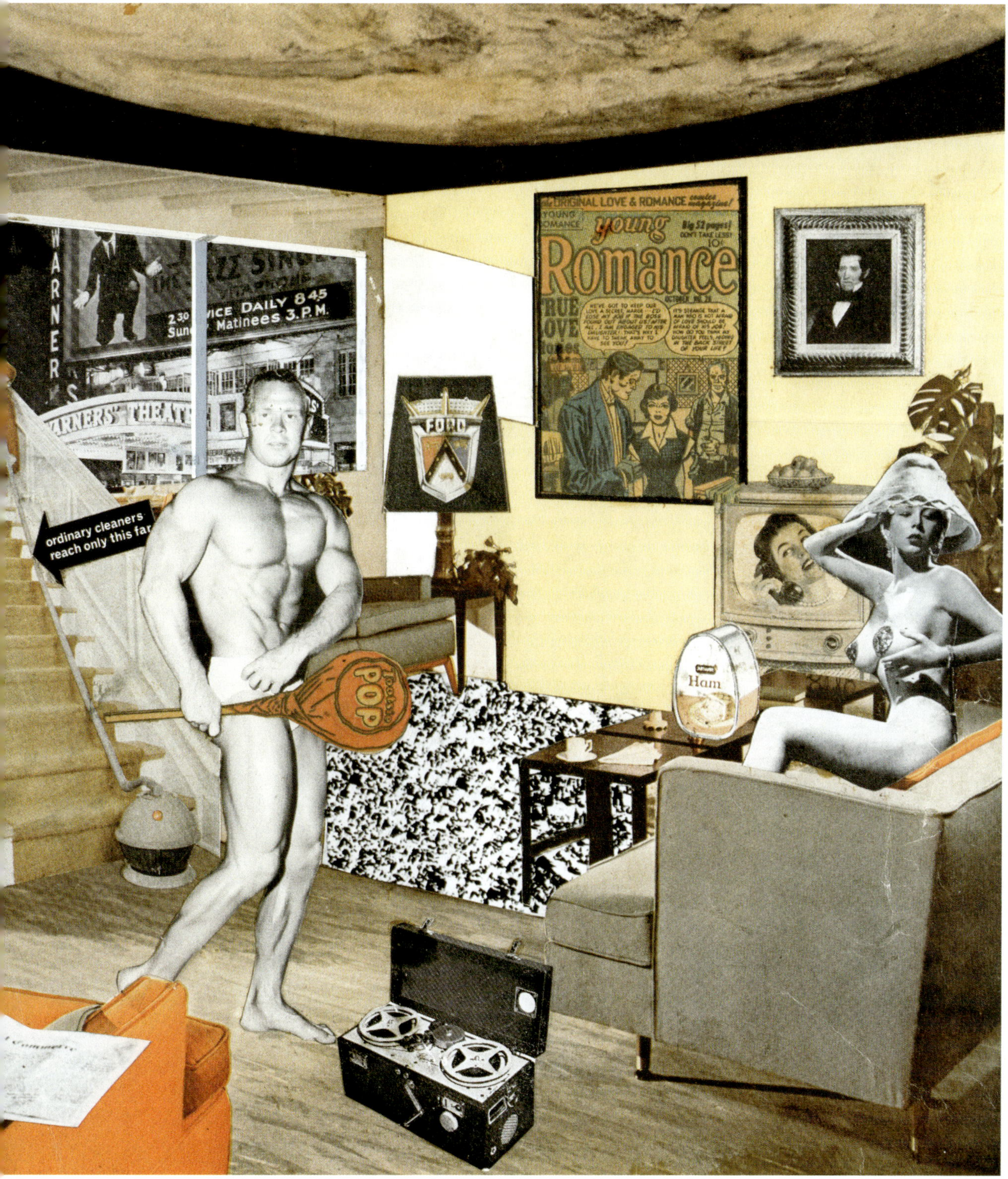

ORIGINAL LOVE & ROMANCE
Young
Romance
Big 52 pages!
TRUE LOVE
ordinary cleaners reach only this far
WARNERS' THEATRE
Matinees 3.P.M.
FORD
POP
Ham

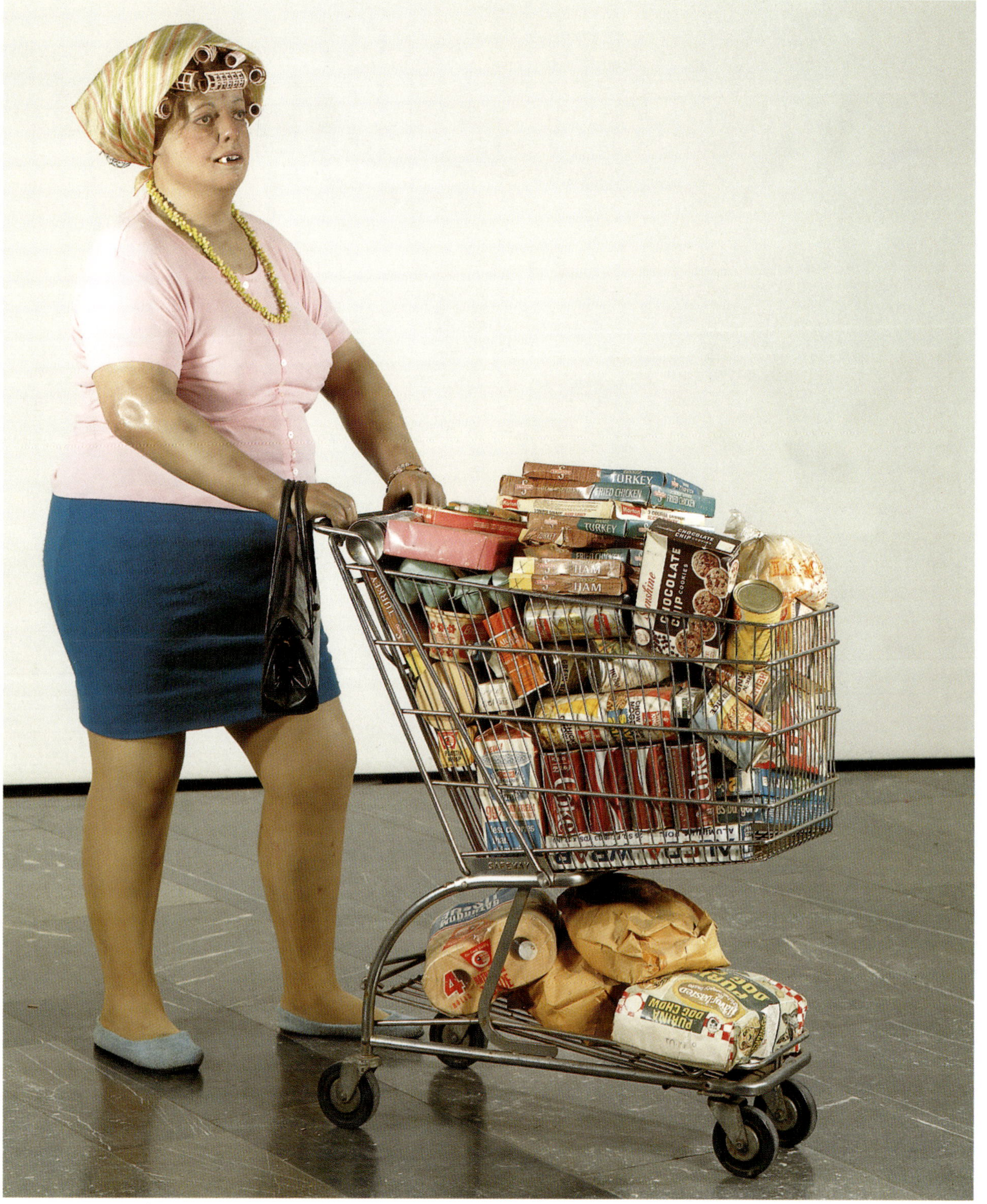

Duane Hanson,
»Supermarket Lady«, 1970

Wolfgang Tillmans, Olaf Martens oder David LaChapelle zu denen, die gleichzeitig im Magazinjournalismus und in Museumsschauen auftauchen. Sie machen Mode, Werbung und Kunst.

Den meisten dieser jungen Künstler ist das Misstrauen gegenüber dem Motiv abhanden gekommen. Sie dokumentieren Zeitgeist, ohne ihn in Frage zu stellen, und unterscheiden sich darin vom subversiven Werk Bertrand Laviers oder der offenen Systemkritik eines Hans Haacke. Dass man durchaus dem Zeitgeist innewohnende Verführungsmechanismen anwenden und trotzdem kritisch sein kann, haben einige am Rand der Pop Art agierende Künstler bewiesen. Ihre Werke erregen schon vor dreißig Jahren Aufsehen und Ärger, weil sie den Alltag auf besonders drastische Art ins Museum holen.

Etwa Mel Ramos oder Tom Wesselmann, die in schicken Interieurs gemalte Pin-ups in Playboy-Posen zeigen und damit auf die »Ware Frau« hinweisen, ehe sie der ästhetischen Verführung der eigenen Bilder erliegen. Die Kritiker des Sexkonsums rutschen ins Voyeuristische ab. Andere Pop-Künstler geraten in Vergessenheit, weil sie es nicht schaffen, sich stilistisch zu erneuern. Dies gilt etwa für Duane Hanson, dessen verblüffend realistische Wachsfiguren auf beklemmende Art nicht die schöne heile Warenwelt, sondern ihre Schattenseiten ins Museum bringen. Den arbeitslosen Pennern der *Bowery Derelicts* und dem *Supermarket Shopper* bin ich 1973 zum ersten Mal begegnet – natürlich in der Sammlung von Peter Ludwig.

Hansons Figur der fetten, amerikanischen Vorstädterin mit Einkaufswagen ist 1970 so wirklichkeitsgetreu gestaltet, dass ich ihr bis heute im Museum Platz mache, um sie vorbei zu lassen. Ihr Caddy ist vollgeladen, ihre Kleidung echt, die Wachsform nach dem lebenden Modell gegossen. Outfit und Erscheinung weisen auf die sechziger Jahre, jeder versteht, woher und aus welcher Zeitepoche sie kommt. Doch ist sie für mich trotz ihrer Anonymität genauso Ikone der sechziger Jahre wie Warhols *Marilyn*, ein universeller Ausdruck der Warenwelt, deren Wachstum durch den Sprung ins Virtuelle des Internets immer bedrohlicher wird.

make me think:

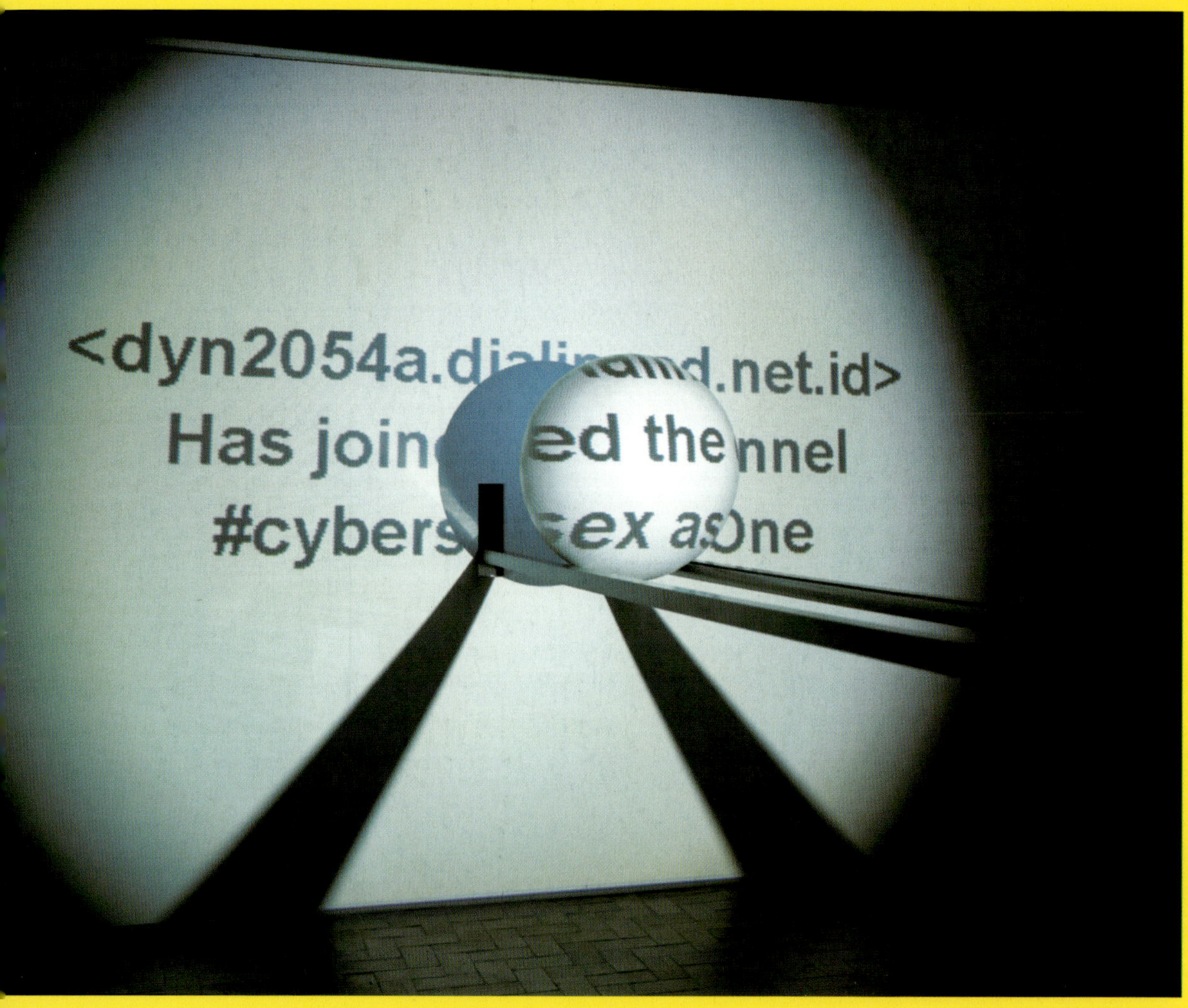

Tony Brown,
etoy,
Christian Boltanski,
Jenny Holzer,
Bruce Nauman,
Nam June Paik,
Roy Lichtenstein,
Andy Warhol
und John Heartfield

kunst und medien

Tony Brown, »Better living through Remote Access«, 1996

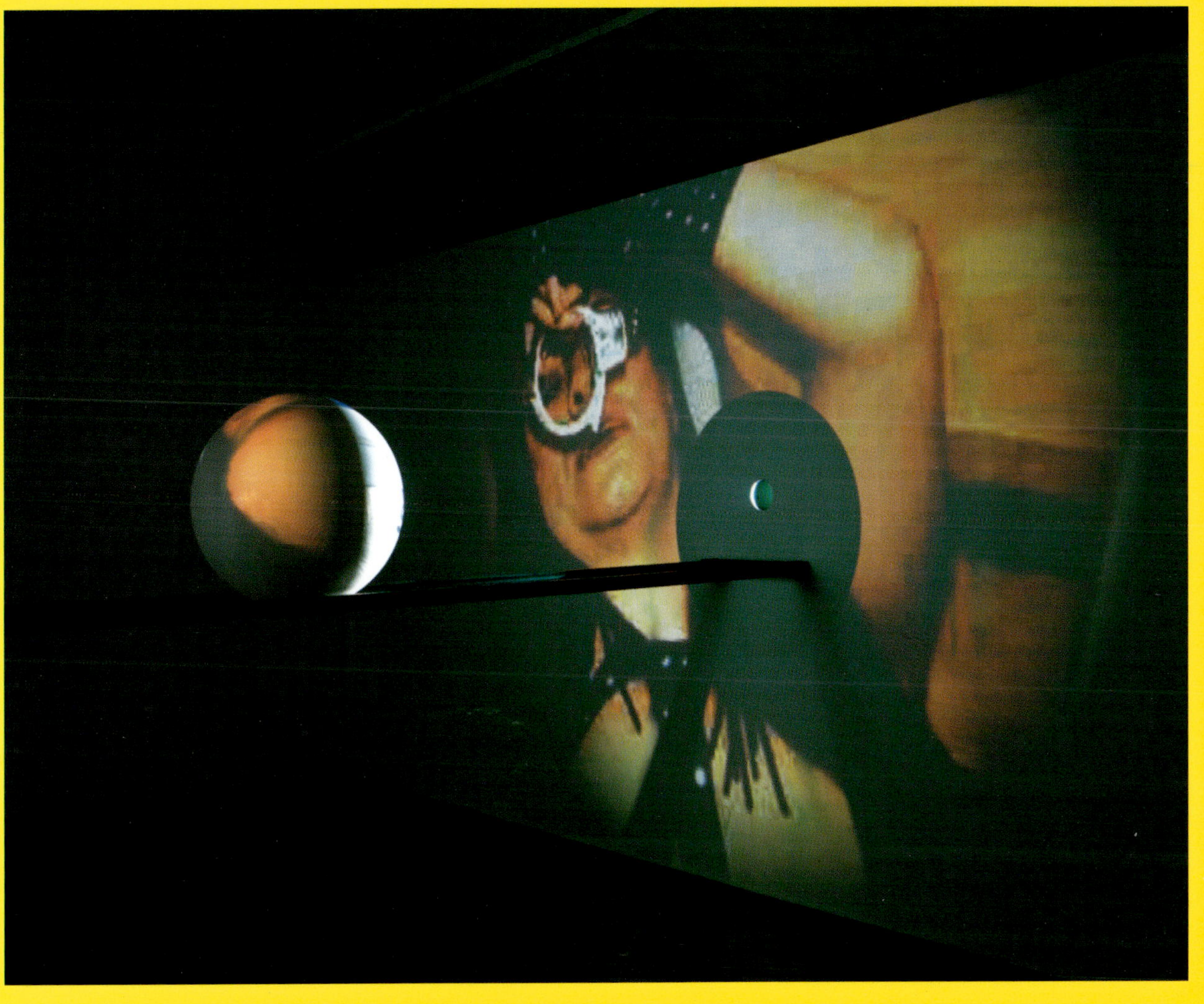

Chronique scandaleuse

2000
Das internetkritische Künstlerkollektiv etoy wird von dem millardenschweren Spielzeughändler eToys trotz weltweiter Proteste von seiner rechtmäßigen Website verjagt und erst nach monatelangem Rechtsstreit wieder zugelassen

1997
Der in Paris lebende Kanadier Tony Brown setzt sich in seiner in Echtzeit Internet und Installation koppelnden Arbeit »Better living through remote access« als erster kritisch mit den virtuellen Sexkanälen des Internet auseinander

1982
Die New Yorkerin Jenny Holzer installiert auf dem Times Square auf einer großen Werbefläche spektakuläre Leuchtschriften, die ihre 1977 begonnenen gesellschaftskritischen »Truisms« wie »Money creates taste« zeigen

1971
Der Franzose Christian Boltanski vermischt in seiner Wandarbeit »Détective« Fotos aus der gleichnamigen Sensations-Illustrierten, sodass Täter und Opfer nicht mehr unterscheidbar sind. Die Arbeit darf trotz zahlreicher Proteste gezeigt werden

1970
Wolf Vostell kombiniert in »Heuschrecken« ein Zeitungsfoto der Sowjetinvasion in Prag, das einen Panzer mit phallisch aufgerichtetem Rohr zeigt, mit einem Liebespaar und einer Closed-Circuit-Videoinstallation, die den Betrachter beim Betrachten zeigt

1967
Charlotte Moorman wird in New York bei der Aufführung der Komposition »Opéra Sextronique« von Nam June Paik von Polizisten verhaftet

1963
Nam June Paik zeigt in der Wuppertaler Galerie Parnass elektromagnetisch gestörtes Fernsehprogramm mit dem Titel »Zen for TV«, und Wolf Vostell zeigt in New York »6 TV-dé-coll/agen«

1931
John Heartfield, seit den Anfängen der Weimarer Republik auf politische Collagen spezialisiert, wandert nach Moskau aus

Was ist Spielzeug? Und was e-Spielzeug? Vielleicht das Experimentieren mit elektronischen Medien – oder eine übers weltweite Netz verkaufte Barbie-Puppe? Was bedeutet der Ausdruck Netzkunst? Ist übers Internet vertriebene Malerei und Grafik gemeint oder ein das Netz nutzendes, interaktives Kunstwerk?

Die Antwort kann so klar nicht sein, schließlich geht es um Virtuelles, und das existiert bekanntlich nur in seiner Möglichkeit. Der dramatisch verstorbene Rupert Murdoch etwa war nur ein virtueller Medienzar, Leo Kirch dagegen hat reale Medienmacht. Oder nicht?

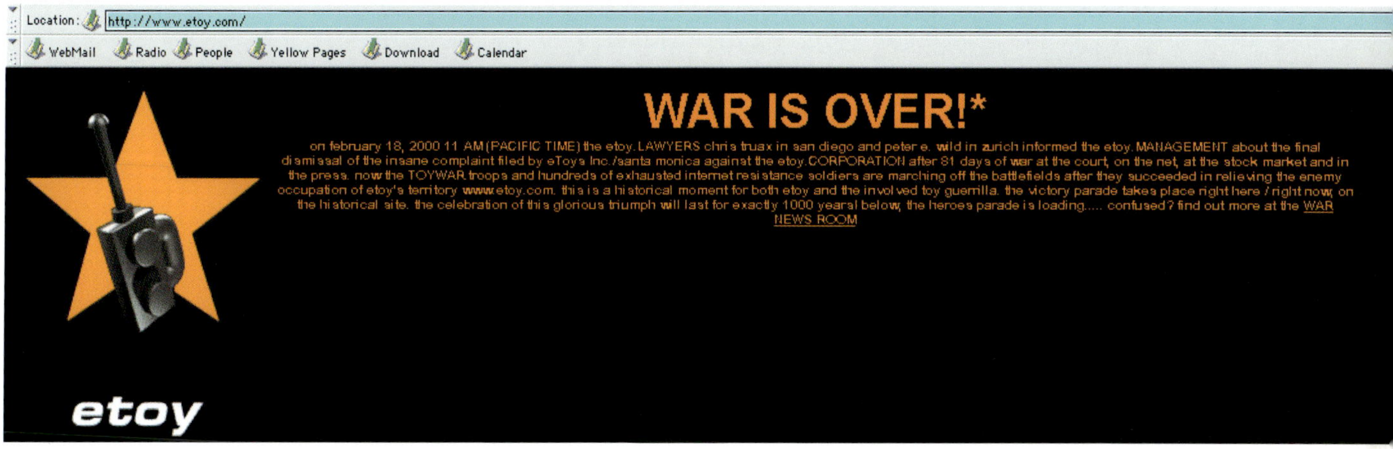

Der Krieg ist gewonnen: www.etoy.com

»etoy« heisst ein siebenköpfiges, internationales Künstlerkollektiv, 1994 gegründet, bestehend aus Hackern und Computerclowns, das sich im World Wide Web um die Schwachstellen der medialen Zukunft zu kümmern verspricht. Eine Art künstlerische GSG 9 also, selbst ernannte Eingreiftruppe in einer grenzenlos freien Welt, die für die einen kommerzielles Eldorado, für die anderen basisdemokratische Globalkommunikation zu werden verspricht. Hat der amerikanische Präsident Bill Clinton nicht erklärt, das Internet müsse zum virtuellen Duty-Free-Shop werden, zur schrankenlosen Freihandelszone der Zukunft? Haben nicht andererseits CompuServe und andere Provider gegen alle fundamentalen Netzregeln kinderpornografische und rechtsradikale Websites zensiert, um nationalen Verfassungen zu entsprechen, obwohl das Netz doch global zu sein verspricht?

Das Künstlerkollektiv etoy hat internationalen Erfolg, wird zu Ausstellungen eingeladen, auch zu realen, etwa ins Karlsruher Zentrum für Kunst und Medientechnologie. Dann aber geht 1997 eine neue Website mit Namen eToys ins Netz. Es handelt sich um einen amerikanischen Internethandel, der Spielzeug weltweit ohne Spielzeugladen übers Netz vertreiben will. eToys verfolgt dieselben Ziele wie die meisten Internet-

Anbieter: Man reserviert sich eine Homepage, sorgt für Umsatz und wagt anschließend den Börsengang, um Spekulanten die Möglichkeit einer Investition in die virtuelle Zukunft zu gewähren. Bisher fährt kaum eine dieser an der Börse gehandelten Internet-Firmen auch nur einen Dollar Gewinn ein; selbst das Auktionshaus e-bay nicht oder die virtuelle Buchhandlung amazon.com. Im Netz geht es erst einmal nur um Startlöcher, Platz freihalten, Aktienkurs – der Rest ist Science-fiction.

Ausgerechnet etoy, die netzkritische Künstlergruppe mit großmäuligen, manchmal provokativen virtuellen Auftritten, in denen auch schon mal Geheimcodes geknackt werden, um Lücken in Sicherheitssystemen nachzuweisen, gerät 1999 in die Schusslinie kommerzieller Netzinteressen. Denn das elektronische Versandhaus eToys, inzwischen angeblich sechs virtuelle Dollarmilliarden an Aktien schwer, fordert vom kleinen Künstlerkollektiv den Rückzug auf eine neue Webadresse. Angeblich könnten sich die kaufbegierigen Kids allzu leicht um einen Buchstaben verschreiben und in einen gefährlichen, subversiven, weil konsumfeindlichen Garten der künstlerischen Lüste verirren.

Als die Künstler alle Umzugsangebote ablehnen, vor allem die in harten Dollars, strengt der Kommerzgigant eToys per Anwalt eine einstweilige Verfügung gegen die Künstlerwebsite an. Am 29. November erreicht er per Gerichtsbeschluss ein Verbot wegen angeblich jugendgefährdender Obszönität. etoy hatte das Wörtchen »fuckin'« benutzt, auf gut deutsch »verdammt«, und seine User scheinbar barsch aufgefordert: »Get the fuckin' flash plugin!«, was sich nun wirklich nur auf ein Software-Programm zum Runterladen bezieht…

Medienkunst erfindet grundsätzlich keine neuen Medien. Sondern versucht uns – Verbraucher, User, Zuschauer, Leser – Durchblick zu lehren in unserer tagtäglichen Massenkommunikation über Internet, Fernsehen, Kino, Radio, Boulevardpresse, aber auch Plakatwand und Litfass-

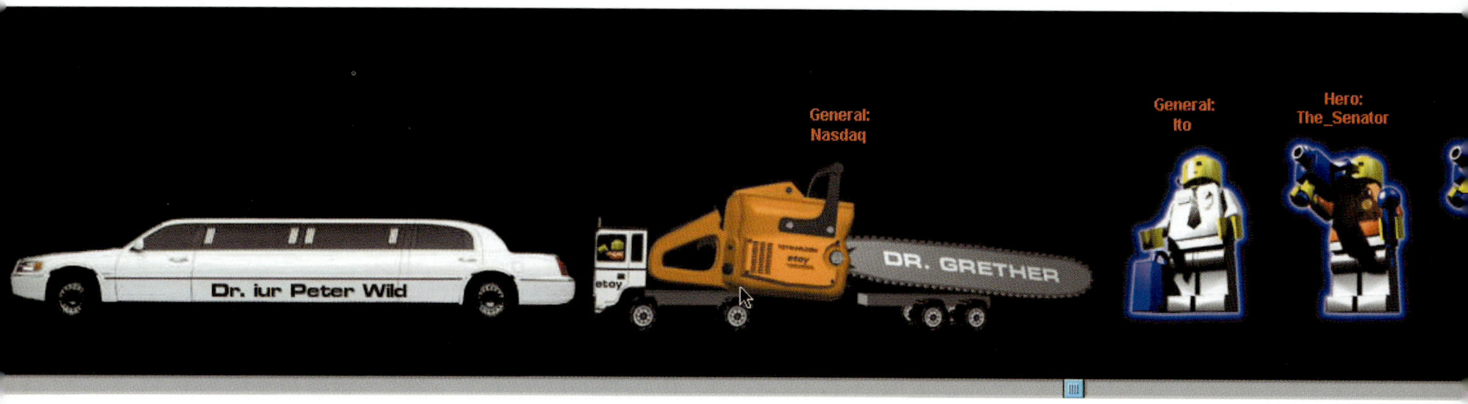

Zusammenschnitt aus der Web-Parade »Cheer to the Heroes and Heroines« unter www.etoy.com

säule. Medienkunst macht Randale, aber keinen Skandal. Juristisch ausgetragene Streitereien und öffentliche Skandale sind rar, weil für die Kunst Kritik nur am noch frischen Medium nützlich ist – und da sind die Regeln guten Benehmens noch ungeschrieben.

Anfang der sechziger Jahre gilt das für das noch junge Fernsehen, Anfang der Siebziger für Video, heute für den Cyberspace. Aber das Internet ist ein wichtiger Spielplatz für die kommerziellen Interessen der Zukunft, und der einsame kleine Hacker oder Künstler ist nichts weiter als der »lonesome cowboy« der Pionierjahre im Wilden Westen. Im Eldorado Internet gilt Mord an der Kunst nicht mal als Totschlag. Höchstens als Notwehr.

Also versucht der Börsengoliath eToys, den Künstler David etoy umzulegen. Mit der symbolischen Schleuder der amerikanischen Justiz. Und gewinnt pünktlich zum wichtigen Weihnachtsgeschäft gegen den Widerstand von anderen Künstlerwebsites, Museen und zahlreichen Usern, die sich mit etoy solidarisch erklären. Das Künstlerkollektiv muss umziehen und seine Webadresse schließen. Freiheit der Kunst scheint im Wilden Westen des World Wide Web nicht zu existieren. Die Kunstwelt betrauert das Ableben von etoy. Zu früh.

Denn virtuelle Giganten sind verwundbar. Ihre Achilles-Ferse ist der Börsenkurs, der eben nicht von realen Umsätzen, sondern vom Prestige eines Online-Unternehmens abhängt. Weltweit stellen sich Hacker, Künstler und solidarisch fühlende User hinter das Künstlerseptett von etoy und erklären den virtuellen »toywar«, den Spielzeugkrieg. Damit meinen sie ein interaktives Netzspiel, das vornehmlich darin besteht, Scheinattacken gegen die Aktie des bösen Spielzeuggiganten eToys zu reiten. Dessen Kurs kippt innerhalb weniger Monate vom ursprünglichen Emissionswert achtzig auf unter zwanzig Dollar. Dazu kommt der ebenso bedrohliche Imageverlust.

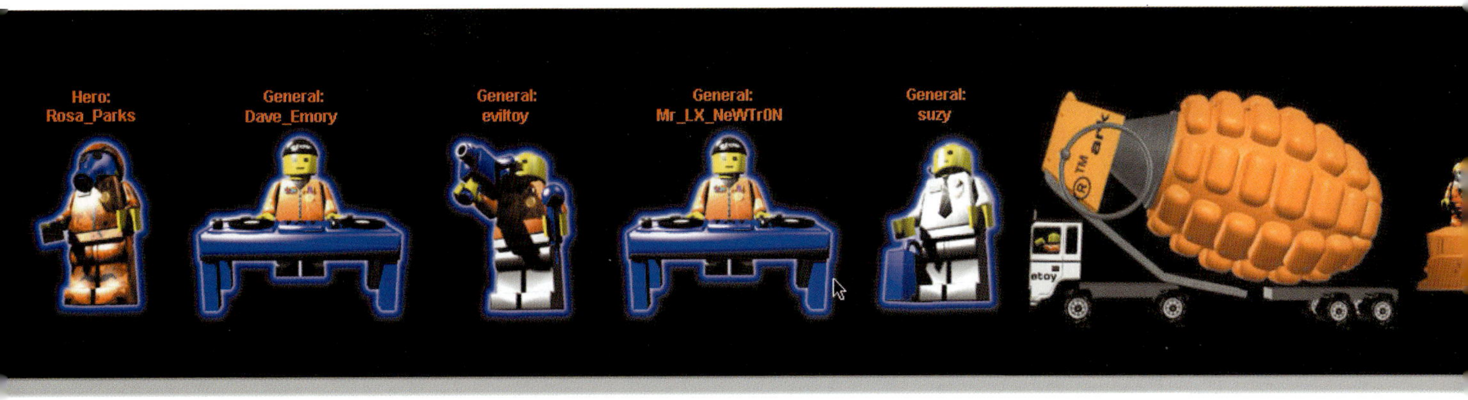

Am 12. Februar 2000 fällt der amerikanische Regierungsdienst »Network Solutions«, eine Art Marshall im Eldorado des Internet, sein Urteil: Wer zuerst kommt, ist Besitzer seiner Website, egal ob diese zur Goldmine wird oder nicht. Alle vorherigen Gerichtsurteile sind damit aufgehoben, das Künstlerkollektiv etoy erhält nach mehrmonatigem Netzverbot seinen Namen und seine Website zurück.

sex im netz

Zu einer der umstrittensten Einrichtungen im Netz gehören die sogenannten Sex Channels, in denen jeder mit jedem verkehren kann, in Wort und Bild, aber natürlich nur virtuell. Die Sex Channels, Nachfolger der Rosa Seiten des französischen Minitel, erfreuen sich großer Beliebtheit, weil sie anonym sind: Der User versteckt sich hinter seinem Pseudonym, das oft nur eine Zahl ist, eine Kennziffer, um den gewünschten Partner zum Ziele gemeinsamer Masturbation wiederzufinden.

An kritischer Auseinandersetzung mit den Ausuferungen des neuen Mediums Internet fehlt es bisher in der Kunst. Im Gegensatz etwa zum Fernsehen wird das jedem zugängliche, angeblich basisdemokratische Netz nur mit seiner Schokoladenseite wahrgenommen. Mögliche Gefahren wie die unüberprüfbare Verbreitung von Halb- und Unwahrheiten sowie Körper- und Realitätsverlust oder Persönlichkeitsspaltung werden von Soziologen wie Jean Baudrillard diagnostiziert, in Kunstkreisen aber übergangen.

Eine Ausnahme ist der in Paris lebende Kanadier Tony Brown, dessen Werk sich seit fast zwanzig Jahren mit dem Verhältnis Technologie und Individuum, Körper und Maschine, Kultur und Kontrolle beschäftigt. Brown baut computergesteuerte Installationen, die in ihrem maschinellen Ablauf organisches Verhalten nachahmen: Etwa eine mit Pressluft betriebene, transparente *Windmaschine* aus Stahl und Glas, 1992 auf der docu-

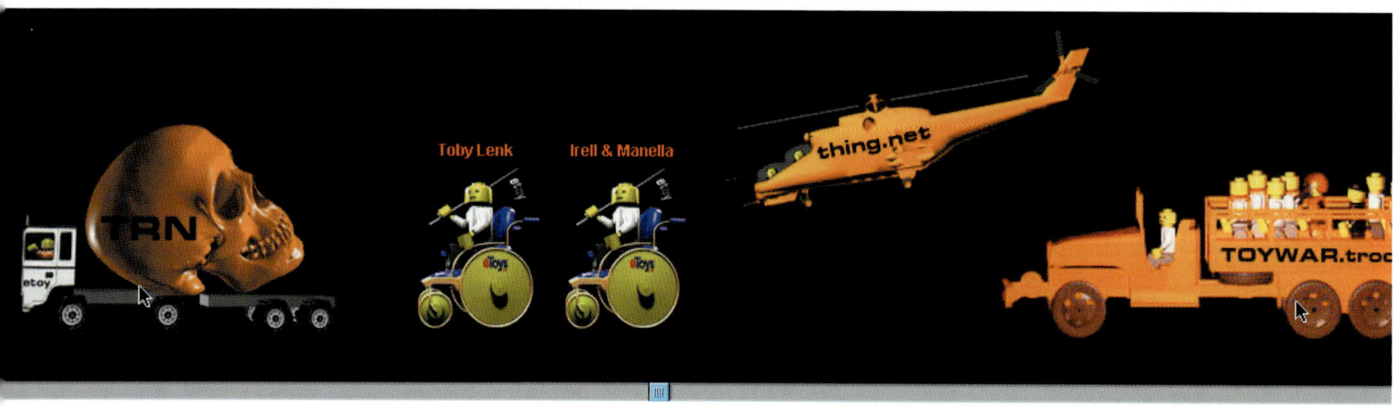

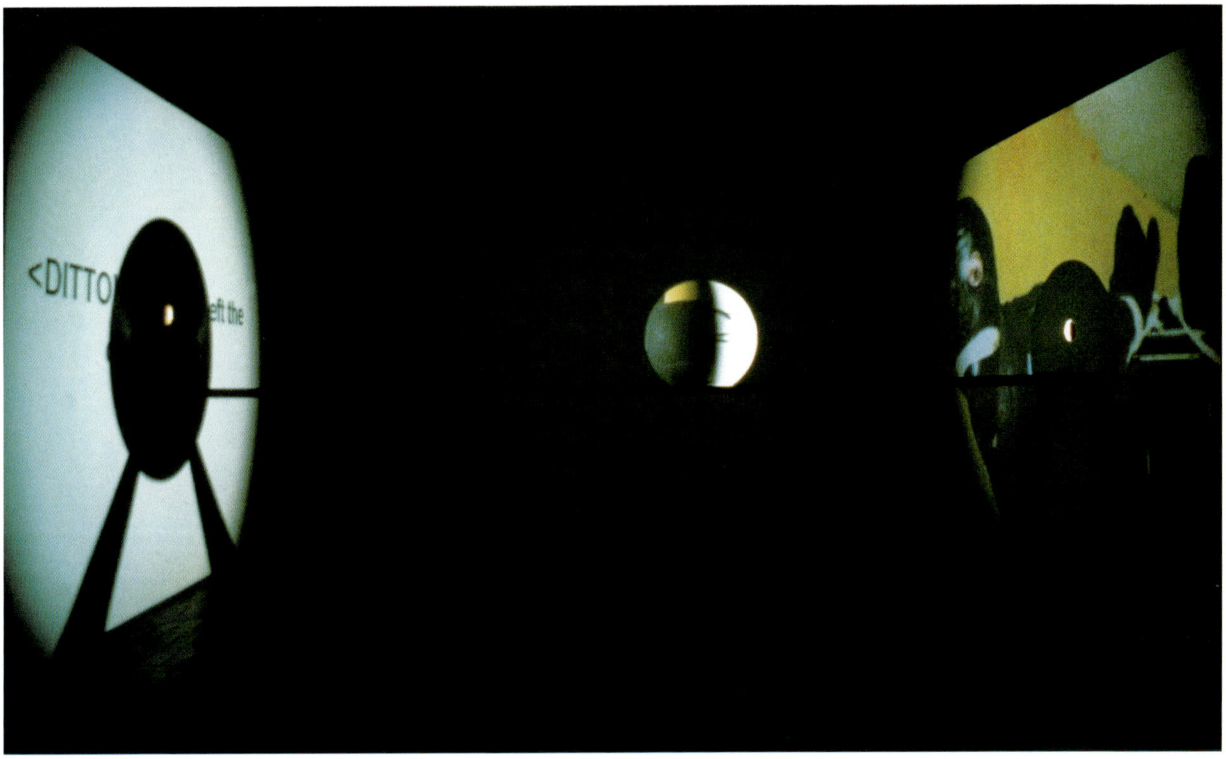

Tony Brown, »Better living through Remote Access«, 1996

menta IX gezeigt, die mit ihren sich auf Sensorensignal öffnenden und schließenden Türen auf den Mechanismus von Herzklappe und Lungenflügel anspielt.

1997 entdecke ich in Rotterdam eine Arbeit Browns über das Internet, die das Netz kritisch angeht und wegen ihres angeblich voyeuristischen Aspekts prompt von Presse und Kunstszene hart angegangen wird. *Better living through Remote Access*, übersetzt »Besser leben durch Fernzugang«, ist eine saalgroße Mischung aus Projektion, Ton, skulpturalen Elementen und einer Live-Schaltung. Auf eine Wand werden Nacktfotos von einem Sex Channel aus dem Netz projiziert, auf der anderen Seite sind die als Pseudonym dienenden Zahlenkombinationen zu sehen. Zwischen beiden Projektionen rutscht auf einer Wippe eine riesige Kugel hin und her, wie ein Globus.

Brown schaltet sich live in Netzkonversationen ein und überträgt diese ins Museum, spielt so auf das – durchaus mögliche und übliche – Abhören im Netz an und koppelt diese Netzgespräche mit den reißerischen, aber amateurhaften Nacktfotos, mit denen die User der Sex Channels für sich zu werben versuchen. Obwohl er die Anonymität nicht lüftet – was er auch gar nicht könnte – und sich jeder moralischen Wertung enthält, stellt Brown eine neue, äußerst beliebte, weil demokratische

»Meine erstmalig in Rotterdam gezeigte Arbeit ›Better living through Remote Access‹ handelt eigentlich nicht vom Internet, sondern vom sogenannten Undernet. Das Internet ist für mich nichts weiter als ein gigantischer Supermarkt der Kommunikation, eine Art virtuelles Shoppingcenter. Im Undernet dagegen finden die individuellen Begegnungen und Chats statt. Ich habe mich in einen solchen Kanal der Sex Chats eingeschlichen, aber nicht, um die Leute zu belauschen, sondern um ihnen lediglich ihre Nummern zu klauen. Denn anstelle von Namen oder Pseudonymen versteckt sich dort jeder hinter einer Identifikationsnummer, und niemand kann wissen, ob er es mit Mann, Frau, Minderjährigen, Homosexuellen, Bisexuellen oder was sonst auch zu tun hat.«

Tony Brown

Form der Kommunikation in Frage. Selbst dieses simple In-Frage-Stellen wird ihm bereits vorgeworfen, zumal er sich geschickt einer verführerischen Ästhetik bedient, in der Technologie von ihrer spannendsten und fragwürdigsten Seite gezeigt wird. Dazu Brown: »Die Kunst der großen Ideologien und Gesellschaftsutopien ist vorbei; ich beschäftige mich lieber mit den Missständen des Alltags, und vor allem den Auswirkungen von Technologie auf unsere Psyche.«

Als Brown zwei Jahre später die Arbeit für eine Retrospektive seines Gesamtwerks in Tokio vorschlägt, will man ihm dies untersagen. Der brutale sexuelle Exhibitionismus von real existierenden Internet-Usern sei dem japanischen Publikum nicht zumutbar, erklären die Kuratoren. Die Wahrheit erfährt Brown vom örtlichen Direktor des die Ausstellung finanzierenden Unternehmens, des amerikanischen Kommunikationsgiganten AT&T: »Warum«, so der Manager, »sollen wir etwas zeigen, was ein schlechtes Bild vom Internet und moderner Telekommunikation gibt?«

Bereits 1984 stellt Brown *Two Machines for Feeling* aus, bestehend aus einem großen Roboter und einer kleinen, zierlichen Ballerina. Wie er mir erzählt, wird das computergesteuerte Werk im Museum von Vancouver gleich zweimal von Feministinnen schwer beschädigt, die in der Robotergestik sexistische Symbolik vermuten. »Dabei ist es völlig offen, wer hier wen sexuell bedroht«, sagt der 1952 in England geborene, aber in Kanada aufgewachsene Künstler. »Roboter und Ballerina sind beide Täter und Opfer zugleich in einem längst mechanisierten Liebesvorgang. Nur durfte man im Nordamerika der achtziger Jahre aus Gründen der politischen Korrektheit den männlichen Part nie als Opfer zeigen.«

von tätern und opfern

Bekanntestes Beispiel für ein bewusstes Durcheinanderwirbeln der moralischen – und moralisierenden – Kategorien von Tätern und Opfern ist die Arbeit *Détective* des Franzosen Christian Boltanski. Sie zeigt eine riesige Wand voll unterschiedlich großer Porträtfotos von ganz alltäglichen Menschen verschiedenster Altersgruppen. Manche schauen die Kamera an, andere nicht. Manche Aufnahmen sind intime Familienfotos, andere Schnappschüsse oder Automatenknipserei für den Reisepass.

1989 produziere ich mit dem Pariser Künstler und Regisseur Alain Fleischer für den Sender La Sept, später ARTE, einen Film über Boltanski. Der Künstler steht nachdenklich vor der großen Bilderwand, zögert, dann gibt er sich einen Ruck und deutet nacheinander auf weit verstreute Fotos. »Diese Frau hier, die wurde von dem Mann dort drüben erst vergewaltigt und dann erwürgt. Der Mann dort wurde erschlagen. Der Typ hier erstach dieses dreijährige Mädchen und zersägte dann die Leiche. Dieses Foto zeigt drei Frauen, von denen die Rechte von diesem Mann hier erstochen wurde …«

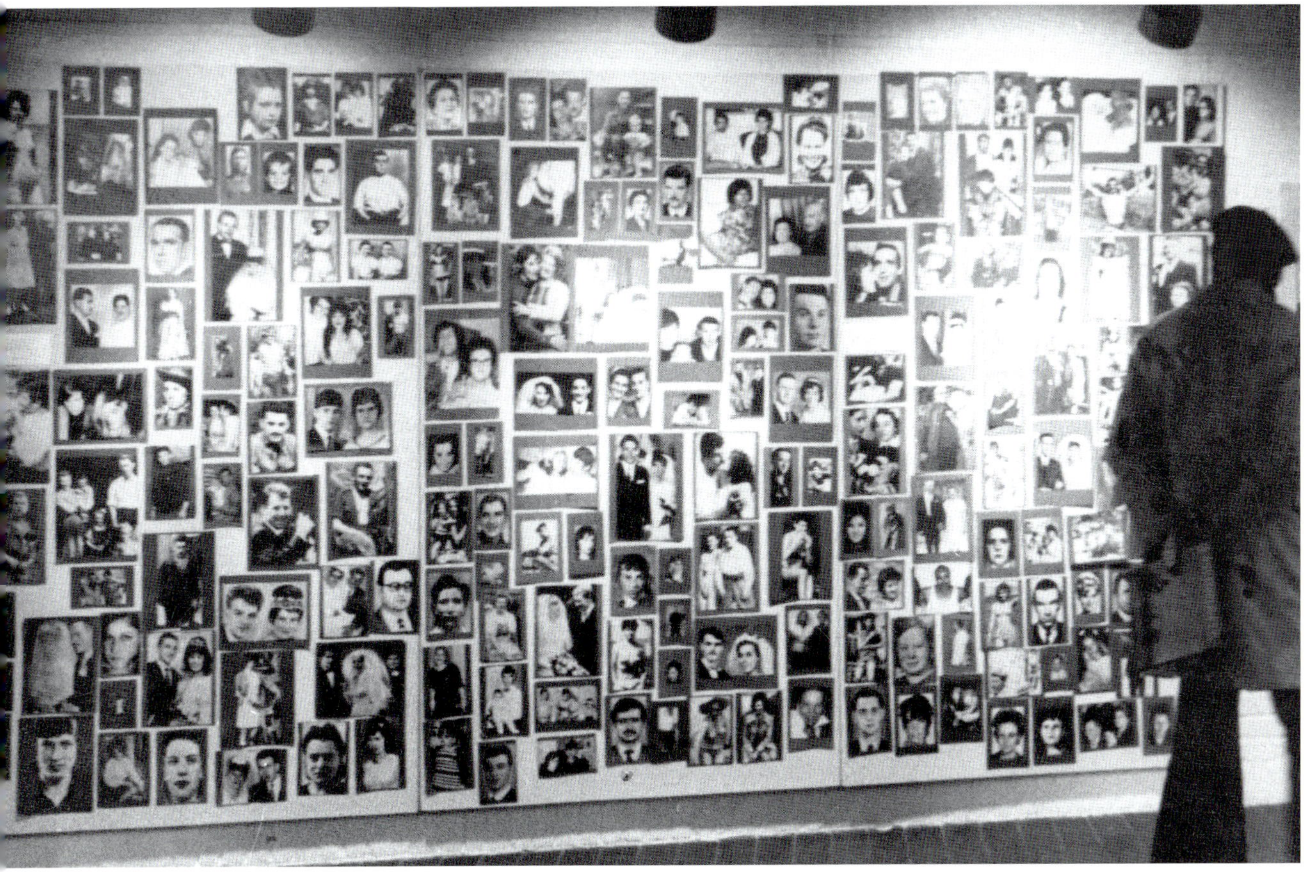

Christian Boltanski, »Détective«, 1971

Christian Boltanski, »Détective«, 1987

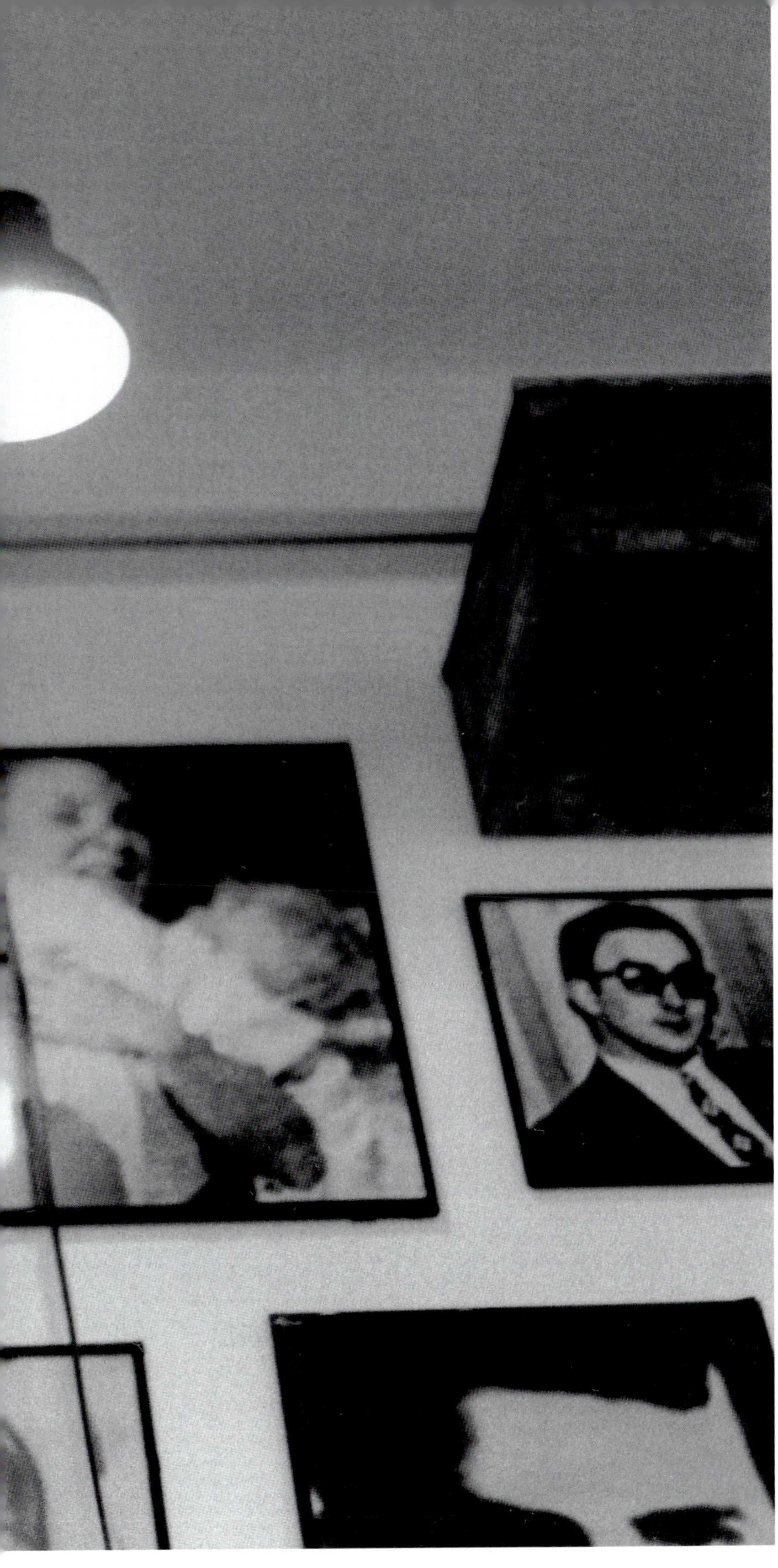

»Form hat immer mit Ideologie zu tun, und da die Ideologien heute verschwunden sind, ist auch die Form viel weniger wichtig geworden. Wäre ich zwanzig Jahre früher geboren, wäre ich vielleicht ein abstrakt expressionistischer Maler geworden. Das sage ich, obwohl ich den abstrakten Expressionismus wirklich nicht besonders mag. Aber der geschichtliche Augenblick ist immer stärker als das Individuum. Deshalb kann man auch auf einen Blick einen Maler des ausgehenden 18. Jahrhunderts von einem Maler des frühen 19. Jahrhunderts unterscheiden. Zwischen beiden liegt die Französische Revolution. Folglich hat jedes Individuum, auch jeder Künstler, nicht nur seine eigene Geschichte, sondern es steht auch in einem geschichtlichen Kontext, der stärker ist als es selbst.«

Christian Boltanski

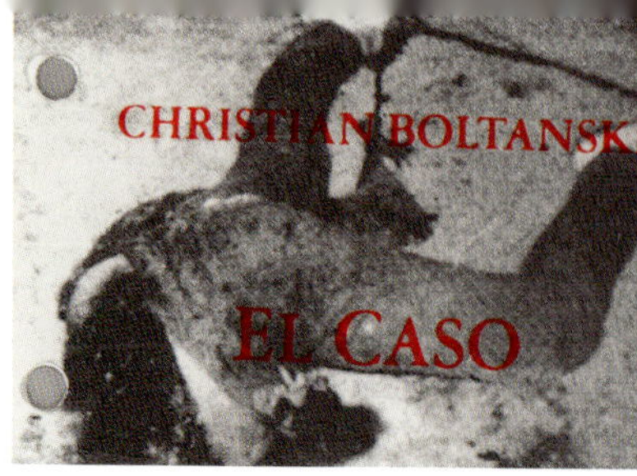

Einziger Hinweis auf die Bedeutung dieser Fotos ist der Titel der Arbeit *Détective*, eine in Frankreich und Spanien sehr populäre Halbmonatszeitschrift, in der es um Verbrechen geht – und nichts anderes. *Détective* erzählt die spannendsten und grausamsten Kriminalfälle der Rubrik »Fait divers«, auf deutsch »Verschiedenes«. Die Lebensgeschichten der Opfer und – falls bekannt – Täter werden erzählt. Boltanski hat lediglich Porträts, ohne Text oder Überschrift, in monatelanger Arbeit ausgeschnitten und anschließend im Fotolabor stark vergrößert. Seine Wand ist ein Monument des Grauens – aber wir wissen nicht warum.

»Der Künstler ist Zeuge seiner Zeit, und oft ist er auch Vorläufer einer neuen Zeit. Schaut man sich Kunstwerke genauer an, so erblickt man in ihnen den Ablauf einer Epoche.«
Christian Boltanski

Seit den siebziger Jahren spielt Boltanski den verschrobenen, immer an der Grenze von Wahn und Perversion operierenden Künstler. Er gibt zu, die Kunst sei eine Art Therapie für ihn. Ohne sie wäre er wahrscheinlich verrückt geworden – oder selbst ein Mörder. Boltanski, menschenscheu und selbstkritisch, wirbelt in seiner Arbeit Kindheit und Sterben, Clownerie und Massengrab durcheinander. Lange bevor der italienische Komiker Roberto Benigni für seinen Kinofilm *Das Leben ist schön* in Hollywood einen Oscar kassiert, setzt Boltanski sich, mal komisch, mal makaber, mal theatralisch, mit der Shoah auseinander. Doch wird diese nur selten beim Namen genannt. »Ich will nicht der offizielle Shoah-Künstler sein. Ich will die Leute berühren, vielleicht auch aufrütteln, ich will über ihre Gefühle ihren Verstand erreichen.« Er versteht seine Leitmotive wie Kindheit, Tod, Verbrechen als universell und behandelt ebenso gut tote Schweizer wie tote Juden. »Tote Schweizer«, sagt er grinsend, »sind doch viel überraschender. Man kann sich kaum vorstellen, dass auch Schweizer mal sterben ...«

Bekannt wird Boltanski in den achtziger Jahren durch seine altarähnlichen Inszenierungen anonymer Kinder mit unbekanntem Schicksal. Die Schüler des Wiener Chases-Gymnasium etwa, im Gruppenfoto kurz vor Ausbruch des Zweiten Weltkriegs festgehalten, holt Boltanski durch extreme Vergrößerung jedes Gesichts aus der Anonymität. Obwohl wir ihre Namen nicht kennen, schauen sie uns von der Museums- oder Galerienwand auf eine ganz persönliche, eindringliche Weise an. Weil sie als Schulabsolventen in ihre Zukunft, also auf uns Nachweltler, blicken? Oder weil wir dem Titel entnehmen, dass das Chases-Gymnasium vor allem von jüdischen Wienern besucht wurde und von den fotografierten Kindern wahrscheinlich kaum mehr eines am Leben ist?

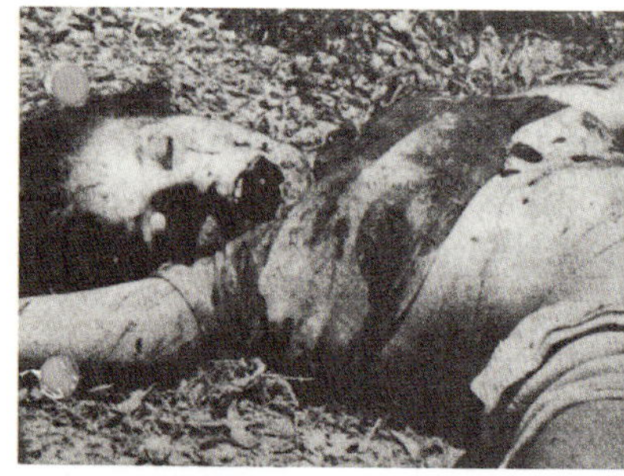

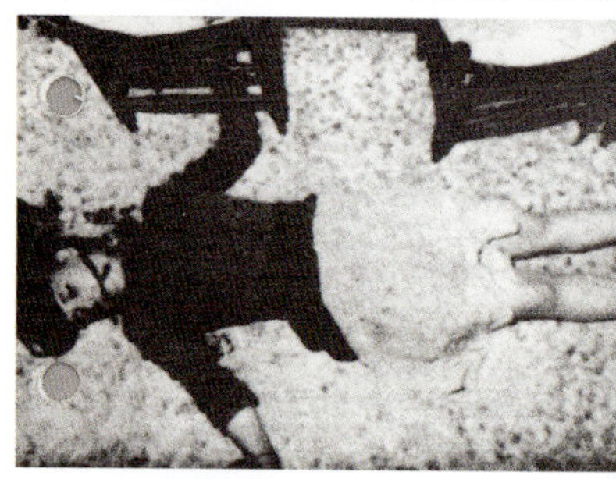

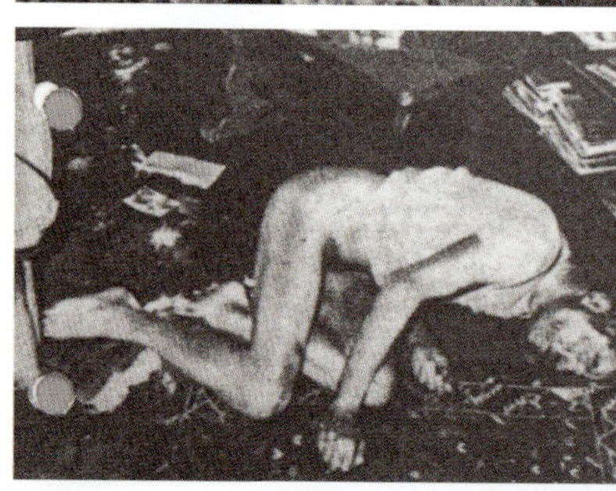

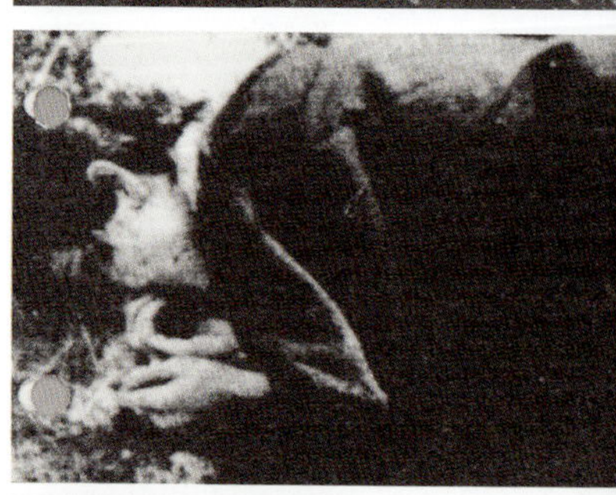

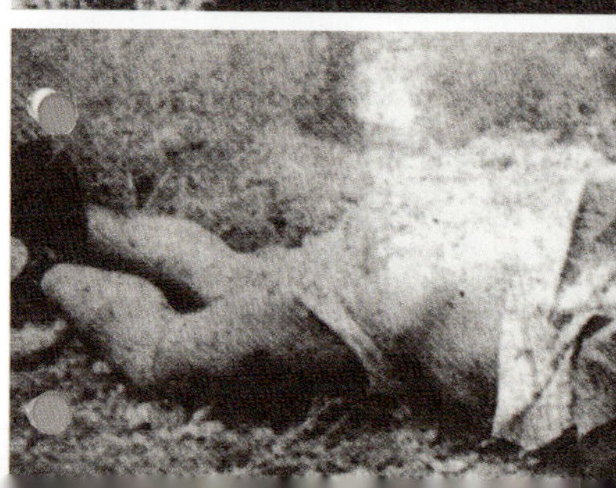

Alle Fotos aus der Arbeit »El caso« von Christian Boltanski

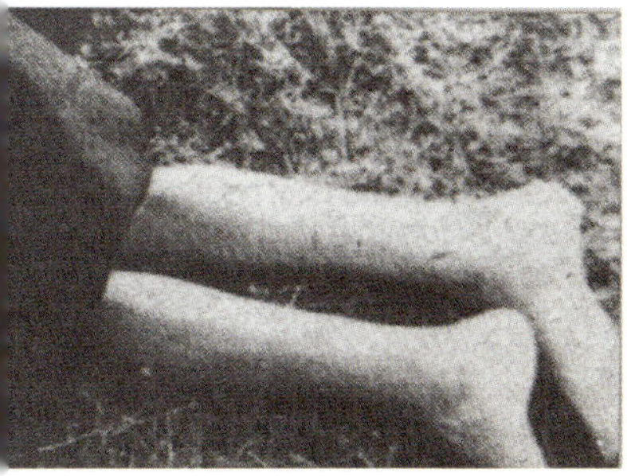

friss mich, medium

Ein Mann schreit mit heller, durchdringender Stimme: »Eat me, feed me!« Immer wieder, sechsstimmig und in Schleife, zehn Stunden täglich, hundert Tage lang: »Iss mich, fütter mich!«. Der Rufer trägt Glatze und Kugelkopf und fixiert den Betrachter mit forschendem Blick. Sein Name: Rinde Eckert. Auf sechs Monitoren und drei Wandprojektionen dreht Rinde sich um die eigene Achse, mal aufrecht, mal kopfüber, immer in Großaufnahme. Außer ihm gibt es nichts zu sehen – dunkel der Bildhintergrund, dunkel der Raum, durch den der gellende Hilferuf schallt. Mit dicken Mauern abgetrennt von der Außenwelt.

Die lärmende, nervenaufreibende Installation stammt von Bruce Nauman, laut Kunstkritik der wichtigste und einflussreichste Künstler seit Joseph Beuys. Der Amerikaner Nauman ist bekannt für das Publikum verschreckende, blinkende Neonbilder sich malträtierender Clowns, für Wachsabgüsse gehäuteter Tierkadaver und für laute, aggressive Videoinstallationen, in denen Slapstick und Gewalttätigkeit bis zur Unerträglichkeit wiederholt werden. Nauman's Werk ist skandalös, weil es nervt. Mit *Anthro/Socio* hat er sich selbst übertroffen.

Kassel, Anfang Juni 1992. Vier Tage lang drehe ich im Auftrag der Kulturbehörde InterNationes einen Film über die documenta IX. Während der Aufbauarbeiten platzieren Assistenten gleich am Eingang des Fridericianums, gleichsam als Auftakt zur Ausstellung, Naumans Video-Installation. An *Anthro/Socio* kommt niemand vorbei. 1991 von Bruce Nauman im New Yorker Video-Studio von Dennis Diamond realisiert und anschließend im Museum of Modern Art gezeigt, ist die Arbeit für documenta-Chef Jan Hoet das Schlüsselwerk der ganzen Schau. Erst will Hoet sogar seine gesamte documenta um diverse Werke Naumans herum bauen, doch der publikumsscheue Künstler lehnt ab. Er lebt lieber zurückgezogen auf seiner Ranch bei Galisteo in New Mexico, reitet Pferde zu, produziert wenig und zeigt noch weniger. Vor allem aber arbeitet er nicht auf Kommando.

In Europa ist Nauman seit Ende der sechziger Jahre bekannt, durch Ausstellungen beim Düsseldorfer Galeristen Konrad Fischer. Nauman zeigt scheinbar beiläufige Skulpturen ohne netzhautschmeichelnden Charme, die oft erst durch ihren Titel Sinn bekommen, etwa einen Gipsblock als den *Raum unter meinem Stuhl*. Erste Medieninstallationen, gezeigt 1968 in der Galerie Konrad Fischer, bestehen aus Tonbändern und Filmstreifen, medialen Zeugen der Anwesenheit eines Künstlers, der nicht mehr da ist. Sie erzählen keine Geschichten, sondern zeigen lakonisch Spuren, deren Ursprung man suchen muss.

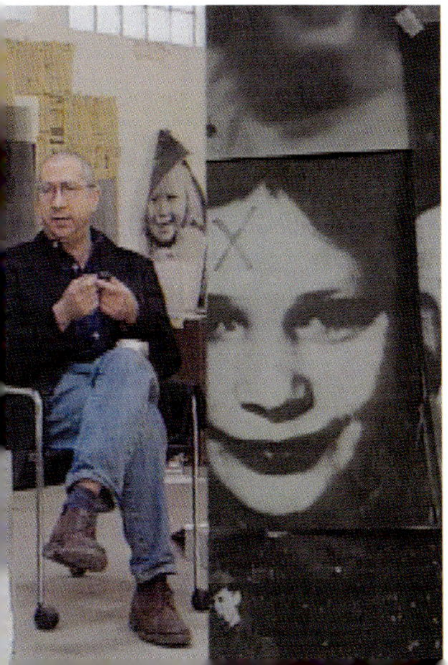

Christian Boltanski in seinem Atelier (Videostill)

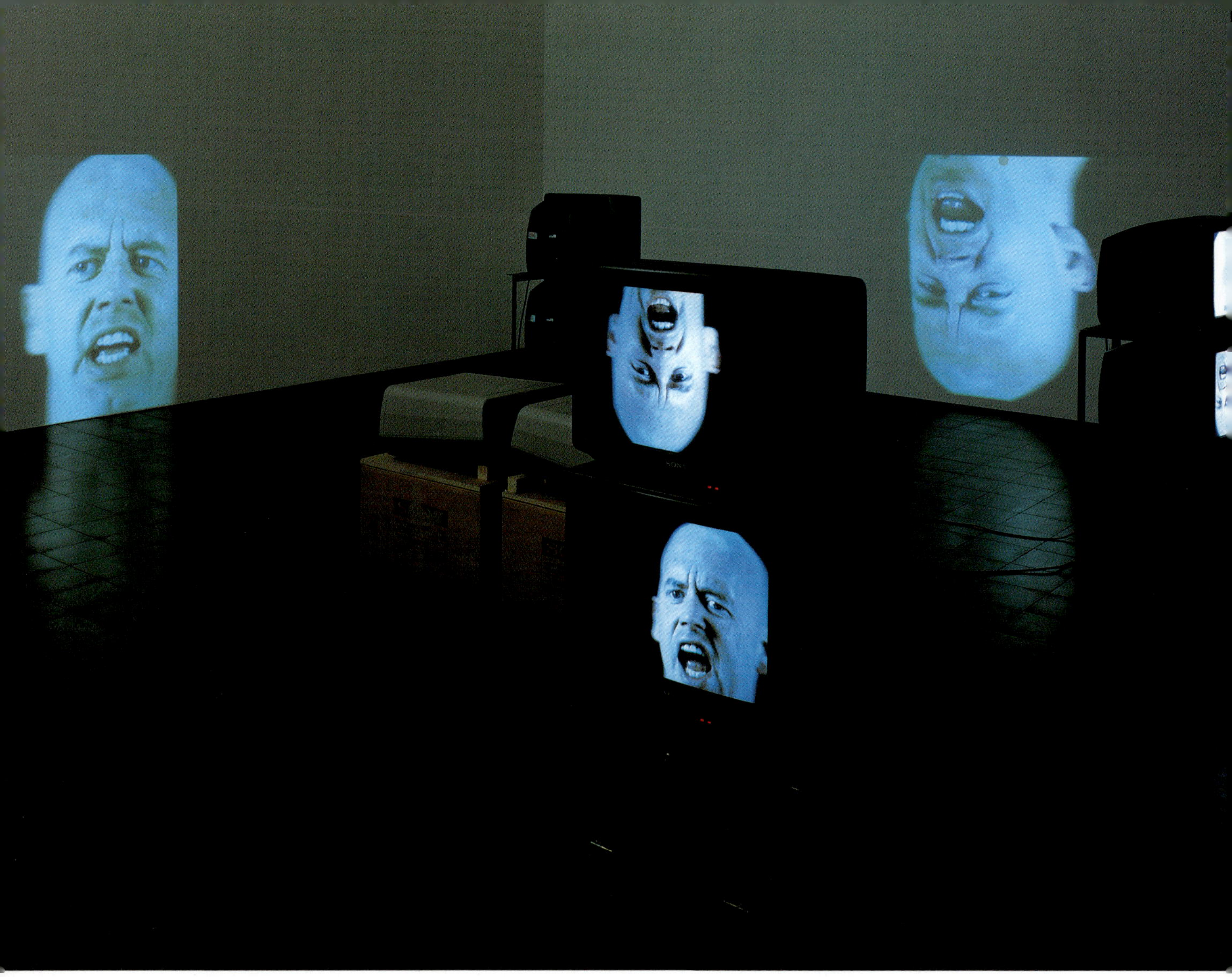

In einem Video spielt Nauman die immer gleichen Töne auf einer Geige, die auf *D-E-A-D* gestimmt ist, zu deutsch »tot«. Doch er greift neben Video früh auch auf andere Massenmedien zurück. Schon 1967 benutzt er als erster, inspiriert von einer Bierreklame, Neonschrift, um in Spiralform eine ironische Möchtegern-Wahrheit wie *Der wahre Künstler hilft der Welt durch die Enthüllung mystischer Wahrheiten* leuchtend an die Wand zu schreiben.

Bruce Nauman, »Anthro/Socio«, 1991

Der wahre Künstler Bruce Nauman enthüllt gar nichts, er spielt Versteck. 1972 beschreibt der englische Schriftsteller John Berger in der Fernsehserie der BBC *Ways of Seeing* seine materialistische Kunstauffassung, nach der jedes Kunstwerk erst durch den Blick des Betrachters zum Leben erweckt wird. Naumans Werke brauchen den Betrachter nicht nur, sie müssen von ihm zusammengesetzt werden. Etwa wenn der Amerikaner Wirklichkeit im subjektiven Kataster des eigenen Körpers vermisst. Der leere Raum unter seinem Stuhl wird sichtbar gemacht, ein Gipsabdruck seines Arms wird in Wachs gegossen.

Naumans Kunst braucht den Betrachter und schreckt ihn doch erst einmal ab. In einem bis auf zwei in die Wand integrierte Lautsprecher leeren, weißen Raum grölt eine Stimme: »Verschwinde aus meinem Raum, verschwinde aus meinem Kopf«. Die elektronischen Medien, unsere tägliche Götterspeise an bewegten Bildern, benutzt Nauman für Rätsel, die den Betrachter verunsichern, nicht beglücken. Ab 1969 baut er geschlossene Kreisläufe aus Aufnahme- und Abspielgerät. Der Ausstellungsbesucher wird gefilmt und entdeckt sich selbst, zeit- und raumversetzt, auf dem Monitor. Oder er geht in einen engen Korridor hinein und auf sich selbst zu. In seinen Performances malt sich Nauman das Gemächte mit schwarzer Farbe an, er schminkt sein Gesicht weiss oder verrenkt sich im sogenannten *Beckett-Gang* die Glieder bis zur Erschöpfung.

Inzwischen nimmt Nauman sich völlig aus der Arbeit heraus; er lässt sich kaum fotografieren, gibt keine Interviews, erscheint nicht bei den eigenen Ausstellungen. Auch bei der documenta taucht er nicht auf. Dafür wird bei meinen Filmaufnahmen sein *Anthro/Socio* zur akustischen Folter: Das Videosignal der sechs Bildschirme muss in zeitraubenden Versuchen mühsam synchronisiert werden, damit kein schwarzer Störbalken durchs Bild läuft. Die Bildschirme sind verschieden hell; für eine gleichmäßige Belichtung müssen sie aufeinander abgestimmt werden. Den Ton können wir nicht leiser stellen, weil er lippensynchron mit der Kamera laufen muss. Das Wachpersonal wechselt ständig; man lässt uns gern allein, um draußen in der Ruhe des real existierenden Alltags eine Zigarette zu rauchen. Nauman nervt.

Auch mein Kameramann droht durchzudrehen. Tatsächlich darf man nicht mit anderen Dingen beschäftig sein, wenn man in einer Installation des Amerikaners weilt: Man muss sich auf die Kunst konzentrieren, sich selbst und den Rest der Welt aufgeben, um hinter dem Lärm die Musik und hinter der Aggression den Hilfeschrei zu hören.

Als ich 1995 einen abendfüllenden Kinofilm über Naumans Werk beginne, treffen wir uns ein einziges Mal. Nauman ist groß und schlaksig, wie man sich das von einem Cowboy vorstellt. Die Stirnglatze versteckt er unter einem Hut, seine Scheu hinter ausgesuchter Höflichkeit. Ich erläutere ihm mein Filmprojekt, frage nach möglichen Interviewpartnern, nach Landschaften, nach Einflüssen. Ob er am Konzept mitarbeiten oder den Rohschnitt sehen möchte? Ohne mich näher zu kennen, gibt Nauman mir alle Rechte und rät mir zu tun, was ich für richtig hielte. Dies sei mein Job, nicht seiner. Ich könne ihn gern in Galisteo besuchen, aber ohne den Film. Er hat ihn bis heute nicht anschauen wollen. Dabei ist er nach einem in Nauman's Atelier an die Wand gehefteten Wahlspruch benannt:

make me think

Anfang Juli 1974 findet in Kölner Kunstverein und Kunsthalle die Ausstellung »Projekt 74 – Aspekte internationaler Kunst am Anfang der 70er Jahre« statt. Ich stehe kurz vor meinen ersten Semesterferien, eine große Reise ist geplant dank billigem Interrailticket. Nach Rom soll es gehen, dann nach Südfrankreich, Barcelona, Madrid, und schließlich Lissabon, wo drei Monate vorher junge Offiziere mit ihrer »Revolution der Nelken« den Diktator und Salazar-Nachfolger Caetano gestürzt haben.

Überhaupt ist 1974 ein politisch bewegtes Jahr, das in vielen Ländern den Übergang zur Sachlichkeit einer Neuen Technokratie ankündigt. Am 7. Mai stürzt die bundesrepublikanische Symbolfigur meiner Generation, Kanzler Willy Brandt, über seinen spionierenden Sekretär Guillaume; in Frankreich übernimmt nach dem Tod des Gaullisten Pompidou mit Valéry Giscard d'Estaing ein Liberaler die Regierungsgeschäfte. US-Präsident Richard Nixon wird am 8. August über Watergate fallen und durch den farblosen Gerald Ford ersetzt werden. Nach den Jahren von Protest, Ölkrise und Generationskonflikt ist Normalität angesagt.

Überall sind die wilden sechziger Jahre vorbei, auch in der Kunst. Anstatt ideologisch beladener Politkunst der Protestgeneration dominiert ein aggressiver, aber im engeren Sinne unpolitischer Untergrund, der sich zunehmend der neuen Medien Fotografie und Video bedient. Seit Wolf Vostells New Yorker Ausstellung *6 TV-dé-coll/agen* im Jahre 1963, einer Fortsetzung seiner Plakatabrisse im Medium Fernsehen, und der ersten Gruppenausstellung reiner Videokunst in der Galerie von Howard Wise 1969 ist ein regelrechtes Elektronikfieber ausgebrochen.

Der in Deutschland lebende Amerikaner Gerry Schum produziert kleine Künstlerclips, die es sogar bis

»1966 reisten Charlotte Moorman und ich uneingeladen zur Biennale in Venedig und führten eine Art Kommando-Happening auf. Flugblätter kündigten es als ›Gondel-Happening‹ an … Charlotte spielte erst ein John Cage-Stück. Ein Film wurde über den Kanal auf eine jahrhundertealte Wand projiziert. Wir hatten das Glück, den einzigen in Venedig verfügbaren 16mm-Projektor mieten zu können, … und er ist nicht kaputt gegangen. Im nächsten Stück (meiner Variation zu Saint-Saens) sprang Miss Moorman tapfer in den Kanal und spielte das Stück wie vorgeschrieben klatschnass, mit zehn Jahrhunderten lang verschmutztem Wasser. Nach der Schau musste sie zum Doktor und holte sich eine Spritze gegen Typhus. Wir hatten nach der Schau nur noch fünf Dollar übrig. Aus unserer kostenlosen Pension waren wir rausgeschmissen worden, weil Charlotte um zwei Uhr morgens Cello gespielt hatte …«

Nam June Paik

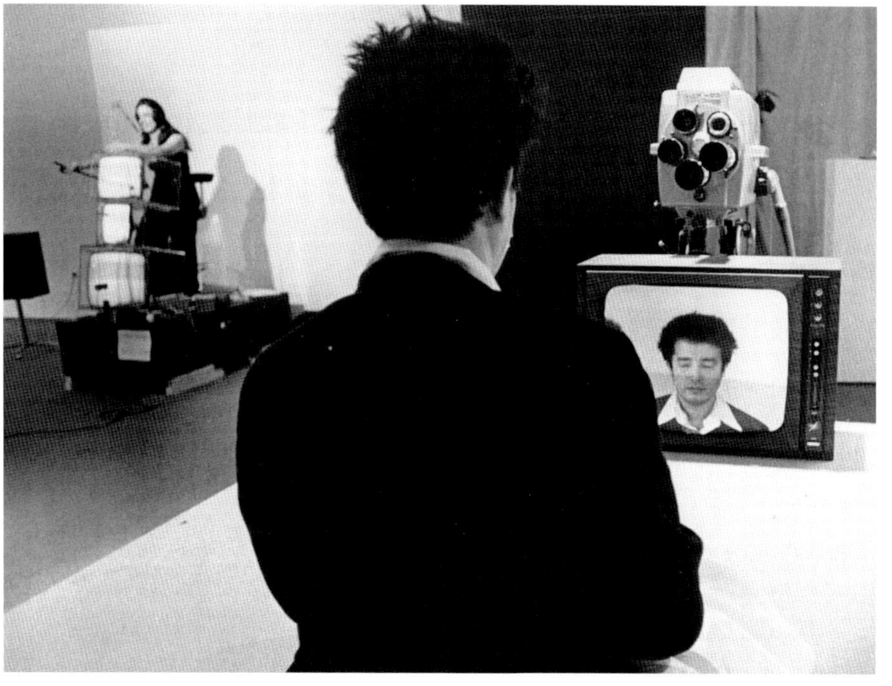

Nam June Paik als Video-Buddha und Charlotte Moorman mit Paiks »Video-Cello«, Kölnischer Kunstverein 1974

ins offizielle Fernsehen schaffen; in Köln, Stadt des aufgeschlossenen Fernsehsenders WDR, bildet sich dank neuer, billiger Aufnahmetechniken wie dem 1965 erstmals vermarkteten U-Matic-Verfahren eine ernsthafte, aber leider etwas langweilige Kassettenszene. Mühsam wird versucht, das neue Medium nach amerikanischem Vorbild, aber mit deutlich weniger Witz, in den Dienst von Feminismus und politischer Aufklärung zu stellen.

Am 6. Juli bin ich zur Ausstellungseröffnung im Kölnischen Kunstverein, dessen Leiter, Wulf Herzogenrath, bald Deutschlands Video-Papst werden wird. Auf einem kleinen Bretterpodest, die Kölsch-Flasche neben sich, sitzt eine elegante Cellistin im Abendkleid, Charlotte Moorman, und lässt ihren Bogen über Saiten streichen, die vor drei unterschiedlich großen Monitoren herlaufen. Auf den Bildschirmen ist in Schwarzweiß das Gesicht der musizierenden Cellistin zu sehen, immer im gleichen Ausschnitt, live gefilmt von einer auf einem Stativ fest installierten, tragbaren Videokamera.

Schräg links gegenüber von der Cellistin sitzt vor einer Fernsehkamera mit Revolverobjektiv im Schneidersitz der Künstler Nam June Paik als *Video Buddha.* Das Bild seiner unbewegten Gesichtszüge erscheint live auf einem großen Monitor, der ihm genau gegenübersteht – ein Mensch und sein Abbild in absoluter Versenkung. Rechts neben Paik ist ein ähnliches Dispositiv aufgebaut, bestehend aus Kamera, einem kleinen tragbaren

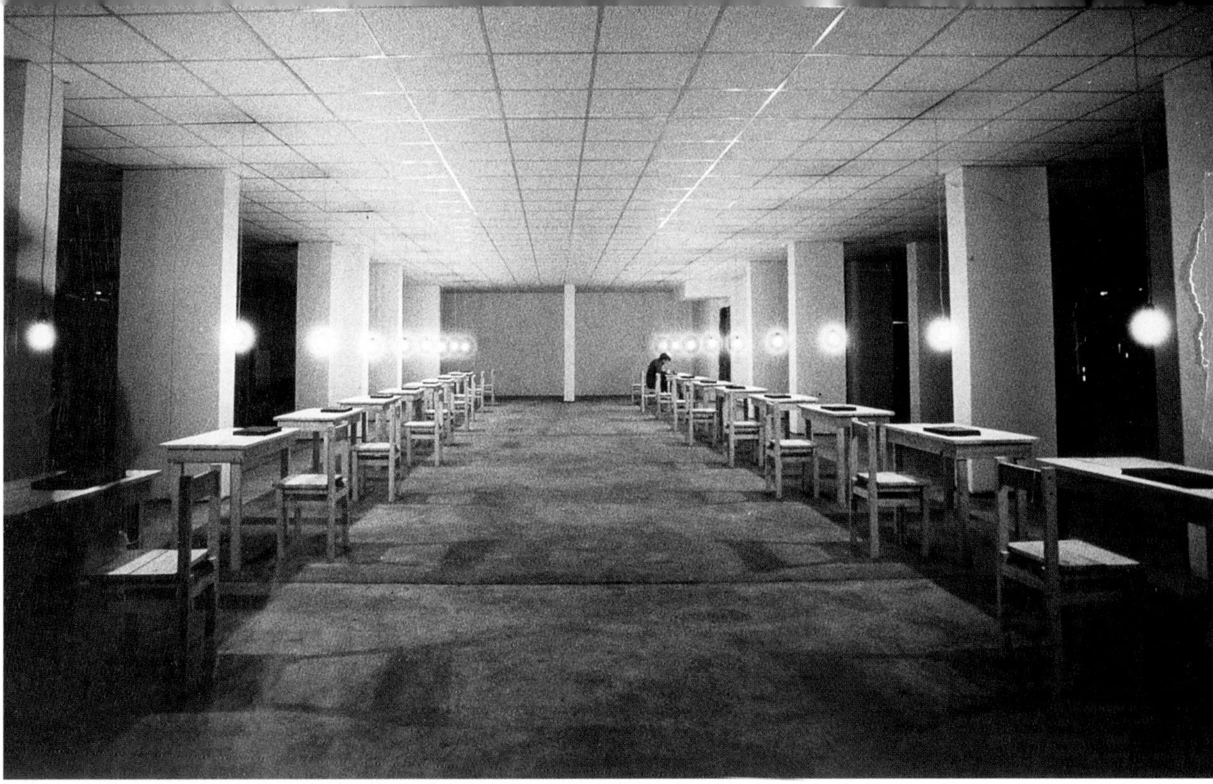

Jochen Gerz, »Dachau-Projekt«, 1972–74

Fernseher und einem echten Buddha. Echt, weil er nicht aus Fleisch und Blut, sondern aus gebranntem Ton ist.

Ich erinnere mich, nicht allzu lange geblieben zu sein im Kölnischen Kunstverein. Zu wenig Stille bei zu vielen Besuchern, zu viel Ungeduld meinerseits bei zu wenig Sachkenntnis. Eine Ungeduld, die ich heute bedaure, wenn ich vor Paiks *TV Buddha* stehe, der Buddha-Statue vor ihrem Fernsehbild, einer Arbeit, die mehr über das Medium Fernsehen erzählt als jede Tagung des Adolf-Grimme-Instituts. Damals scheint mir Paik zu Unrecht überholt, es zieht mich zum brodelnden Unbehagen des Jürgen Klauke, zu Sigmar Polkes malerischer Anarchie. Aus den USA kenne ich ein Video, dass den Kalifornier Chris Burden zeigt, der sich vor laufender Kamera in den Arm schießen lässt. In New York lässt Vito Acconci vor der Kamera die Hosen runter und ahmt das Rattern der Maschinengewehre in Vietnam nach.

Der in Paris lebende Deutsche Jochen Gerz entwirft damals Installationen wie das *Dachau-Projekt*, in der abfotografierte Hinweis- und Verbotsschilder der Gedenkstätte Dachau auf den Kommandoton hinweisen, der in Deutschland selbst beim Gedenken herrscht. Auch das ist eine Medienarbeit – über die Sprache der Autoritäten und das Verbotsschild als behördliche Informationsfläche. Angesichts der poetischen Gesellschaftskritik eines Jochen Gerz oder des aggressiven Unbehagens eines Jürgen Klauke fehlt mir für Charlotte Moorman die Geduld – Missgunst der zu späten Geburt?

fury und mcluhan

Die Stadt Wuppertal könnte man in ihrer hässlichen Bedeutungslosigkeit durchaus mit Kassel vergleichen. Doch beide Städte haben ihr kulturelles Logo: Kassel die documenta, Wuppertal das Tanztheater von Pina Bausch. Vor 38 Jahren ist der heutige Weltstar Pina Pausch noch Tanzelevin, während in Kassel schon documentas stattfinden. Und in der Wuppertaler Galerie Parnass wird Fluxus erfunden.

Am 11. März 1963 lädt Galerist Rolf Jährling zu einer Einzelausstellung des in Köln wohnenden, in Tokio studierten und in Seoul aufgewachsenen Künstlers und Musikers Nam June Paik ein. Am Eingang der Galerie wird der Besucher von einem Ochsenkopf begrüßt, blutig. In den Ausstellungsräumen warten verfremdete Pianos, dann ein *Schallplatten-Schaschlik*, mit manuell bedienbarem Tonabnehmer und einem selbst gebastelten Plattenwechsler in Spiessform. Es gibt eine Kloschüssel, über der ein vermeintlicher Kopf hängt, und eine Badewanne mit einer lebensgroßen Puppe, ertränkt. In einem Raum sind fünf bis sechs Fernseher an Bandgeräte mit elektromagnetischen Störungen angeschlossen. Auf allen Bildschirmen läuft das erste Programm, was nicht weiter verwundern kann, gibt es doch damals nicht allzu viel Auswahl. Man stelle sich den damaligen Tagesschau-Sprecher vor – mal zum schmalen vertikalen Bildstreifen verengt, mal in Wellen über den Monitor schwimmend.

Acht Jahre später wird Paik im Katalog für eine Ausstellung in Sondheim einen Zeitgenossen zitieren: »Das Fernsehen hat die Intellektuellen lange genug gefoltert [...]. Es ist Zeit, dass die Intellektuellen das Fernsehen foltern.« Im Rückblick auf seine frühen Videoarbeiten erklärt Paik: »Kommunikation bedeutet Zwei-Weg-Kommunikation. Ein-Weg-Kommunikation dagegen ist schlicht Belehrung.« Mit seinem in Wuppertal gezeigten, elektromagnetisch verfremdeten Fernsehprogramm *Zen for TV* erfindet Paik 1963 das Künstlervideo. Er bedankt sich beim Maler K.O. Goetz, der seit 1959 mit vom Fernsehen geprägter gestischer Malerei experimentiert, und beim Fluxus-Kollegen Wolf Vostell, der damals mit den *TV-dé-coll/agen* spielt.

Doch weist Paik in eine ganz andere Richtung als seine Künstlerkollegen – er will die mediale Interaktivität. »Damals hatte das Fernsehpublikum nur eine Freiheit, nämlich die, abzuschalten«, erklärt er. »Vergleichbar mit der Freiheit im Konzentrationslager, dessen Insassen ebenfalls nur eine Art Freiheit besassen, nämlich den elektrisch geladenen Stacheldraht zu berühren oder nicht.«

Der damalige KZ-Insasse, das bundesdeutsche Fernsehpublikum, sieht seine Unfreiheit ungleich gelassener als der Künstler und Komponist aus Korea. Während der kanadische Mediensoziologe Marshall McLuhan zwischen heißen und kühlen Medien unterscheidet, wobei die kühlen Medien im Paik'schen Sinne den Betrachter mitbeanspruchen, sitzt die Bundesrepublik vor »heißen« Programmen wie *Fury* oder *Was bin ich?* Man nimmt die Aktionen des »Kulturterroristen«, wie der Amerikaner Allan Kaprow seinen Freund Paik nennt, allenfalls als Clownerei wahr.

Die Rezensenten übersehen Paiks Fernseh-Raum, und schreiben lieber über den blutigen Ochsenkopf. Die Wuppertaler Nachrichten betiteln ihre Ausstellungskritik mit »Viel Klamauk«, der Rezensent des Kölner Stadtanzeigers zieht sich vorsichtig hinter seine eigene Unbedarftheit zurück. Schließlich ist Paik kein Niemand, er ist mit dem Kölner Avantgarde-Komponisten Karlheinz Stockhausen aufgetreten und hat die Weihen des Erfinders neuer Musik, des Amerikaners John Cage, erhalten.

Schon vier Jahre vor seiner Wuppertaler Einzelausstellung, bei der Premiere von Paiks *Hommage à John Cage – Musik für Tonbänder und Klavier*, haben die Düsseldorfer Nachrichten gefragt, ob es sich um »Eine Zirkusnummer oder bedenkliche Symptome« handle? Die Komposition besteht aus Radio und Tonband als Geräuschgeber; die Aufführung wird zur Aktion, weil ein Klavier mit Fäusten bearbeitet und umgeworfen und ein Ei an die Wand geworfen wird. Der schlaue Paik antwortet auf alle Skandalvorwürfe mit seinem höflichen Grinsen und indem er in seinem rudimentären Deutsch – sein Englisch ist nur geringfügig besser – in einem Atemzug den Philosophen Hegel und den Mathematiker Leibniz, Kanzler Ludwig Ehrhard und die Quantenphysik, Bach und Cage zitiert.

medienstriptease

Während die Berliner Staatsanwaltschaft Bilder von Baselitz beschlagnahmt, in Wien Günter Brus verhaftet und in Aachen Joseph Beuys verprügelt wird, werden Paiks Musikaufführungen weiter von der Presse verspottet, von den Fans beklatscht und von der Öffentlichkeit ignoriert. 1964 baut er einen Roboter, den *K456*, der gehen und sprechen kann und dank Fernbedienung durch Berlin flaniert. Paik komponiert und konzipiert seine *Variationen über ein Thema von Saint-Saens*, aufgeführt von einer in Zellophan gehüllten, damals noch völlig unbekannten Cellistin namens Charlotte Moorman, die ihre Interpretation unterbricht, um sich in einer Wassertonne zu erfrischen. Bei gemeinsamen Aufführungen lässt sich Paik von Moorman laut Partitur ohrfeigen und zieht die Hose aus – aber mit einem nackten Mann im Theater ist damals in Deutschland kein Skandal zu machen.

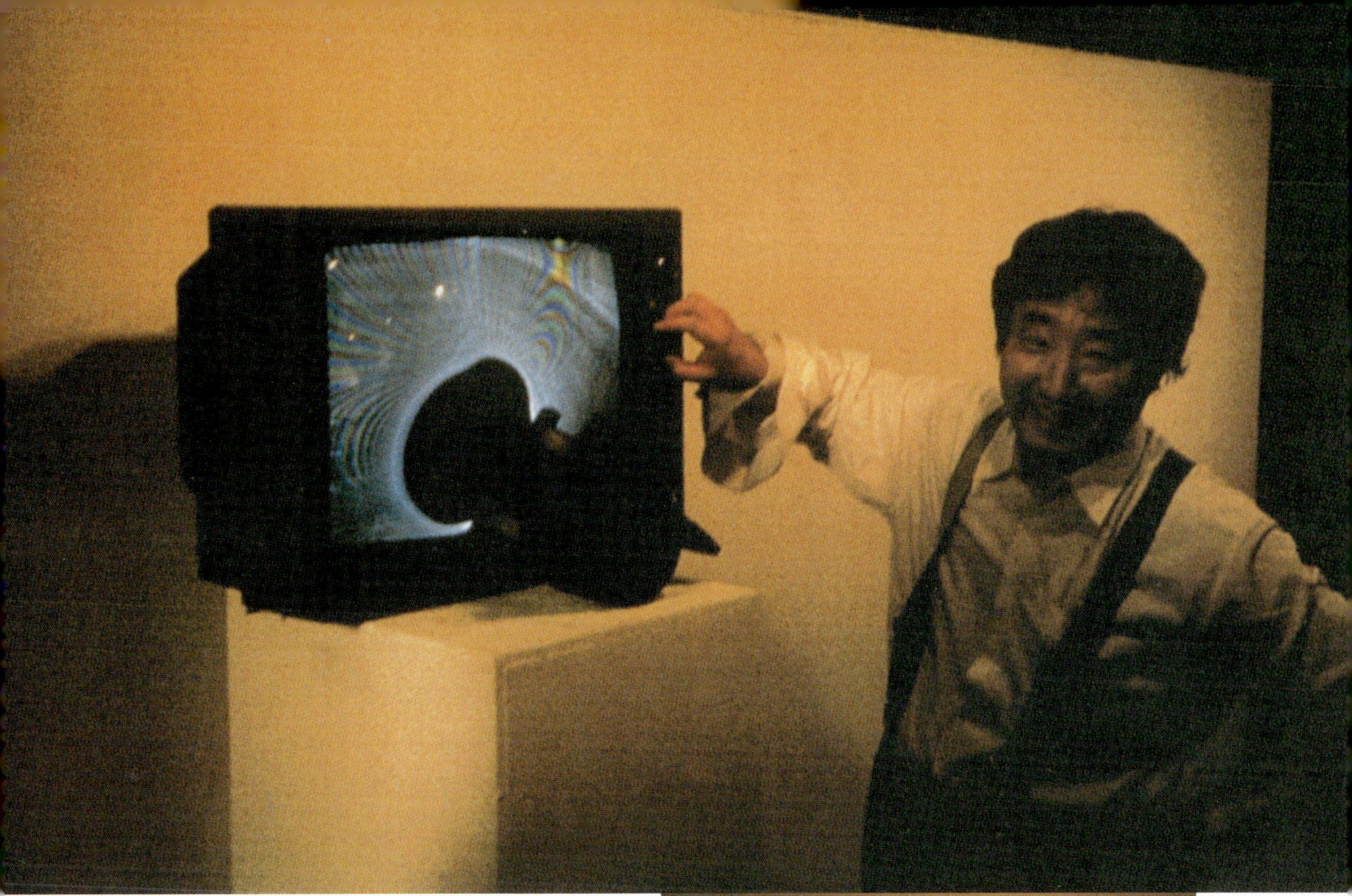

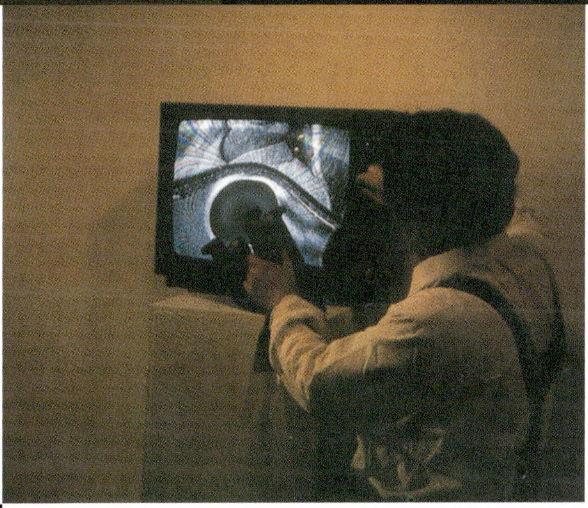

Nam June Paik,
»Magnet TV«, 1965/99

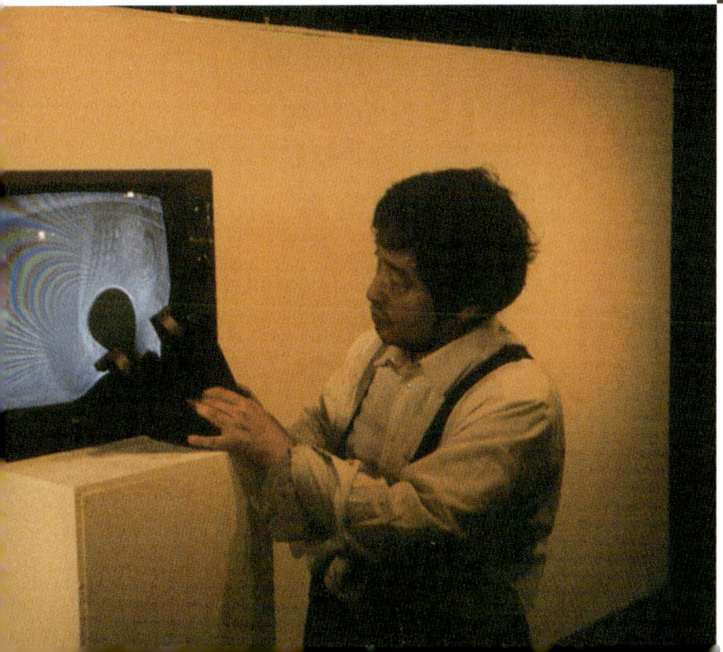

Erst 1967 kommt es endlich zum Eklat, der Paik in jede offizielle Skandalchronik bringt. Charlotte Moorman führt Paiks *Opéra sextronique* in New Yorks Kinemathek der Filmemacher an der 41. Straße auf, vor geladenem Publikum. Sie spielt ebenfalls vier *Arias* von Bach und erscheint zu jeder Aria leichter bekleidet – bis die Poizei den Saal stürmt und sie handgreiflich verhaftet. Richter Shalleck verurteilt sie, da ihre Aufführung angeblich »nicht aus dem Wunsch kam, Kunst auzudrücken, sondern dass sie die niederen Gelüste erregen und zum Ausbruch bringen wollte«.

Nam June Paik, »Erinnerung an das 20. Jahrhundert«, 1962

Paik und Moorman haben gegen die kulturelle Kleiderordnung verstoßen. Wieder einmal braucht es die sexuelle Provokation, um die gesellschaftliche Toleranzschwelle zu durchbrechen. Mit Paiks Medienkritik aber hat das alles nicht viel zu tun. Seit 1965 setzt er mit *Magnet TV* seine Forderung nach Zwei-Weg-Kommunikation um, indem er Fernseher mitsamt Magnet ausstellt, sodass jeder sich seine eigene Bildstörung produzieren kann. 1970 stattet er Charlotte Moorman mit einem *Chroma Key Büstenhalter* aus, der ihre Blöße mit ihrem eigenen Bild bedeckt, oder er bettet sie auf das aus 18 Monitoren bestehende *TV Bett*. Die Medienschelte Paiks wird immer spielerischer, sie wird zum Unterhaltungsprogramm innerhalb des kritisierten Mediums. Mit der Zeit vergisst sie, das Fernsehen zu foltern, sie lässt sich selbst vereinahmen und wird dank Paiks musikalischem Schnittgenie, dank Satellitenschaltung und Farbmonitor selbst Programm.

Die vielleicht wichtigste Ausnahme ist das vom amerikanischen Fernsehsender Channel 13, dem einzigen staatlichen Programm, ausgestrahlte *Guadalcanal Requiem*, eine Montage aus 1976 gefilmten Performances von Paik und Charlotte Moorman, unter anderem auf einem abgeschossenen Kampfflugzeug. Unterschnitten sind Archive aus der blutigen Schlacht von Guadalcanal, wo sich Amerika und Japan im Zweiten Weltkrieg um die Salomon-Inseln schlugen. Dieses Band, heute über den New Yorker Videoverleih Electronic Arts Intermix erhältlich, zeigt noch einmal die ernsthafte Seite des Provokateurs Paik, der in den achtziger Jahren durch seine Familie der Fernsehroboter und gigantische Environments aus Dutzenden von Videomonitoren populär werden wird.

Ich treffe ihn 1993 auf der Biennale in Venedig wieder, wo er im Nebenraum und Garten des deutschen Pavillons eine Bilderflut zur *Hommage an Beuys* aufgebaut hat, die Geschichte einer langen Freundschaft. Paik hat sich damals mit seinem Geburtsort Seoul versöhnt, den er regelmäßig besucht; er unterrichtet an der Düsseldorfer Kunstakademie und lebt zwischen New York und Bad Kreuznach. Für die Biennale schneidet er zusätzlich zur Beuys-Arbeit im Deutschen Pavillon Videoclips von Pop-Stars wie David Bowie, Lou Reed oder Laurie Anderson zusammen. Und beschwört – im englisch-deutschen Wortgemisch und mit ungebrochenem Fluxus-Witz – die Aufgabe der Kunst, der Gesellschaft beizubringen, neue Technologien wie PC und Internet zu Wichtigerem zu nutzen als zum Spiel mit Lara Croft und Super Mario.

Solche Bemerkungen erinnern an Paiks provokatives Frühwerk von 1962 und 1963, als er nicht nur das Erste Deutsche Fernsehen elektromagnetisch stört. In einer bedrückenden, lange in Vergessenheit geratenen Installation der Düsseldorfer Kunsthalle – die ich selbst erst 1999 in der Kunsthalle Bremen zum ersten Mal sehe – konfrontiert er als erster Visionär die Massenmedien mit der Person eines Medienstars, der eben an jenen Medien zugrunde gegangen ist.

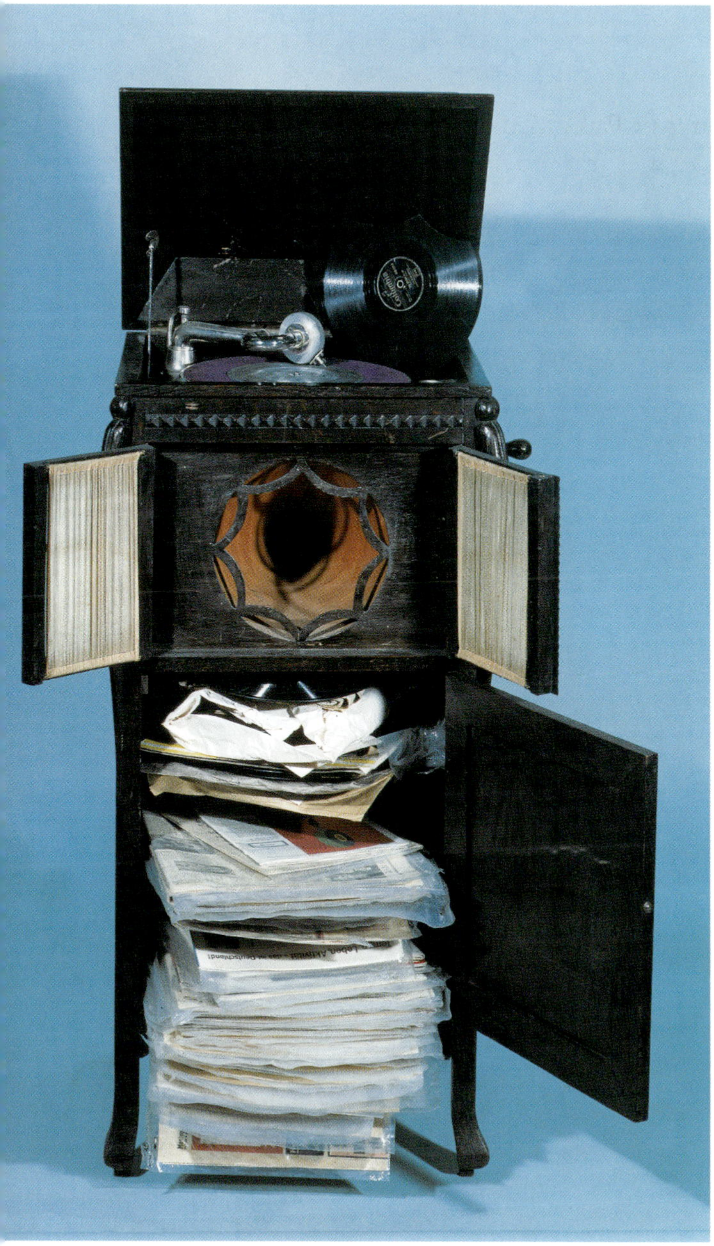

marilyn und die kunst

Paiks *Erinnerung an das 20. Jahrhundert* besteht im Wesentlichen aus einem Grammophonschrank. Auf dem Plattenteller liegen abwechselnd eine Aluminiumschallplatte, eine Plexiglasschallplatte und eine Schnittschallplatte des Künstlers Stefan Wewerka. Im geöffneten Schrank liegen Tageszeitungen und Illustrierte mit Berichten zum Tode der Filmschauspielerin Marilyn Monroe sowie weitere, teilweise präparierte Schallplatten. Rings um den Grammophonschrank werden weitere Zeitungen und Illustrierte an die Wände der Kunsthalle Düsseldorf geheftet; Paik baut einen Medienaltar für eine einsame Frau, die eben diesen Medien – und den Bildern, die sie jetzt wieder veröffentlichen – zum Opfer gefallen ist.

Marilyn, dank ihrer Filme, Ehen und Affären in allen Medien präsent, ist am 5. August 1962 an einer Überdosis Tabletten gestorben. Durch ihren frühen Tod – sie wurde nicht einmal vierzig – wird sie populärer, als sie zu Lebzeiten jemals war. Noch im selben Jahr stellt auch der New Yorker Andy Warhol seine ersten *Marilyns* vor. Er verwendet nicht wie Paik

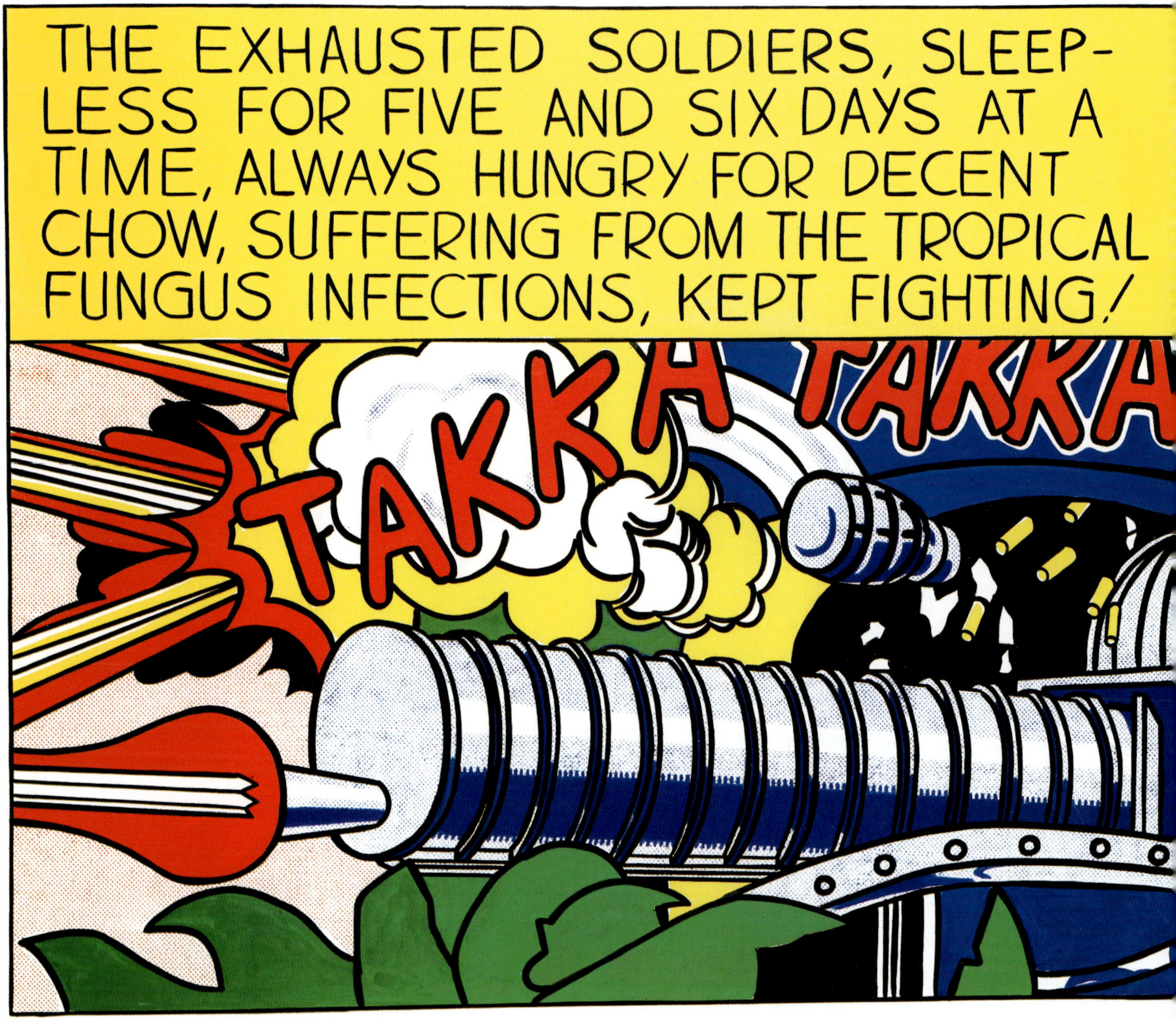

Roy Lichtenstein,
»Takka Takka«, 1962

unbearbeitet gesammelte Zeitungsausrisse, sondern ein einziges Foto aus Monroes Film *Niagara* von 1953. Das Foto wird im Siebdruckverfahren auf farbig grundierte Leinwände aufgetragen und immer weiter reproduziert. Ergebnis ist nicht ein psychologisch einfühlsames Porträt der Schauspielerin, sondern ein kühles, maschinell reproduziertes Abziehbild, das durch seine glatte, farbige Künstlichkeit die Monroe posthum zur Ikone macht.

1962 ist für Warhol ein Schlüsseljahr. 1949 im Alter von 21 Jahren aus Pittsburgh nach New York gekommen, ist er nicht nur ein gefragter und bekannter Werbegrafiker, sondern er hat auch seine Zeichnungen 1952 und 1956 in Einzelausstellungen zeigen können. Anfang der sechziger Jahre sucht er einen eigenen Stil als Maler und experimentiert in verschiedenen Richtungen, immer mit Medienbildern als Rohmaterial. Er malt mehrere Bilder, deren Motive aus Werbebroschüren oder Telefonbüchern stammen. Dasselbe Verfahren wendet er mit Comics an, aus denen er ein Element isoliert und zum Großformat aufbläst, es jedoch gleichzeitig durch Farbflächen und zusätzliche grafische Tricks so abstrahiert, dass es kaum mehr erkennbar ist.

Im Herbst 1961 macht ein Besuch in der Galerie Leo Castellis Warhols Experimenten mit Comic Strips ein schnelles Ende. Dort sieht er, dass sein fünf Jahre älterer Kollege Roy Lichtenstein ihm zuvorgekommen ist. Lichtenstein beschränkt sich auf ein Detail aus einem der winzigen, rund sieben mal acht Zentimeter großen Comic-Bilder und lässt es auf Tafelbildgröße explodieren. Er benutzt nur wenige Farben, Gelb, Rot, Blau, manchmal ein wenig Grün, und verstärkt alle Konturen mit dickem schwarzen Strich. Charakteristisch ist die Übernahme des drucktechnisch bedingten Rasterpunktes, der ebenso wie Begleittext oder Sprechblase auf den Ursprung des Motivs hinweist.

Eines der ersten Schlüsselwerke Lichtensteins ist 1962 *Takka Takka*, ein Jahr vor der Ermordung Präsident Kennedys gemalt und ein unmissverständlicher Hinweis auf den bereits begonnen Vietnam-Krieg. Lichtenstein verzichtet in seinem Zitat eines Kriegscomics auf die leicht wieder erkennbaren Marines, setzt den Akzent auf die phallische Feuerwaffe und macht sein Gemälde so zum universellen Antikriegsbild. Zwar wird er ein Jahr später von den Actionbildern auf Liebesgeschichten umsteigen und süßliche Pop-Madonnen mit Sprechblase als Heiligenschein malen, doch der große Schritt ist getan, bevor Andy Warhol ihn tun kann: Die hehre Malerei jagt in den niederen Gefilden des Schunds.

Allzu oft wird vergessen, dass Lichtensteins erste Ausstellung bei Castelli durchaus einen Skandal provoziert, allerdings nur in den Medien:

ein historisches vor-bild:
john heartfield, sonniges land, 1919

Manchmal ist nicht ein einzelnes, sondern das Gesamtwerk Vorbild für eine ganze Kunstgattung. Das trifft auf die Fotomontagen des Berliners Helmut Herzfelde alias John Heartfield zu, dem die Verbreitung immer wichtiger ist als das Einzelwerk. Der 1891 geborene Herzfelde, nach seiner Rückkehr vom Kriegsdienst 1916 zu Heartfield geworden, bedient sich im fotografischen Fundus der Massenmedien und gibt seine Kunst an eben jene Massenmedien weiter. Nicht Museum oder Galerie sind wichtig, sondern die Verbreitung in Tageszeitungen oder Illustrierten, denn über der formalen Innovation steht die Botschaft – Heartfield benutzt Medienkunst, um Politik zu machen. Beziehungsweise sich gegen die Politik zu wehren.

Seine ersten künstlerischen Schritte macht er zusammen mit dem Dadaisten George Grosz, ihr gemeinsamer *Dada-Konzern*, nach Ende des Kriegs ins Leben gerufen, will die »Fotografie als Waffe« benutzen. Heartfield hat sich 1914–18 die Fotomontage selbst beigebracht; in einer der ganz frühen Arbeiten werden zwei Fotografien gefallener Frontsoldaten gegenübergestellt, unter dem Titel *So sieht der Heldentod aus.* Als Mitbegründer von Dada Berlin sind Heartfields erste Jahre nach Ende des Weltkriegs formal die spannendsten, als er eine Illustrierte nach der anderen aus der Taufe hebt, mit Titeln wie die Neue Jugend, Jedermann ein eigner Fußball oder Die Pleite. Ab 1924 arbeitet er als Mitlied der Kommunistischen Partei Deutschlands vor allem für die Arbeiter-Illustrierte-Zeitung, die später zur Volksillustrierten wird. Seine bekanntesten Arbeiten entstehen in den dreißiger Jahren, als er erst in Berlin, dann im unfreiwilligen Prager Exil mit beißender Satire den Nazis Paroli bietet, bis er 1938 nach London fliehen muss – wo er weiter grafisch, aber nicht politisch arbeiten kann.

1950 kehrt Heartfield nach Deutschland zurück, und zwar nach Ost-Berlin. Er arbeitet mit Bertolt Brecht zusammen, unterrichtet an der Akademie der Künste – doch als Künstler wird er übersehen, bis zu seinem Tod 1968, als überall in Westeuropa, von Klaus Staeck bis zu den Pariser Studenten, seine Technik der bissigen, fast surrealen politischen Collage längst zur Stilform geworden ist.

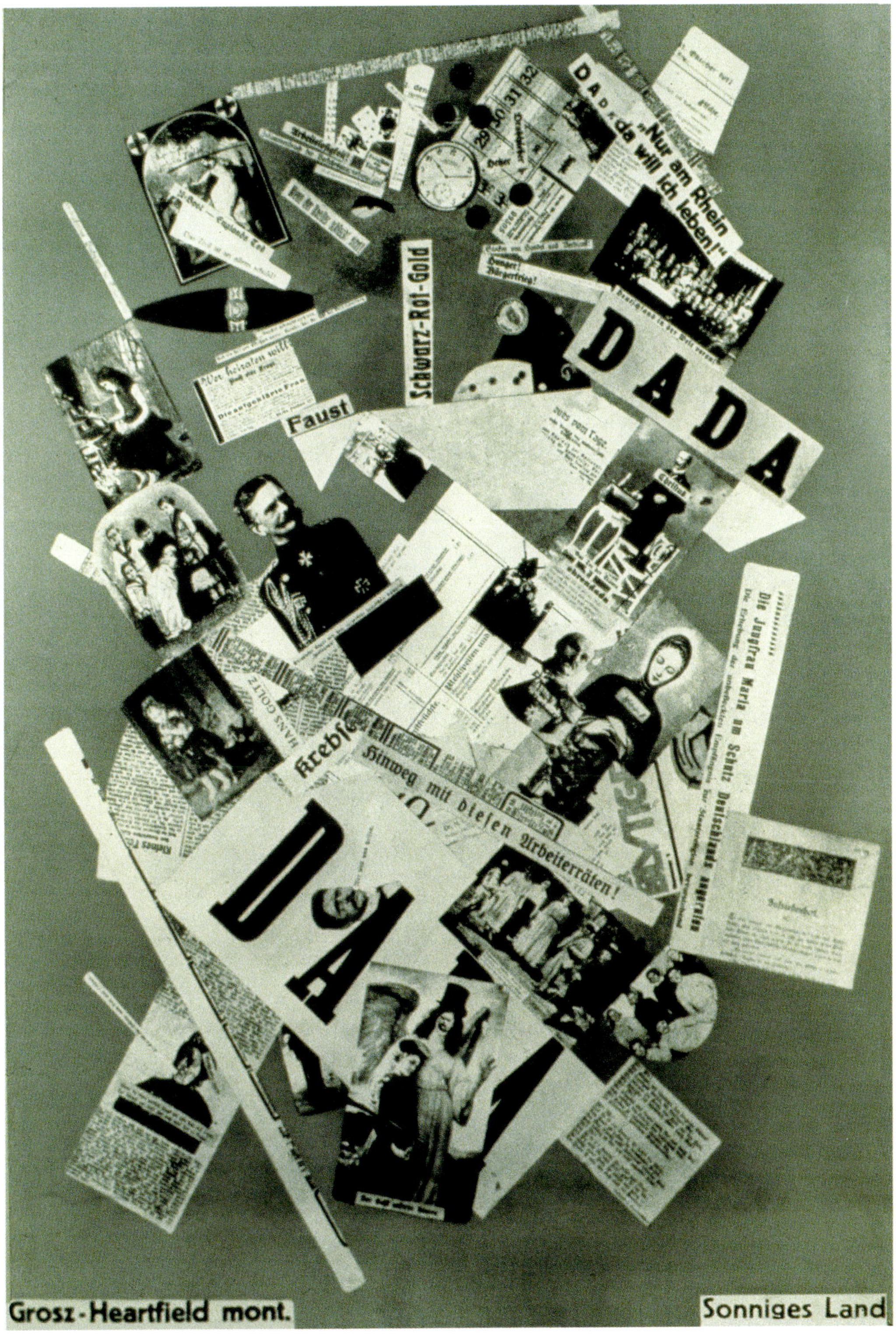
"Nur am Rhein da will ich leben!"
Schwarz-Rot-Gold
DADA
Faust
Krebse
Hinweg mit diesen Arbeiterräten!
Die Jungfrau Maria am Schutz Deutschlands
DA
Grosz-Heartfield mont.
Sonniges Land

Die Illustrierte Life fragt sich, ob Lichtenstein »der schlechteste Künstler der Vereinigten Staaten« sei. Und der Kritiker Max Kozloff beklagt stellvertretend für viele Kollegen, dass »etwas so Unverschämtes seinen Weg auf grundierte und aufgespannte Leinwand gefunden« hat. Die Sammler allerdings stehen Schlange: Die Ausstellung ist noch vor der Eröffnung ausverkauft.

Warhol muss notgedrungen etwas anderes suchen, um die Lücke zwischen Massenmedien und Museum malerisch zu schließen. Er entdeckt den Siebdruck. Und benutzt, zeitgleich mit Nam June Paik und doch ganz anders, Marilyn als Versuchskaninchen. Er schafft innerhalb von nur drei Jahren im Siebdruckverfahren hunderte Bilder und setzt noch 1962 einen drauf: Er verwendet das einer Zeitungsreportage entnommene Pressefoto einer Flugzeugkatastrophe mitsamt der Schlagzeile *129 Die in Jet!* und macht damit aus einem – tragischen – Motiv der Boulevardpresse ein Museumsstück.

hollywood-fleisch

Was ist, wenn ein Künstler die Provokation sucht, diese aber auf Anhieb von den Sammlern akzeptiert wird? Mit Katastrophen-Bildern wie *129 Die in Jet!* oder *Ambulance Disaster*, dem in Serie vervielfältigten Zeitungsbild eines verunglückten Krankenwagens, schlachtet Warhol in seiner Serie *Death and Disaster* voyeuristische Presseberichterstattung künstlerisch weiter aus – er verschönt sie durch Farbmanipulation und seriellen Siebdruck auf Leinwand. Trotzdem ist die Benutzung solcher Bilder damals genauso provokativ wie die späteren *Piss-Bilder*, für die Warhol und Freunde auf Farbflächen urinieren. Und die heute teuer bezahlt werden.

Der direkte Skandal vor Warhols Arbeiten bleibt aus, weil die Sammler angesichts einer neuen, aber dekorativen Ästhetik sofort einsteigen. Das gewagte, die Medien nicht nur verherrlichende, sondern ebenso in Frage stellende Moment wird erst im Nachhinein deutlich – was auch für viele andere Aspekte von Warhols Werk gilt. In den sechziger Jahren, einer Zeit der revolutionären Proteste, ist Warhol in der bildenden Kunst nie rebellisch, sondern »nur« subversiv, auf die ihm eigene, unpersönliche, industrielle und immer erfolgsorientierte, das heisst verkäufliche Art.

Anders in seinen Filmen. In den sechziger Jahren blüht der nicht erzählerische Experimentalfilm, der oft innovativer und mutiger, weil weniger vermarktbar ist als die zeitgenössische bildende Kunst. Anstelle sich wie Paik des Fernsehens anzunehmen, schielt Warhol mit seinen Filmen auf Hollywood und fabriziert – teilweise in seiner Factory – rund 90 Filme. 1963 dreht er unter anderem mit fixer Kamera den sechsstün-

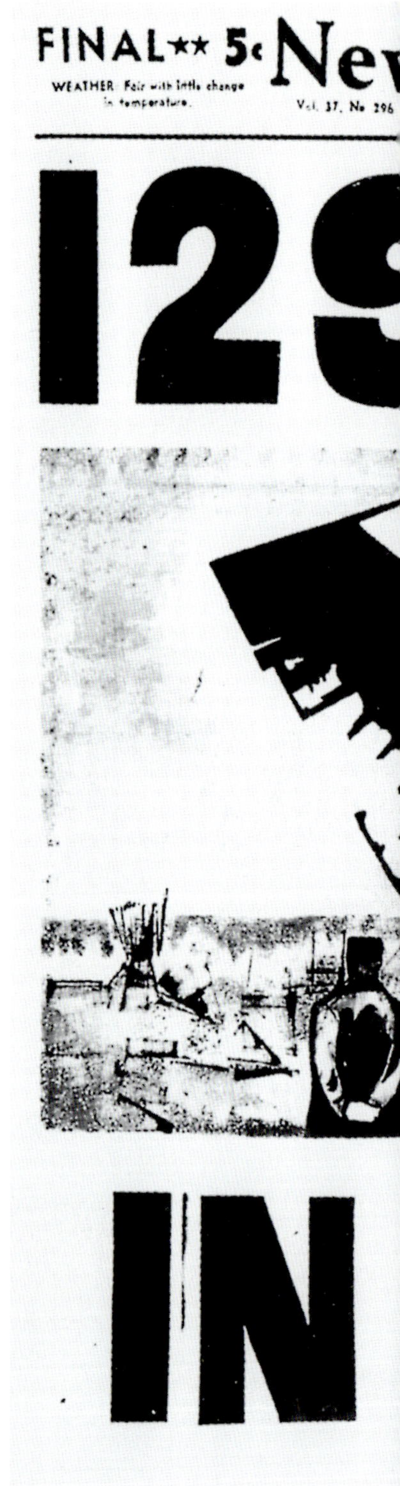

Andy Warhol,
»129 Die in Jet!«, 1962

digen *Sleep* mit dem schlafenden Dichter John Giorno; sein dreiminütiger Film über die Dreharbeiten des Filmemachers Jack Smith an *Normal Love* wird wegen expliziter Sexualität von der Polizei konfisziert. 1964 folgt als Skandalstoff der dreißigminütige *Blow Job*, eine Art Langzeitorgasmus, und dann *Empire*, ein achtstündiges Standbild des Empire State Building, dramatisch in Nebel und Wolken gehüllt.

Chelsea Girls mit dem Seelenstriptease der Superstars von Warhols Factory wird 1966 mit 210 Minuten Dauer in Doppelprojektion aufgeführt; 1968 folgen die von Paul Morrissey realisierten und von Warhol produzierten *Lonesome Cowboys* über das Liebesleben einsamer Kuhhirten, dann vor allem *Flesh*, der wie eine Bombe einschlägt. Der gut gebaute Joe Dalessandro darf seine Nacktheit im heiligen Köln nur in der *Lupe* zeigen und lehrt in Mitternachtsvorführungen die bürgerlichen Filmkritiker das Gruseln. Fünf Jahre nach bahnbrechenden und provozierenden Gemälden über Flugzeugkatastrophen, Rassenunruhen und elektrische Stühle sorgt der Künstler Warhol für Skandale in einem »unkünstlerischen« Medium, dem Film.

Das dann aber dank Warhol zur Kunst wird. Erst 1999 wird sein französischer Zeitgenosse Jean-Luc Godard mit dem staatlichen Kunst- und nicht etwa Film-Preis Frankreichs ausgezeichnet. Ein später, aber wesentlicher Beweis dafür, dass *Außer Atem, Weekend* oder *Der kleine Soldat* ebenso Medienkunstwerke sind wie *Empire, Flesh, 129 Die in Jet!* oder der *TV Buddha.*

Hans Peter Alvermann,
Jörg Immendorff,
Hans Haacke,
Joseph Beuys,
Jenny Holzer,
Katharina Sieverding,
Erró,
Edward Kienholz,
Martha Rosler
und andere

volk und bevölkerung: kunst und politik

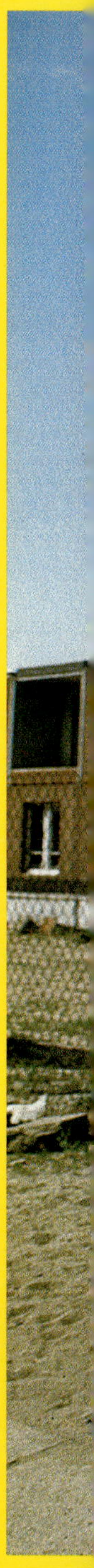

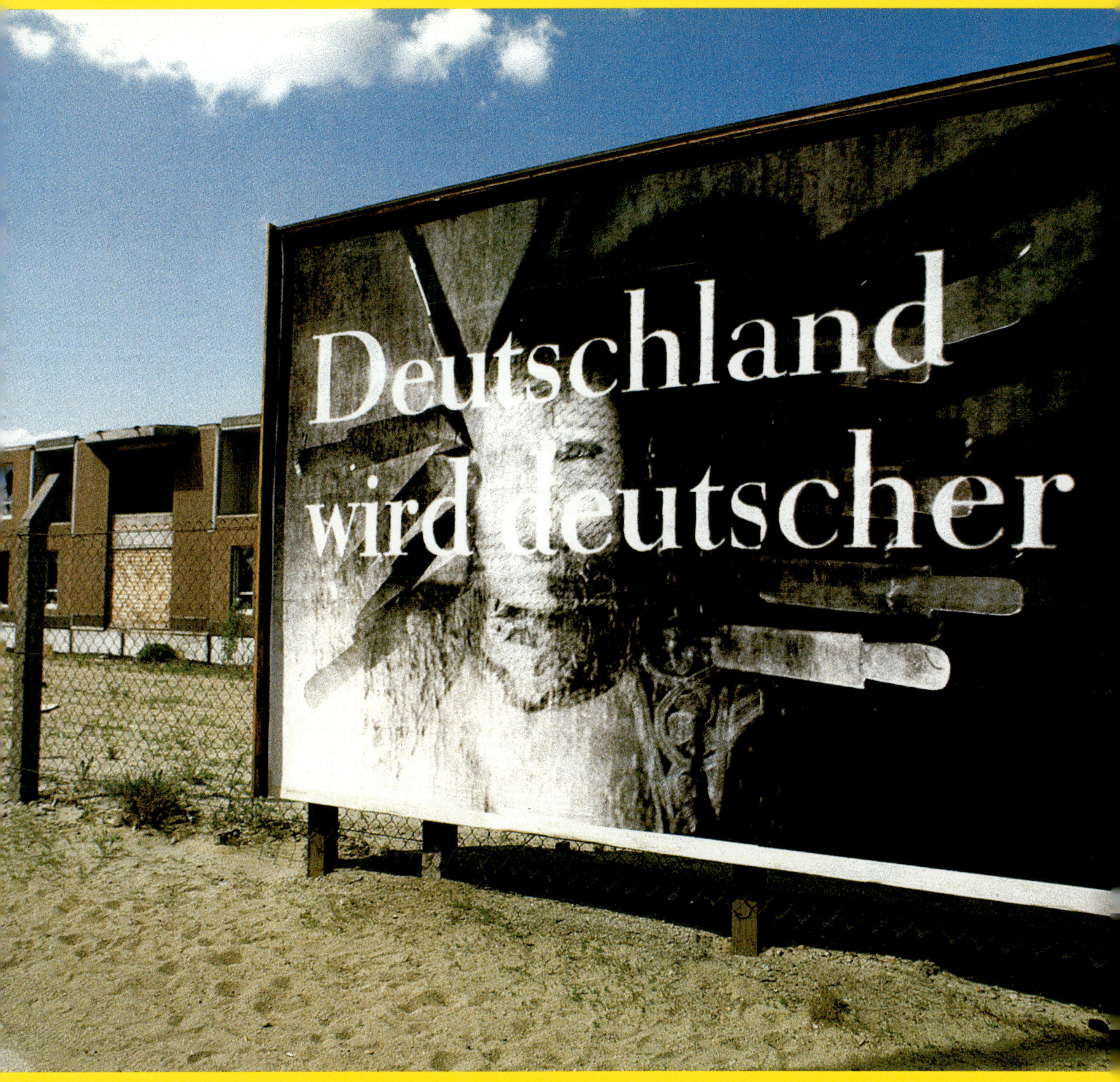

Katharina Sieverding,
»Deutschland wird deutscher«,
1992

Chronique scandaleuse

2000
Hans Haackes Projekt für das Berliner Reichstagsgebäude, im Vorjahr vom Kunstbeirat des Bundestags nach Abstimmung fest geordert, stößt im Februar plötzlich auf den erbitterten Widerstand einiger Abgeordneter von CDU und Grünen

1999
Bundestagsvizepräsidentin Antje Vollmer nennt Gerhard Richters in den Landesfarben gehaltene Großformat für das Berliner Reichstagsgebäude eine »Scharlatanerie«, ohne es gesehen zu haben

1994
Der in Frankreich lebende Deutsche Jochen Gerz soll im südfranzösischen Dorf Biron, wo die Waffen-SS gewütet hat, das Kriegerdenkmal gestalten. Nach anfänglichem Widerstand der Bevölkerung schafft Gerz ein von der Tageszeitung Le Monde als »bahnbrechend« gelobtes, mit Beteiligung der Dorfbewohner gestaltetes und »Monument Vivant« genanntes Mahnmal zum Thema »Individuum und Krieg«

1994
Die Amerikanerin Jenny Holzer veröffentlich im SZ-Magazin ihre Serie »Lustmord« über die weiblichen Opfer des Bosnienkriegs

1988
Gerhard Richter malt einen Zyklus von fünzehn Bildern über das gewaltsame Ende der RAF, genannt »18. Oktober 1977«

1979
Joseph Beuys kandidiert für die Grünen bei den Wahlen zum Europaparlament und zum Bundestag

1974
Der damals in Berlin lebende Maler Markus Lüpertz verarbeitet in einem Werkblock im »dithyrambischen« Stil gemalte, mit Vergangenheit belastete Embleme

1970
In Los Angeles lässt sich der Performance-Künstler Chris Burden in einer spektakulären Aktion von einem Freund in den Arm schießen als Protest gegen den Vietnamkrieg

1969
Jörg Immendorff wird wegen einer »Lidl«-Aktion am Bonner Bundeshaus verhaftet

1968
Zeitgleich mit der Pariser Studentenrebellion malen Mitglieder der Bewegung Figuration Narrative wie Gilles Aillaud oder Bernard Rancillac poppige Gemälde gegen den Vietnamkrieg

1966
Hans Peter Alvermann baut die dreidimensionale Wandskulptur »Sauber« zu einem Liedtext von Wolf Biermann. Die heute dem Forum Ludwig in Aachen gehörende Arbeit sorgt wegen der Verwendung von BRD-Fahne und Hakenkreuz für eine Aufregung, die 33 Jahre später erneut aufflammt

1937
Pablo Picasso malt »Guernica« als Erinnerung an die Zerstörung einer baskischen Stadt durch die deutsche Legion Condor im Spanischen Bürgerkrieg

Udo Kittelmann darf zufrieden Bilanz ziehen. Der Leiter des Kölnischen Kunstvereins hat seinem Institut neuen Ruhm verschafft. Und Publikum. Mit Hilfe einfallsreicher Gruppenausstellungen und gelungener Präsentationen junger Einzelgänger wie dem Kölner Carsten Höller oder dem Schotten Douglas Gordon beweist Kittelmann, dass man auch mit wenig Geld und auf engem Raum gute Arbeit leisten kann. Der Neuzugang hat eingeschlagen, wie man in der Bundesliga sagen würde. Kittelmann hat Erfolg, und nicht nur in Köln.

Doch im Herbst 1999 bekommt er Besuch von der Polizei. Er wird zum Eingangstisch gerufen, wo Zivilbeamte höflich um eine Unterredung bitten. Es handelt sich weder um einen verspäteteten Karnevalsscherz noch um ein Knöllchen wegen Falschparkens in der Hohe Straße: Ausstellungsmacher Kittelmann ist angezeigt wegen Verbreitung nationalsozialistischen Gedankenguts.

Kunstvereine sind eine deutsche Erfindung. Jeder kann Mitglied werden, zahlt einen jährlichen Beitrag und darf sich anschließend als Förderer elitärer Kultur fühlen, bedankt mit Jahresgabe zum Vorzugspreis. Kunstvereine haben in den siebziger Jahren einen entscheidenden Beitrag zur Blüte der deutschen Kunstszene geliefert, vor allem in Städten, in denen es ausschließlich große, in Massenträgheit erstarrte Museen gibt. Als Schüler und Student hat mir der Kölnische Kunstverein früh Begegnungen mit Werken von Rebecca Horn oder der Kölner Videoszene beschert; freche, kommerziell wenig lukrative Kunst wie Performance, Videoinstallation, Experimentalfilm wird vornehmlich hier gezeigt. Um so mehr, als städtische Museen heute unter starkem Erfolgszwang stehen und wie private Wirtschaftsunternehmen geführt werden.

Verständlich also, wenn Udo Kittelmann überrascht ist. Stein des Anstoßes ist allerdings keine besonders pikante oder politisch unkorrekte Ausstellung, sondern eine schlichte Jahresgabe. Neben Grafiken anderer Künstler bietet der Kölnische Kunstverein auch eine Arbeit des deutschen Künstlers Hans Peter Alvermann an. Darauf ist groß ein Hakenkreuz zu sehen. Gleich neben der deutschen Fahne.

Als Kittelmann mir die Geschichte der Strafanzeige erzählt, kann er sich ungläubiges Kopfschütteln kaum verkneifen. Nicht wegen der zum Elefanten aufgeblasenen politischen Mücke, sondern wegen des inkriminierten Werkes, das einen langen Weg durch die Institutionen hinter sich hat. Denn schon vor knapp fünfunddreißig Jahren löst es in seiner Version als große, dreidimensionale Raumcollage einen Sturm der Entrüstung aus. Damals lautet der Vorwurf allerdings nicht auf Verbreitung nationalsozialistischen Gedankenguts, sondern auf Schändung der bundesrepublikanischen Flagge. Akteure, Gesellschaft, Zeitgeist ändern sich. Das Kunstwerk bleibt. Und behält seinen politischen Sprengsatz.

Alvermann, Jahrgang 1932, beschäftigt sich nach dem Studium an der Düsseldorfer Kunstakademie von 1959 bis 1966 mit einer Kunst zwischen Pop und Pamphlet. Seine Skulpturen mit »gefundenen« Alltagsobjekten – Marcel Duchamp nannte sie »Objets trouvés« – zeugen vom Einfluss der französischen Nouveaux Réalistes. Doch bekennt sich Alvermann zu einer primär inhaltlichen Kunst: In den sechziger Jahren zählt er zu den wenigen politisch eindeutigen Künstlern der Bundesrepublik. Als Mitglied des Republikanischen Clubs Düsseldorf engagiert er sich in Zeiten von Extremistenhatz und Berufsverbot weit links. Im Gegensatz zu Frankreich oder vor allem Italien, deren Kommunistische Parteien Künstler und Intellektuelle anziehen, gibt es in Deutschland damals weder eine parlamentarische noch eine außerparlamentarische Kulturopposition. Parteipolitisches Engagement ist verpönt – das gilt übrigens heute noch.

Über politische Kunst hört man oft, sie sei kurzlebig, da formal nicht innovativ genug – schließlich soll sie als Kritik funktionieren, und als solche muss sie vom Publikum verstanden werden. Nicht im Fall Alvermann, der das formale Risiko durchaus sucht und findet. Riskant ist sein bekanntestes Werk *Sauber – Illustration zu einem Song von Wolf Biermann, der von einem netten, fetten Vater handelt* immer noch; sonst gäbe es keine Missverständnisse wie jetzt in Köln.

Sauber ist ein deutsches Interieur, eine fingierte Schlafzimmerecke des Biedermanns mit Toilettentisch, Spiegel und Fahne. Im Wörtchen »sauber« steckt auch sein Gegenteil, nämlich »Sau«. Der Michel, der sich morgendlich am Toilettenmöbel aus der Biedermeier-Epoche rasiert – oder ist es Gelsenkirchener Barock? – verbirgt in seiner bundesrepublikanischen Gesinnung, die mit Extremisten reinen Tisch machen will, die propperen Ideen nationalsozialistischer Sehnsüchte. Der deutsche Saubermann ist männlich, die Sau aber weiblich – Faschismus und Sexismus sind für Alvermann geistesverwandte Phänomene. Nicht nur in Deutschland.

Anfang der sechziger Jahre geben sich die deutschen Staaten betont sauber. Jeder progressive Fremdkörper, der die Sterilität des Wiederaufbaus verschmutzen könnte, wird diffamiert und wenn möglich verboten. In der BRD wird die von der DDR finanziell unterstützte und ohnehin dank der Fünf-Prozent-Klausel bedeutungslose KPD unter anderem durch das Berufsverbot für Extremisten schikaniert. Man stelle sich vor, in Frankreich werde einem Lokführer verboten, kommunistisch zu wählen!

Suspekt ist damals jeder, der sich dem gängigen Patriotismusklischee verweigert. Ich erinnere mich an im Elternhaus zirkulierende,

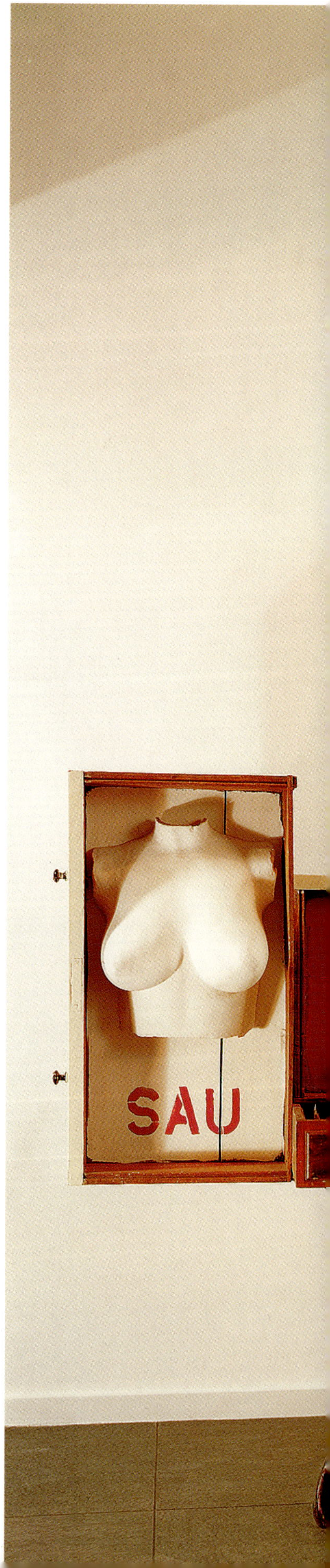

Hans Peter Alvermann,
»Sauber«, 1966

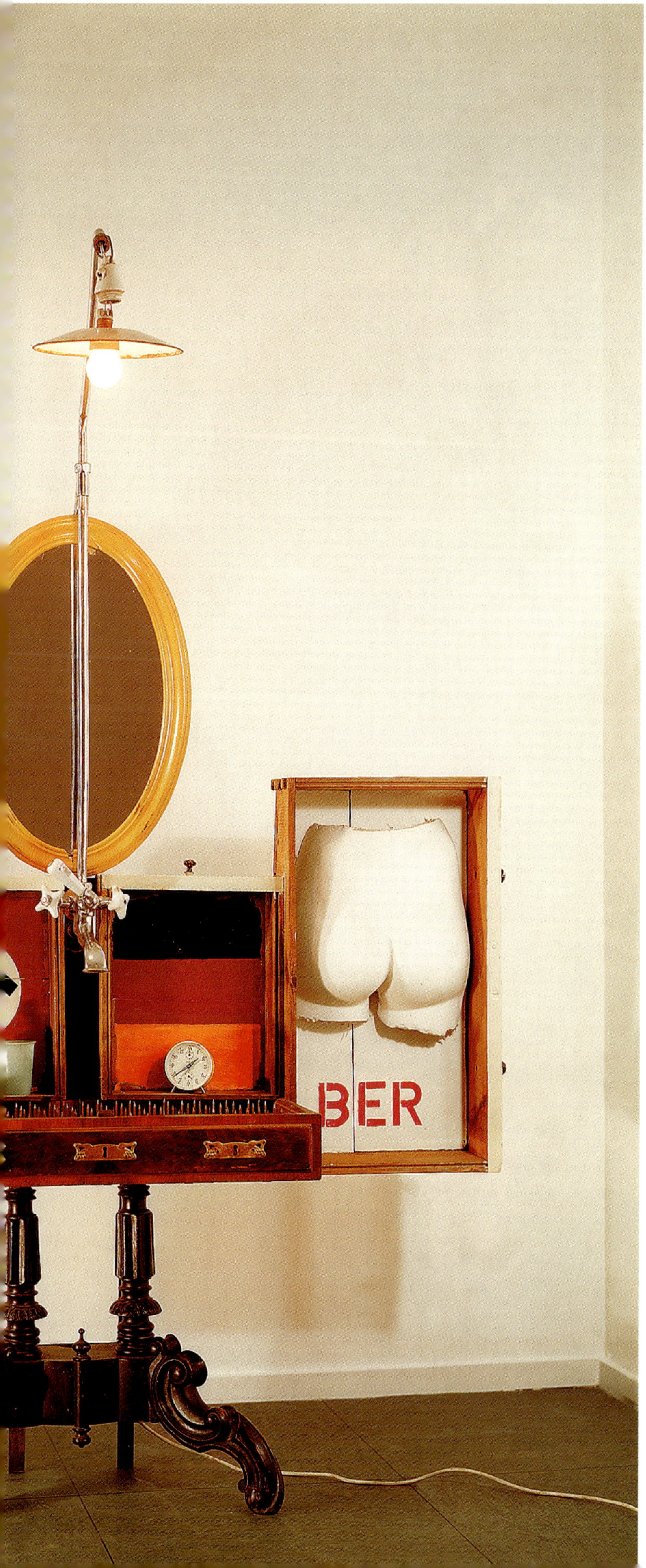

Jeden Morgen geht der nette fette Vater
Einen Eimer Kohlen holen
Aus dem Keller für das Bad,
Dass er sau, dass er sau,
Dass er saubere Kinder hat.
In die weißlackierte Eisen-
Badewanne mit den Flecken
Tut der Vater jeden Sonn'amt
Seine Kinder stecken.
Nach den Kindern seine Frau
Und er selber ist für Sauber-
Keit, setzt sich auch mit rein
Fein fein rein.
Jeden Samstag geht der nette fette Vater
Einen Eimer Kohlen holen …
Und er spielt mit seiner Frau
Blaues blaues Mittelmeer.

Er war in den vierzigeer
Jahren ein paar Wochen da
als Major von Adolf Hitleer …
und jetzt spielt er Militär
mit der Frau im Mittelmeer
Mittel- Mittel- Mittelmeer.
Plötzlich kommt ein Hai daher,
plötzlich ist die Frau nicht mehr.
Und das Badewasser rötet
sich, wenn Vater tötet.
Und am nächsten Morgen wachen
seine Kinder auf und machen
leis die Tür zum Bade auf:
Da liegt ein satter Hai
Mutter ist nicht mehr dabei,
ist nicht mehr
nicht.

Wolf Biermann, »Das Familienbad«

streng vertrauliche Unternehmerbriefe, in denen der CDU gefährliche Oppositionelle wie Berlins Oberbürgermeister Willy Brandt aufs billigste beleidigt werden. In jenen Schreiben taucht der vaterlos erzogene Brandt grundsätzlich nur unter seinem längst abgelegten Namen Frahm auf. Die Rolle eines Dissidenten des Nazi-Regimes wird dem »unehelichen« Kind, das sich im Krieg nach Norwegen absetzte, verwehrt – er gilt als Fahnenflüchtling. Und dieser Mann soll das saubere Deutschland regieren?

dem deutschen volke

Was aber ist deutsch? Wer ist Volk? Und wer ist das deutsche Volk? 1989 wird die DDR-Regierung im Donnerhall des Rufs »Wir sind das Volk!« zur Strecke gebracht. Und im neuen Deutschland droht die verbale Altlast »deutsches Volk«. Diesem ist das Berliner Reichstagsgebäude, alter und neuer Sitz der parlamentarischen Exekutive, explizit gewidmet. Auf seinem Frontfries steht eine weit über die nationalen Grenzen sichtbare Widmung, unter Kaiser Wilhelm als trotziges Bekenntnis zur Demokratie gedacht, heute aber manchem Bundesbürger – vor allem meiner Generation – äußerst suspekt. Unlängst wurde die Widmung samt Gebäude vom Künstlerpaar Christo und Jeanne-Claude verpackt. Eine Million Menschen lagert 1997 vor dem Kunstwerk Reichstag, picknickt und spielt Ball – die Frage, wer denn nun das deutsche Volk sei, wird im Volksfest erstickt.

Nun ist der Reichstag gar Gesamtkunstwerk, üppig geschmückt mit Arbeiten ausschließlich prominenter Künstler. Die Ausstattung sämtlicher offizieller Berliner Regierungsbauten mit zeitgenössischer Kunst ist selbst für das Kulturparadies Deutschland eine Sensation. Aber ebenso sensationell ist es, dass sich kaum einer der ausgewählten Künstler wirklich mit der Geschichte von Ort und Exekutive auseinandersetzt. Georg Baselitz, Sigmar Polke, Günther Uecker oder Jenny Holzer schicken zwar gute Arbeiten, doch nur zwei Werke stellen offen die Frage nach dem Deutschen im deutschen Reichstag – und genau diese ecken an.

Eine dieser beiden Arbeiten wird erst nach namentlicher Abstimmung der Bundestagsabgeordneten und mit knapper Mehrheit möglich gemacht. Es handelt sich um den Versuch von Hans Haacke, das in Stein gemeißelte Schlagwort *Dem deutschen Volke* umzuwidmen in *Der Bevölkerung*; in Deutschland lebende, aber nicht deutschstämmige Bürger, die ja ebenfalls vom im Reichstag tagenden Bundestag regiert werden, sollen endlich offiziell eingeschlossen sein.

Die zweite Auseinandersetzung mit dem Deutschen ist scheinbar rein formal und beschränkt sich auf die Landesfarben – der in Dresden

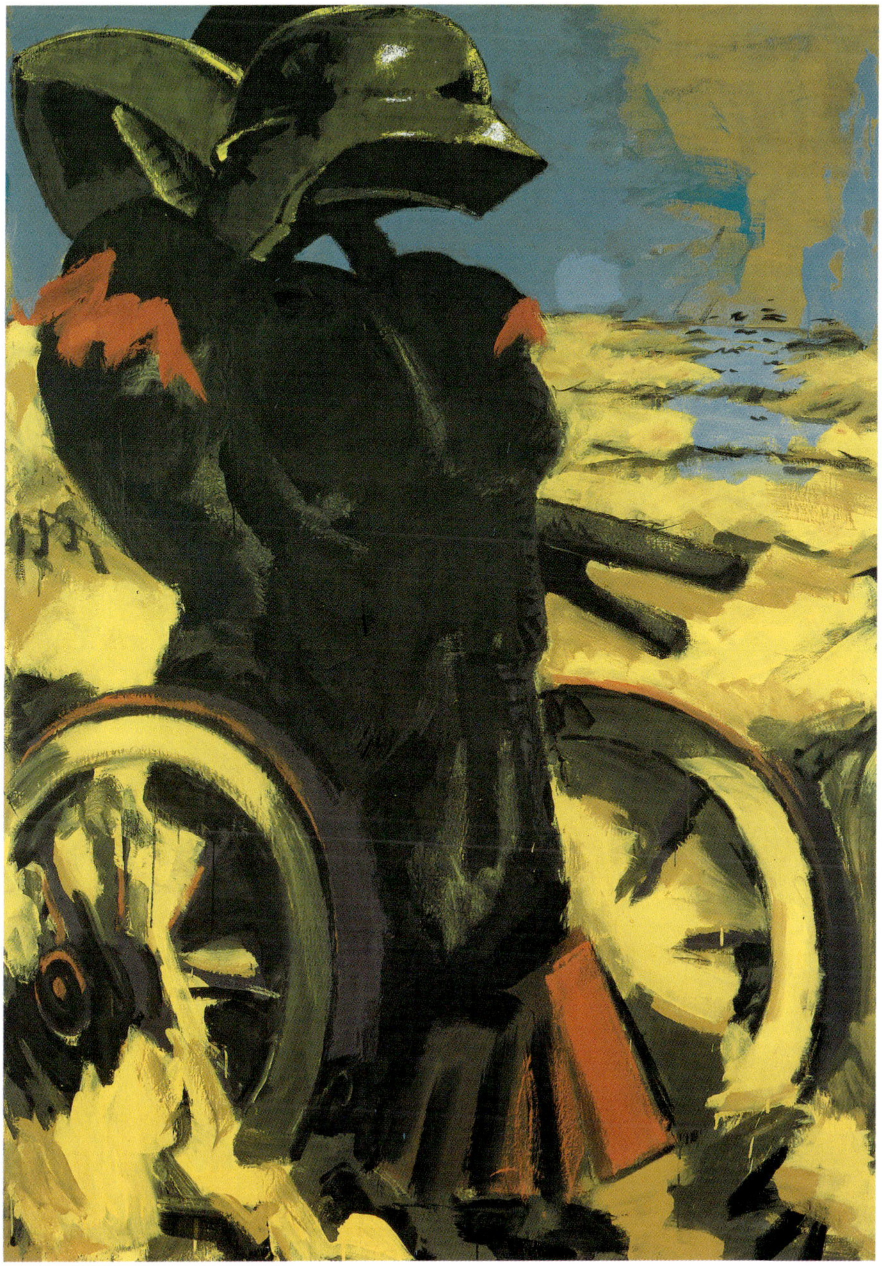

Markus Lüpertz,
»Schwarz-Rot-Gold I«, 1974

geborene und seit langem in Köln lebende Maler Gerhard Richter hat in die Eingangshalle des Reichstags ein turmhohes Bild in den Landesfarben Schwarz, Rot und Gold gehängt, dessen Verglasung die Architektur spiegelt und so, verkürzt gesagt, künstlerisch Bild und Abbild, Malerei und Wirklichkeit, nationales Symbol und politischen Alltag in Deckung bringt.

malerei und zeitgeschehen

Es gehört seit langem zu Richters malerischem Konzept, Motive mit hohem Symbolgehalt aufzugreifen und durch kühle Formalisierung emotional herunterzufahren. 1989 provoziert sein ein Jahr vorher gemalter Werkblock *18. Oktober 1977* scharfe Reaktionen. Thema ist das gewaltsame Ende der Roten Armee Fraktion. Porträts sind zu sehen und Innenansichten der Gefängniszellen in Stuttgart-Stammheim, wo die Gruppenmitglieder in Isolierhaft einsitzen; dann der Menschenauflauf zum Begräbnis. Vor allem aber malt Richter die Leichen von Andreas Baader, Gudrun Ensslin und Ulrike Meinhof. So wie sie von den Wärtern aufgefunden wurden nach dem – angeblichen – Freitod der Gefangenen.

Die Serie ist ganz in Grisaille gehalten. Vorlagen sind Pressefotos, teilweise im Magazin Stern veröffentlicht, teilweise unter Verschluss gehalten. Richter hat die Papierabzüge erst groß auf Leinwand übertragen, dann mit einer von ihm entwickelten Technik verwischt. Im Gespräch mit dem Journalisten Jan Thorn-Prikker begründet er dieses Verfahren, den fotografischen Vorlagen der Toten die Schärfe zu nehmen und sie malerisch zu machen: »Es (das Bild) soll ja auch anders sein als das Foto. Vielleicht kann ich den Unterschied so benennen: Das Foto löst Entsetzen aus und das Bild mit dem gleichen Motiv eher Trauer. Das würde auch meiner Absicht sehr nahe kommen.«

Richters Bilder provozieren eine heftige Kontroverse. Über dem Kapitel Terrorismus hängt in Deutschland ein Mantel des Vergessens, unter dem Schlagworte wie Mogadischu oder Schleyer erstickt werden. Die RAF ist nicht zuletzt wegen ihres dramatischen Endes Tabuthema; man will weder an Meinhof, Baader, Ensslin, noch an eine bleierne Zeit der Terroristenhatz erinnert werden, in der die Bundesrepublik am liebsten die Todesstrafe wieder eingeführt hätte.

Nun kehren die Selbstgerichteten zurück, gemalt von einem Künstler, der in den sechziger Jahren mit seinem Verfahren des Verwischens fotografischer Motive bekannt wird und in den Achtzigern vor allem weltweit gefeierte abstrakte Kompositionen zeigt. Das konservative Feuilleton vergisst prompt, dass Richter zeitlebens immer wieder politische Themen aufgreift, wenn er *Herrn Heyde* oder den Familiennazi *Onkel Rudi* in Uniform porträtiert. Die

»Das Kunstwerk als solches, isoliert von seinem Kontext, existiert meiner Meinung nach überhaupt nicht. Jeweils wird es geprägt vom Kontext, in dem man dem Kunstwerk begegnet, ob das nun das Atelier, eine kommerzielle Galerie, ein Museum ist oder Zeitung und Fernsehen. All diese Kontexte prägen das Verständnis dessen, was man sieht. Ich glaube, es gibt keine Kunstwerke, die ausschließlich formal sind. Sie haben alle immer einen ideologischen Hintergrund, sie sind immer in einem Kontext entstanden, dem Kontext des Kunstbetriebs und dessen, was rechts und links von ihm geschieht; …

Presse wirft ihm vor, seine undeutliche Malweise sei bei den RAF-Bildern deplatziert, weil er sich so um jede Stellungnahme drücke. Andere Stimmen befinden schlichtweg, ein bürgerlicher Maler habe die Pinsel von solch heiklen Themen zu lassen.

Als Richter die fünfzehn Bilder nicht an ein deutsches Museum, sondern an das New Yorker MoMA verkauft, wird er wiederum kritisiert; diesmal, weil er sich undeutsch verhalten habe. Vor allem das Frankfurter Museum für Moderne Kunst, wo die Bilder lange als Leihgabe hängen, fühlt sich übergangen. Dabei meidet Richter Frankfurt, weil die Stadt zu nahe an Stuttgart, dem Schauplatz des tatsächlichen Dramas, liegt. Er will geografische Distanz, weil sein Porträt eines sehr besonderen Tages keinesfalls als politisches Statement, sondern als Kunstwerk verstanden werden soll. Das können in den USA die Massenmedien nicht nachvollziehen. Das amerikanische Nachrichtenmagazin Newsweek kommentiert Richters Serie mit der hirnrissigen Schlagzeile: »Art imitates terrorism«.

Ähnlich ignorant ist die Reaktion der Vizepräsidentin des Deutschen Bundestags, Antje Vollmer, auf Richters Beitrag zur Reichstags-Kunst. Sein schwarz-rot-goldenes Hochformat bezeichnet sie – obwohl sie Mitglied des angeblich sachverständigen Kunstrats ist – als »Scharlatanerie«. Dummerweise, ohne es gesehen zu haben.

volk und bevölkerung

Demonstrative Toleranz in Sachen Kunst entpuppt sich leicht als Buhlen um Wählergunst. Schon sechs Monate nach der feierlichen Einweihung des Reichstagsgebäudes ist in Berlin Kunstmüdigkeit angesagt. Fest georderte Projekte für Ministerien sterben wie Eintagsfliegen. Kaum sind Fernsehteams und internationale Architekturkritik verschwunden, werden vollendete Werke wieder abgeräumt. Markus Lüpertz gehört mit einer Skulptur ebenso zu den Opfern wie der Beuys-Schüler Felix Droese.

Als mit einjähriger Verspätung doch noch ein politisch aussagekräftiges Kunstwerk das Reichstagsgebäude beziehen soll, bringt dieses den Toleranzkessel der deutschen Parlamentsabgeordneten endgültig zum Überlaufen.

Denn der politische Konzeptkünstler Hans Haacke hat sich Bedenkzeit erbeten, um die Arbeiten der Kollegen abzuwarten: Deutlich nach allen anderen

… was in den Galerien und Museen gezeigt wird, worüber die Kunstpresse redet. Das ist der Kontext, in dem sie sich bewegen und im Verhältnis zu dem sie agieren, und das ist auch der größere gesellschaftliche Kontext. Kunstwerke sind aus der Natur der Sache heraus Vehikel oder Agenten, wie immer man es nennen möchte. In einem Prozess der Kommunikation durch Kunstwerke verständigt sich eine Gesellschaft über das, was sie von sich selbst, von der Welt und von ihren Vorstellungen von der Zukunft denkt.«

Hans Haacke

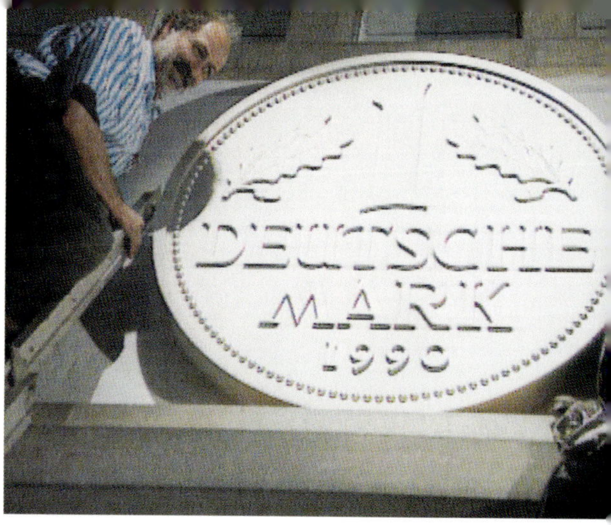

Hans Haacke auf der Biennale in Venedig (Videostill)

eingeladenen Künstlern stellt er erst im August 1999 sein Projekt *Der Bevölkerung* vor, das – wider Erwarten – vom Kunstbeirat des Bundestags mit nur zwei Gegenstimmen akzeptiert wird.

Seit Ende der achtziger Jahre beschäftigt sich Haacke zunehmend mit politischen Themen. Er mag sich nicht mehr auf die Verflechtungen von Kunstbetrieb, Sponsoren und Unternehmenspolitik beschränken. Als er bei der Biennale von Venedig das wieder vereinigte Deutschland repräsentieren soll, was für ihn als im New Yorker Exil lebenden Bundesbürger nicht einfach ist, hängt er eine riesige deutsche Mark über den Eingang und reißt den – von Mussolini und Hitler 1934 gemeinsam eingeweihten – Marmorboden des Pavillons auf. Eine scheinbar simple Geste, die Deutschlands Vergangenheit und Zukunft nicht nur bildlich, sondern auch physisch erfahrbar macht.

Ende März des Jahres 2000 provoziert er den im Wahlkampf gegen Hillary Clinton zunehmend nach rechts driftenden New Yorker Bürgermeister und Saubermann Rudolf Giuliani. In einer Arbeit für die Whitney-Biennale stellt er den ehemaligen Staatsanwalt in eine Reihe mit reaktionären Kunstzensoren wie Senator Jesse Helms, Fernsehpastor Pat Robertson und… Reichskanzler Adolf Hitler. Wie Hitler 1937 in München mit dem Schlagwort der »Entarteten Kunst« traurige Geschichte schrieb, versucht Giuliani 1999 im New Yorker Brooklyn Museum ein Gemälde des farbigen Briten Chris Ofili als entartet zu diffamieren. Ein bewusst übertriebener Vergleich, der Giuliani allerdings eine geschichtliche Dimension verleiht, die ihn leicht zum Märtyrer adeln könnte.

Haackes Arbeit führt denn auch in New York zu erbitterten Diskussionen. Man wirft Haacke seinen deutschen Pass vor und fordert ihn als Ausländer zur Nichteinmischung auf – genauso wie ihm die Konservativen in Berlin seinen New Yorker Wohnsitz zur Last legen. Im Whitney Museum kann Haackes Arbeit schließlich nur gezeigt werden, da dieses nicht von Giulianis städtischen Subventionen, sondern von Sponsoren lebt. Doch kündigen wichtige Gönner des Museums, darunter auch die Erbin des Museumsgründers, finanzielle Konsequenzen an.

Übergriffe von Politikern auf die Kunstszene sind ein klassisches Haacke-Thema; die Auseinandersetzung mit multikultureller Problematik, ohne direkten Bezug zur Kunstszene, ist seltener. 1989 schlägt Haacke für Frankreichs Abgeordnetenkammer im Palais Bourbon eine Arbeit vor, die mit arabischen Schriftzeichen spielt. In einem Land, in dessen Parlament eine rechtsradikale Partei sitzt, die Front National, und das sich zur Bewahrung der Landesprache eine Académie Française unsterblicher Geistesgrößen hält, muss ein solches Projekt natürlich abgelehnt werden.

Auch in seinem Berlin-Projekt legt sich der an New Yorks Rassenintegration gewohnte Haacke mit der Fragwürdigkeit heutigen Nationalverständnisses an: Sein in derselben Schrifttype wie die Reichstagsinschrift *Dem deutschen Volke* gesetztes *Der Bevölkerung* strahlt in großen Leuchtbuchstaben und ist vom Plenarsaal aus unübersehbar.

Doch begnügt sich Haacke nicht mit einer längst fälligen, der täglichen Realität entsprechenden Korrektur der nationalen Idee. Er möchte *Der Bevölkerung* in einem ganz besonderen Humus gedeihen lassen: Die Inschrift leuchtet nämlich aus einem zwanzig Meter langen und sieben

Hans Haacke, »Germania«, Biennale in Venedig, 1993

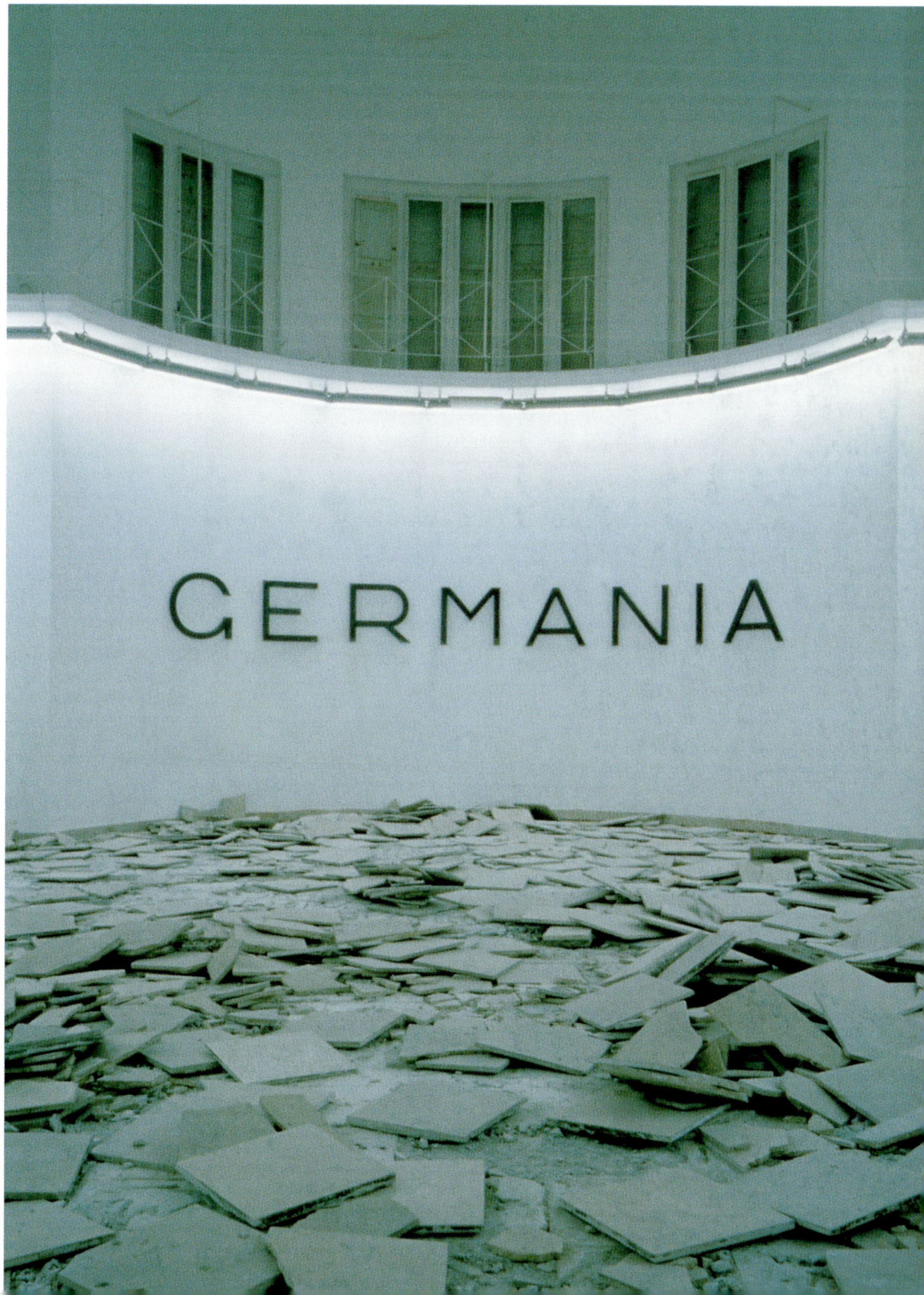

Meter breiten Holztrog, in den jeder Abgeordnete einen Zentner Erde aus seinem Wahlkreis füllen soll. Die Nation als künstlerisches Biotop: Ohne gärtnerische Einflussnahme wird deutscher Boden Wildwachstum fördern – und es ist nicht nachvollziehbar, welches Unkraut auf wessen Konto geht.

Haackes erste große, explizit politische Arbeit *MOMA POLL* entsteht 1970 und stellt im New Yorker Museum of Modern Art zwei fiktive Wahlurnen vor ein Publikum, das sich für oder gegen Gouverneur Rockefeller und Amerikas Vietnampolitik erklären soll. Es folgt die präzis recherchierte Arbeit *Shapolski et al. Manhattan Real Estate Holdings, a Real-Time Social System, as of May 1, 1971*, in der er 1971 die rücksichtslosen Immobiliengeschäfte des Miethais Harry Shapolsky und seines Familienclans bloßlegt, der vor allem in Harlem und der Lower East Side Mietwucher treibt.

Das Werk provoziert einen Skandal, weil es nicht gezeigt wird. Geplant für eine Einzelausstellung im New Yorker Guggenheim Museum, verbietet Guggenheim-Direktor Thomas M. Messer die Arbeit und feuert den zuständigen Ausstellungskommissar. Wahrscheinlicher Grund der Museumszensur sind finanzielle Beteiligungen von Mitgliedern des Guggenheim-Freundeskreises an den Shapolski-Immobilien. Vorgeschürztes Argument Messers: Der Werkblock sei keine museumswürdige Kunst.

Seither ist Haacke Ärger gewohnt; er sucht ihn geradezu, hat er doch ein wunderbares Gespür dafür entwickelt, was den Machthabern der Kunst- und Politikszene zumutbar ist und was nicht. Nie wird er dabei so polemisch, dass jede Diskussion von vornherein unmöglich bleibt; immer trimmt er die künstlerische Form so, dass sie verständlich und auch für Mehrheiten nachvollziehbar bleibt.

Spitzfindiger dagegen die Fallen, die Haacke in seine Projekte einbaut. Im Falle Berlin etwa eine schlicht anmutende, für Politikerköpfe aber offensichtlich zu weit reichende Interaktivität: Die Bundestagsabgeordneten werden mit verbalem Druck zum Mitbringen von Heimaterde aus ihrem Wahlkreis »aufgefordert«, wie es barsch in der Projektbeschreibung heißt. Haackes Ironie bei der Anspielung auf Blut und Boden wird prompt überlesen. Und sein eigentliches Hauptthema, nämlich das Wortspiel mit Volk und Bevölkerung, fällt erst nach Ablauf der juristischen Einspruchsfrist auf. Sechs Monate nach Verabschiedung des Projektes entdecken die von der Bevölkerung gewählten Volksvertreter, dass sie keine Bevölkerungsvertreter sein wollen.

Die Parlamentarier sträuben sich im Februar gegen Haackes Projekt, obwohl der von der ehemaligen Bundestagspräsidentin Rita Süssmuth

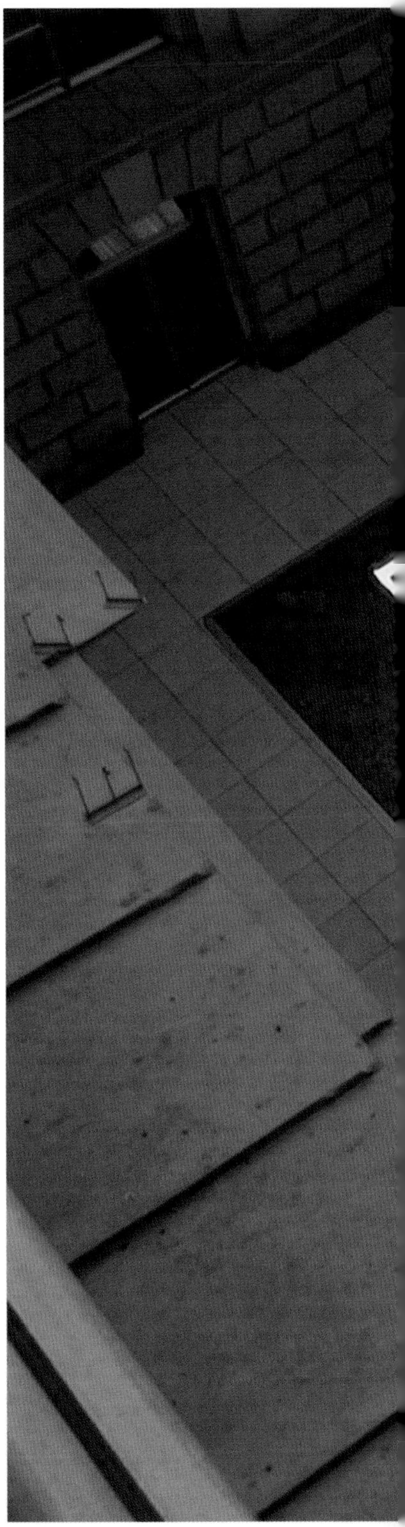

Hans Haacke, »Der Bevölkerung«, 1999 (Computersimulation)

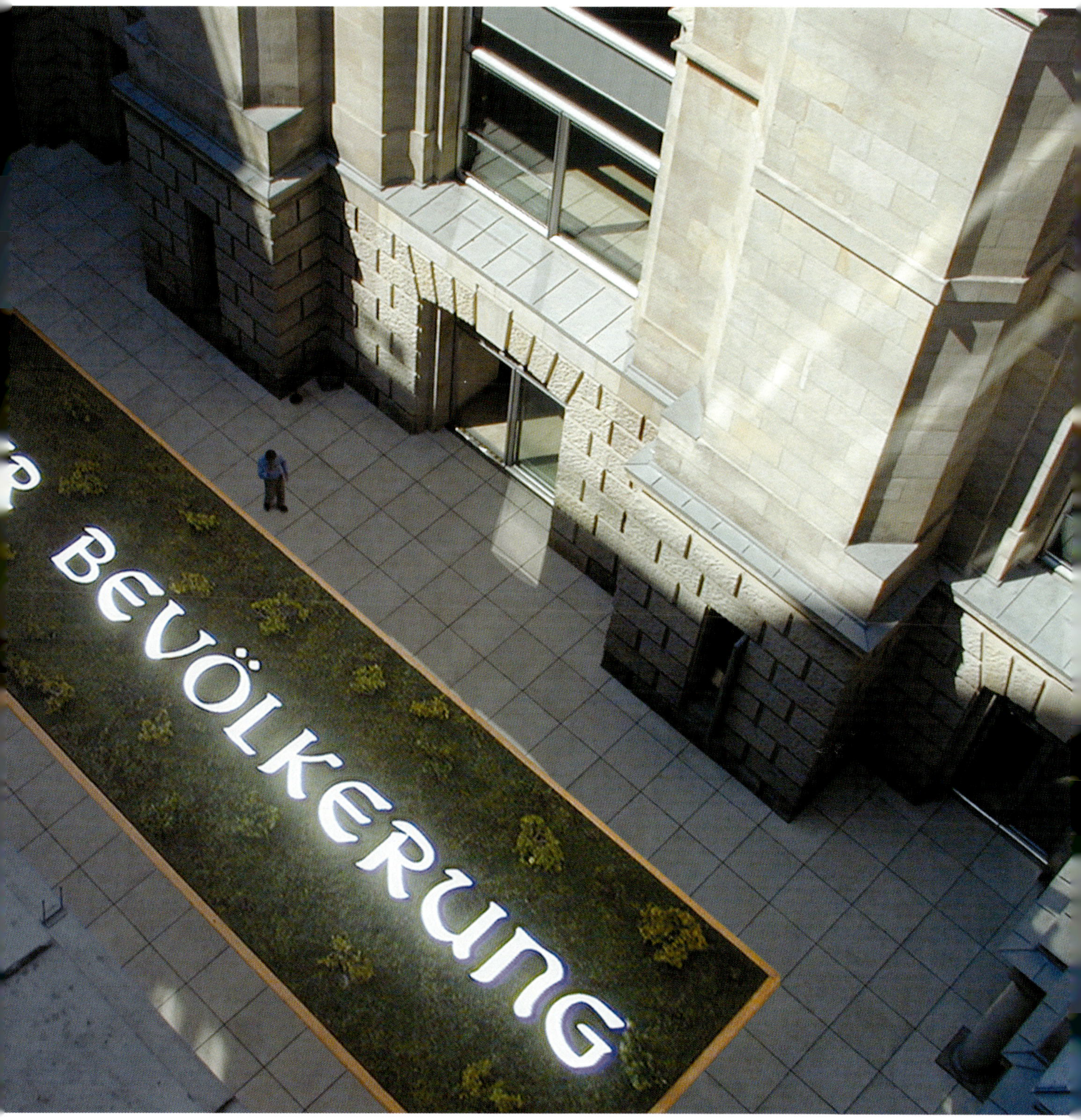
BEVÖLKERUNG

präsidierte Kunstbeirat des Bundestags es längst bestellt hat. Künstler Haacke kann also auf einen gültigen Vertrag pochen, als der CDU-Abgeordnete des Wahlkreises Rottweil-Tuttlingen, Volker Kauder, selbst Mitglied des Kunstbeirats, seine Fraktion soweit mobilisiert hat, dass nach einer Plenarsitzung, zumindest aber nach dem für Schlichtung zuständigen Ältestenrat gerufen wird. Ein überstürzt eingeholtes Rechtsgutachten befindet Haackes Arbeit für verfassungswidrig – als versuche der Künstler, der Verfassung künstlerisch das Volk zu klauen.

Nicht nur konservative Abgeordnete wie CSU-Falke Peter Ramsauer, der gegen die »skandalöse Verneinung des deutschen Volkes« wettert, laufen Sturm gegen die Kunst. Die grüne Bundestagsvizepräsidentin Antje Vollmer blamiert sich, als sie in Haackes Projekt einen »Beigeschmack von Blut- und Bodenideologie« erblickt. Vollmundig spricht sie von »Biokitsch« und setzt sich damit nach ihrer voreiligen Kritik an Gerhard Richter zum zweiten Mal ins rechte Licht – endlich eine Politikerin, die unfreiwillig, aber öffentlich zeigt, dass Kunst für deutsche Abgeordnete ein Fremdwort geblieben ist.

dürer und die RAF

Bekennt sich Kultur zu einer politischen Meinung, verliert sie bei Berufspolitikern jeden Sympathiebonus. Während in anderen Ländern Kulturschaffende beim ernst gemeinten oder provozierenden Sprung in die Politik unter öffentlichem Applaus weich landen, versteht man in Deutschland bei Quereinsteigern keinen Spass. In den USA kann ein Hollywood-Schauspieler Präsident werden, in Peru ein fortschrittlicher Schriftsteller Kandidat der konservativen Rechten. In Frankreich bereichert der Komiker Coluche 1981 das Rennen um den Elysée-Palast, als er in Latzhose vor den Landesfarben posiert. In Italien verschafft die Radikale Partei dem Pornostar Cicciolina einen weithin sichtbaren Sitz im Plenum.

Im bierernsten Deutschland dagegen würde man Schriftstellern wie Günther Grass am liebsten den Mund verbieten. Die meisten Aggressionen aber fordert Joseph Beuys heraus, der sich 1979 als Gründungsmitglied der Grünen engagiert und nacheinander für die Wahlen zum Europaparlament und zum Bundestag kandidiert.

Die etablierten Parteien überschütten ihn mit Häme, die Bevölkerung – das deutsche Volk? – mit Unverständnis. Die Grünen benutzen erst seinen Namen und servieren ihn dann, nach einem allgemein enttäuschenden Wahlergebnis bei den Bundestagswahlen von 1980, auf ihrem Parteikongress ab. Seine revolutionäre Botschaft sei bei den Wählern nicht angekommen, erklärt Grünen-Mitglied Lukas Beckmann. Zu früh zu viel Fortschritt für damals noch um Bewahrung des deutschen Waldes bemühte Ökologen?

Kein anderer Künstler hat die Kunst so radikal in die Politik eingebracht wie Beuys. Mit Leitmotiven wie *Sozialer Plastik* oder *Erweitertem Kunstbegriff* trägt er sein Werk in das Magnetfeld der gesellschaftsverändernden *Richtkräfte des 20. Jahrhunderts*, wie seine heute in der Berliner Nationalgalerie gezeigte Arbeit heißt. Sie ist Ergebnis eines vierwöchigen Seminars in London, wo Beuys 1974 sein Credo über die notwendige Verflechtung von Kunst und Gesellschaft auf Schiefertafeln darstellt.

Beuys ist Meister im Umgang mit Medien und Institutionen. Zumindest zwei am Schnittpunkt zwischen künstlerischer und politischer Aktivität agierende Institutionen gründet er persönlich: Die *Freie Internationale Hochschule* an der Düsseldorfer Kunstakademie sowie seine *Organisation für Direkte Demokratie.* Andererseits ist er sich auch nicht zu schade, 1982 bei einem Deutschland-Besuch des amerikanischen Präsidenten von einem Bein aufs andere hopsend den Song *Lieber Sonne statt Reagan* in die Fernsehkameras zu brummen. Allerdings ist damals seine politische Karriere bereits beendet.

Ein erster Höhepunkt politischer und künstlerischer Performance ist dagegen am 1. Mai 1972 seine Aktion *Ausfegen* auf dem Westberliner Karl-Marx-Platz. In Begleitung eines koreanischen und eines afrikanischen Kunststudenten wartet Beuys, auf seinen Besen gestützt, das Ende einer auf Spruchbändern die »Diktatur des Proletariats« herbeisehnenden Demo ab. Anschließend kehrt er den Platz sauber, zumindest teilweise, und füllt Papier, Flugblätter, Müll in Plastiksäcke mit der Aufschrift *Organisation für Direkte Demokratie.* In der Galerie René Block werden die Plastiksäcke ausgeschüttet und ihr Inhalt ausgestellt. Die Botschaft ist deutlich: Beuys fegt hinter der außerparlamentarischen Opposition her. Er will den Marxismus entstauben und die Demokratie erneuern.

Anfang der siebziger Jahre verzichtet Beuys zusehends auf dem Kunstbetrieb verhaftete Kommunikationswerkzeuge wie Video. Er will die Politik unmittelbar in die Kunst holen. Im Juni 1972 richtet er auf der documenta 5 ein *Büro für Direkte Demokratie* ein und veranstaltet hundert Tage lang eine Mischung aus Besucherschule für Kunsttouristen und basisdemokratischer Performance. In den Räumen des BDD sind zwei Tafeln aufgestellt mit der Aufschrift: *Dürer, ich führe persönlich Baader + Meinhof durch die documenta V.* Beuys ernennt die beiden bekanntesten Vertreter des deutschen Terrorismus zu Kulturfaktoren und integriert sie in die hohe Tradition deutscher Kunst, verkörpert durch ihren populärsten Vertreter – und ihre berühmteste Veranstaltung.

Die Arbeit ist Frucht eines Dialogs mit dem jungen Künstler Thomas Peiter, der, als Albrecht Dürer verkleidet, wie ein Zeremonienmeister zwischen Kunst und Publikum der documenta agiert. Eines Tages begrüßt ihn Beuys als Dürer und kündigt an, Baader und Meinhof durch die documenta führen zu wollen, um sie wieder gesellschaftsfähig zu machen. Peiter ist es, der diesen Satz auf zwei Tafeln schreibt und im Büro für Direkte Demokratie aufstellt. Beuys vereinnahmt sie später, indem er sie durch das Hinzufügen von Filzpantoffeln, die mit Fett und verwelkten Rosen gefüllt sind, zum Kunstwerk macht. Beziehungsweise machen lässt: Klaus Staeck präpariert die beiden Pantoffel nach Beuys' telefonischen Angaben.

Beuys provoziert in ein und derselben Arbeit Polizeistaat, Bildungsbürgertum und Kulturelite, die auf ihrem Lieblingsspielplatz documenta mit der formal kargen Beuys'schen Parole nicht viel anfangen kann. Schließlich sind unter Deutschlands Kulturschaffenden die Sympathisanten nicht gerade in der Überzahl. Damals sind Baader und Meinhof noch auf freiem Fuss; sie stellen eine Bedrohung dar für den angeblichen Rechtsstaat, der auf diese Bedrohung mit gewalttätiger Überwachung reagiert. Durch das Hinzufügen von Filz und Fett lenkt Beuys die Brutalität der Auseinandersetzung zwischen Stadtguerilla und Staat ins Poetische ab – er bietet den künstlerischen Mittelweg an.

die BRD als kneipe

Beuys ist nicht nur Agitator für gesellschaftsverändernde Kunst, er ist auch Initiator einer kunstverändernden Gesellschaft. Gemeint ist der Mikrokosmos der Düsseldorfer Akademie. Vor seiner Entlassung durch den damaligen Wissenschaftsminister Johannes Rau formt Beuys in seiner Klasse eine Kulturzelle von politisch wachen und engagierten Kunststudenten. Zum harten Kern gehört Jörg Immendorff, der 1994 in einer Serie von Gouachen, genannt *Erinnerungen*, einige Schlüsselerlebnisse in der Beuys-Klasse um 1964 in Erinnerung bringt.

Als ich 1994 in einer Podiumsdiskussion in Paris berichte, wie das politische Engagement der frühen siebziger Jahre meiner Generation den Blick auf Beuys' eigentliche Arbeit lange Zeit verstellt hat, widerspricht mir Immendorff heftig. Ich habe als Achtzehnjähriger Beuys erstmalig 1972 auf der documenta erlebt; das heißt, ich lerne einen großen Zampano politischer Kommunikation kennen, bevor ich auf seine Skulpturen und großen Installationen treffe. Für Immendorff jedoch ist der politische Beuys der siebziger Jahre die logische Fortsetzung des Bildhauers – genau das Gegenteil von Immendorffs eigener Karriere.

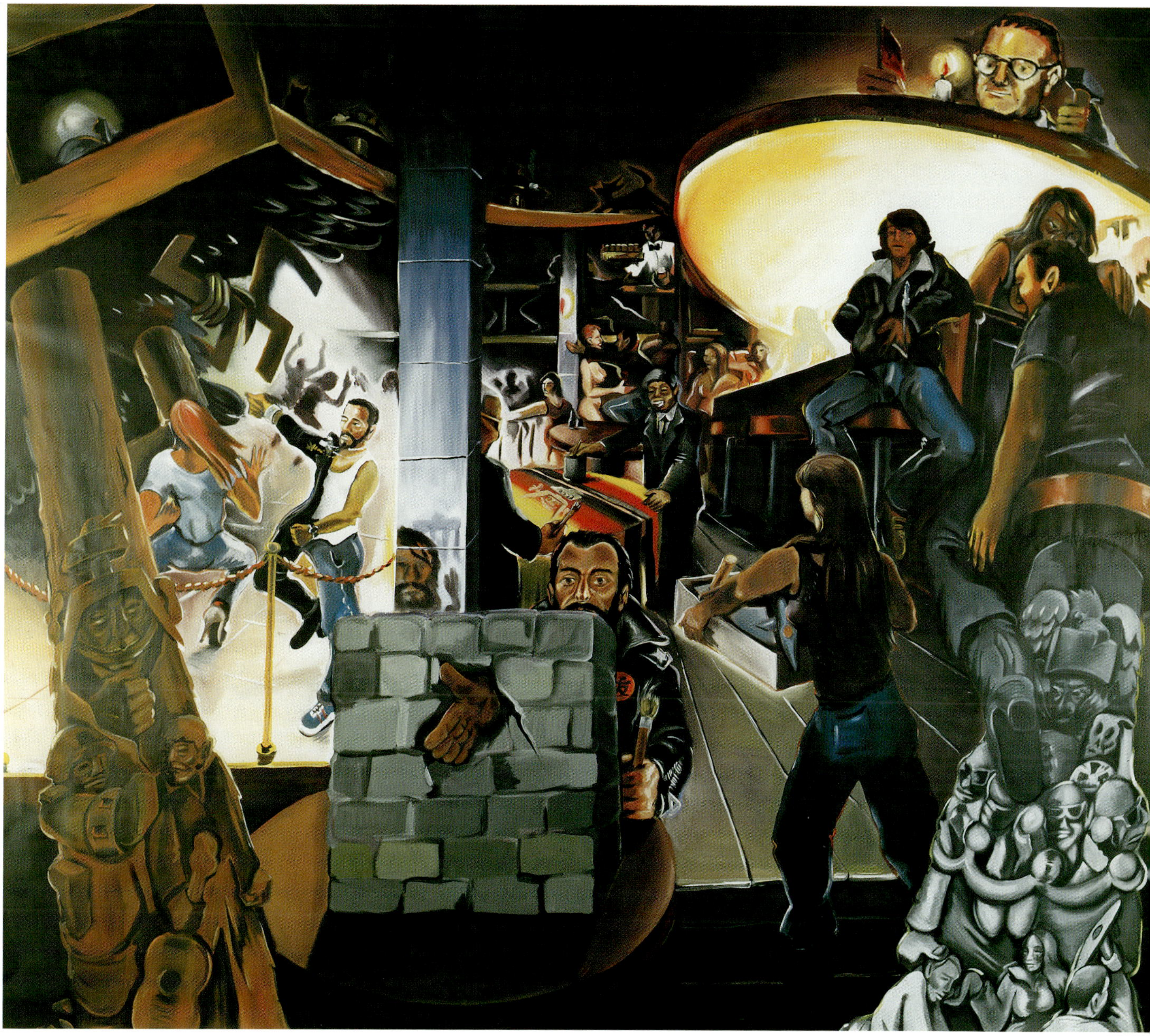

Jörg Immendorff,
»Café Deutschland I«, 1977/78

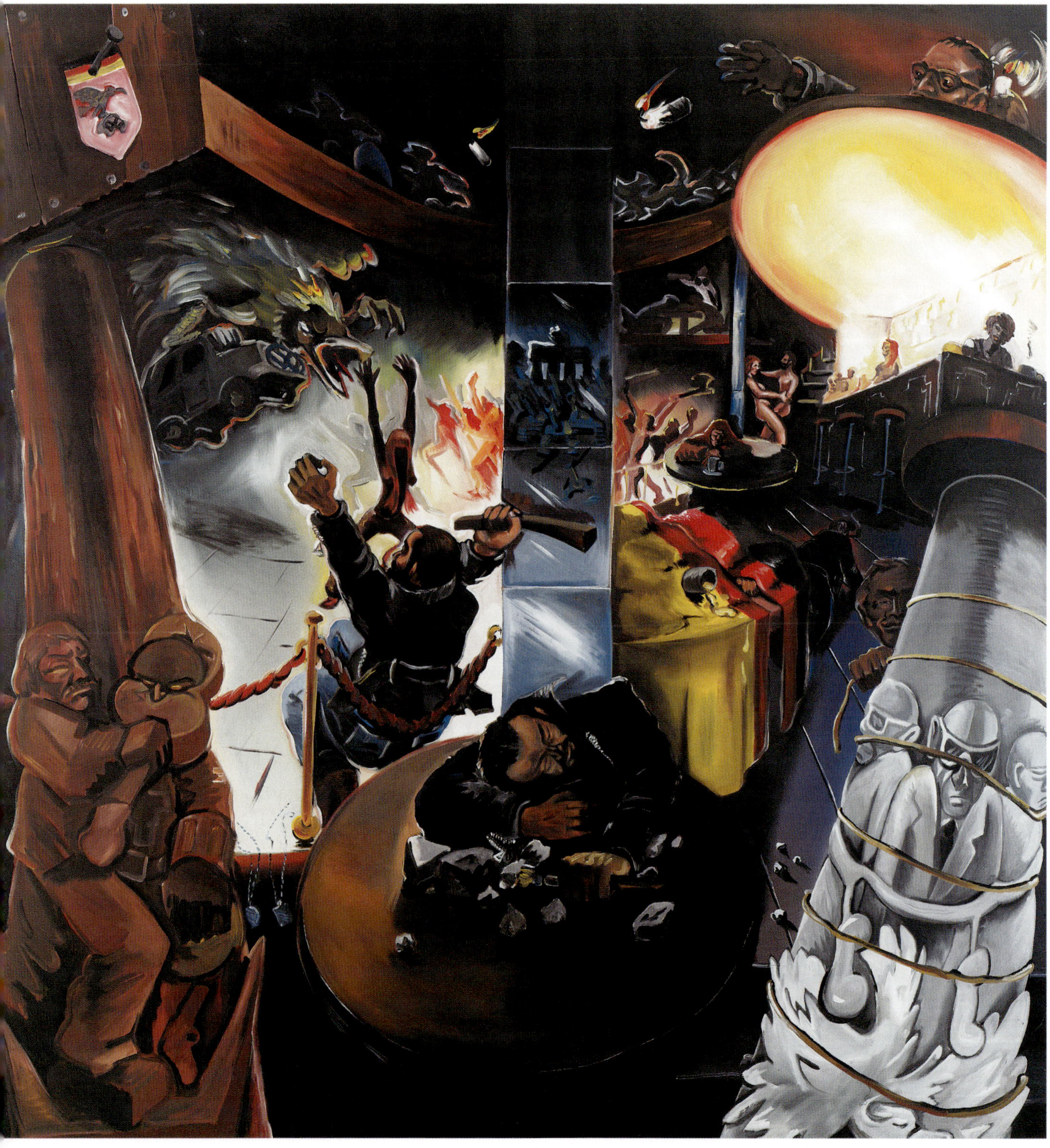

Jörg Immendorff,
»Café Deutschland III«, 1978

Denn der heute als Maler erfolgreiche Düsseldorfer Immendorff beginnt 1968 mit politischen Performances, ehe er zu Leinwand und Öl findet. Obwohl er mir erst als Maler begegnet, liegt der Schlüssel zu seiner Malerei in den politischen Aktionen der frühen Jahre. Damals, in der Blütezeit politischer Kunst von KP Brehmer oder der Gruppe Rosa Nelke, betreibt er eine Art künstlerischen Agitprop mit *Lidl*, eine revolutionäre Künstlerzelle, die an der Schnittstelle von öffentlichem und Museumsraum Protest in Kunstaktionen umsetzt. Etwa am 31. Januar 1969, als er an das Bonner Bundeshaus ein *Lidl*-Haus aus Pappkarton baut, was zu seiner Verhaftung führt. Oder ein Jahr vorher, als er sich einen Klotz in Schwarz-Rot-Gold ans Bein bindet; auch diese Aktion bringt ihm eine Verhaftung ein – wegen Verhohnepipelung der deutschen Nationalfarben.

Als ich Immendorffs Malerei entdecke, macht er gerade über gesamtdeutsche Befindlichkeiten hinweg den Eisernen Vorhang zum Gegenstand eines künstlerischen Dialogs. Immendorff korrespondiert malerisch mit dem Dresdner A.R. Penck, der in der DDR festgehalten wird, aber in Westdeutschland ausstellt; eine einzigartige, heute leider in Vergessenheit geratene Rarität kulturellen Kontakts zwischen Ost- und Westdeutschland. Immendorffs Meisterwerk aber ist die 1976 begonnene Serie *Café Deutschland*, inspiriert vom *Caffè Greco* des italienischen Politmalers Renato Guttuso. Jeweils in großem Format bringt er die Heroen – im positiven wie im negativen Sinn – deutscher Kultur und Politik in einem fiktiven Raum, einer Art Diskothek, auf den malerischen Nenner.

Immendorffs Malerei ist schrill wie ein Comic und verstößt bewusst gegen jede Form des guten Geschmacks. Sie bekennt sich zum Bad Painting, zur geplanten Ungeschicklichkeit; verständlich wird sie erst durch seine Biografie, die den heutigen Bürgerkünstler als selbstironischen Bohemien zu erkennen gibt. Allzu oft wird diese Selbstironie mit Eitelkeit verwechselt, wenn der in schwarzes Leder gehüllte und gepflegt unrasierte, ehemalige Betreiber der legendären Künstlerkneipe La Paloma auf dem Hamburger Kiez mürrisch die eigenen Bilder erklärt. Doch Immendorff kommt von weit her. Schließlich ist gegenständliche Malerei ein ungewöhnliches Medium für einen Beuys-Studenten, der mit seinen *Lidl*-Aktionen den Weg der künstlerischen Agitation versucht, ehe er 1973 ein Bild malt, dass die Malaise der politischen Kunst nach den stürmischen sechziger Jahren auf den Punkt bringt: *Wo stehst du mit deiner Kunst, Kollege?*

Jörg Immendorff,
»Wo stehst du mit deiner Kunst,
Kollege?«, 1973

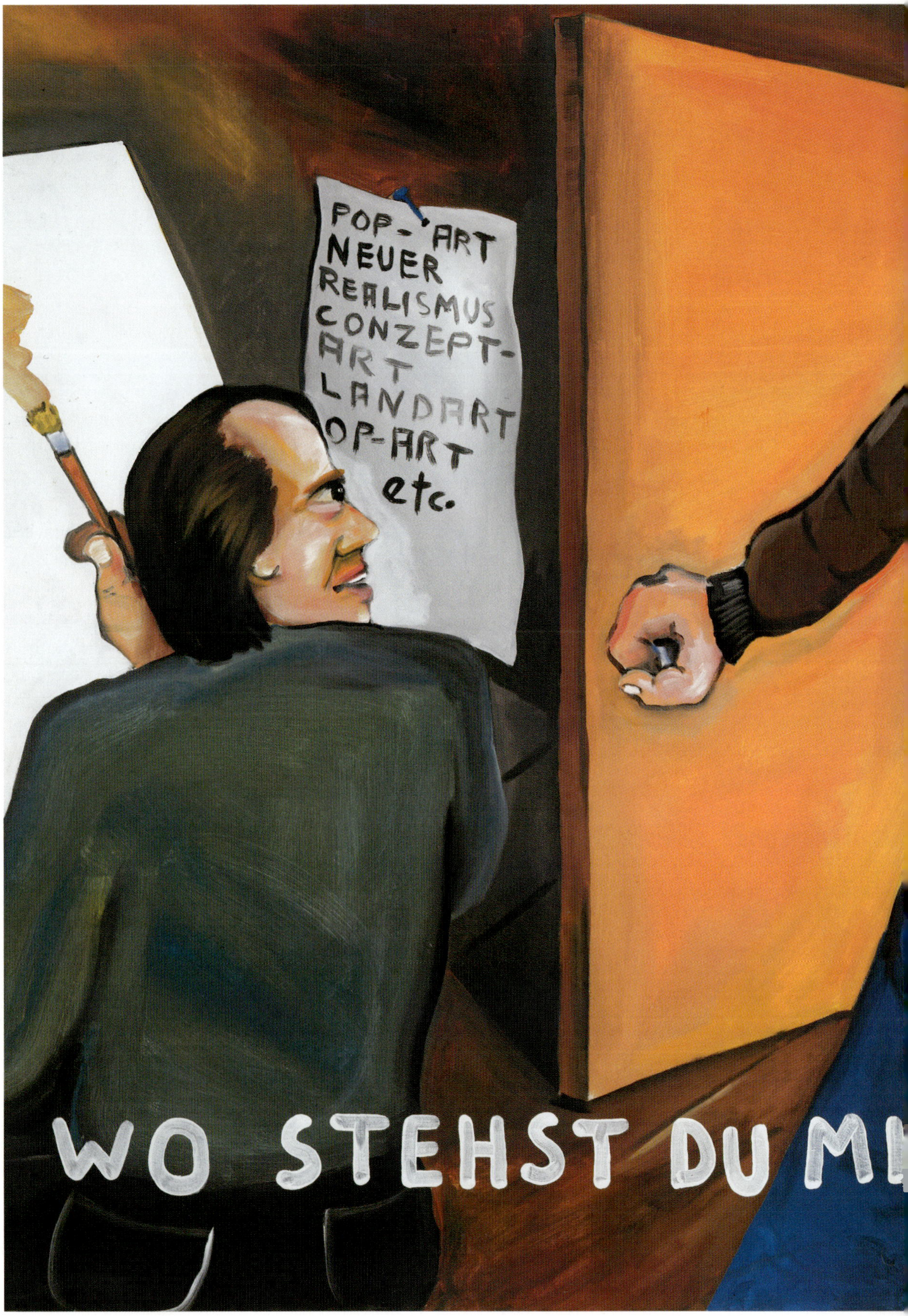

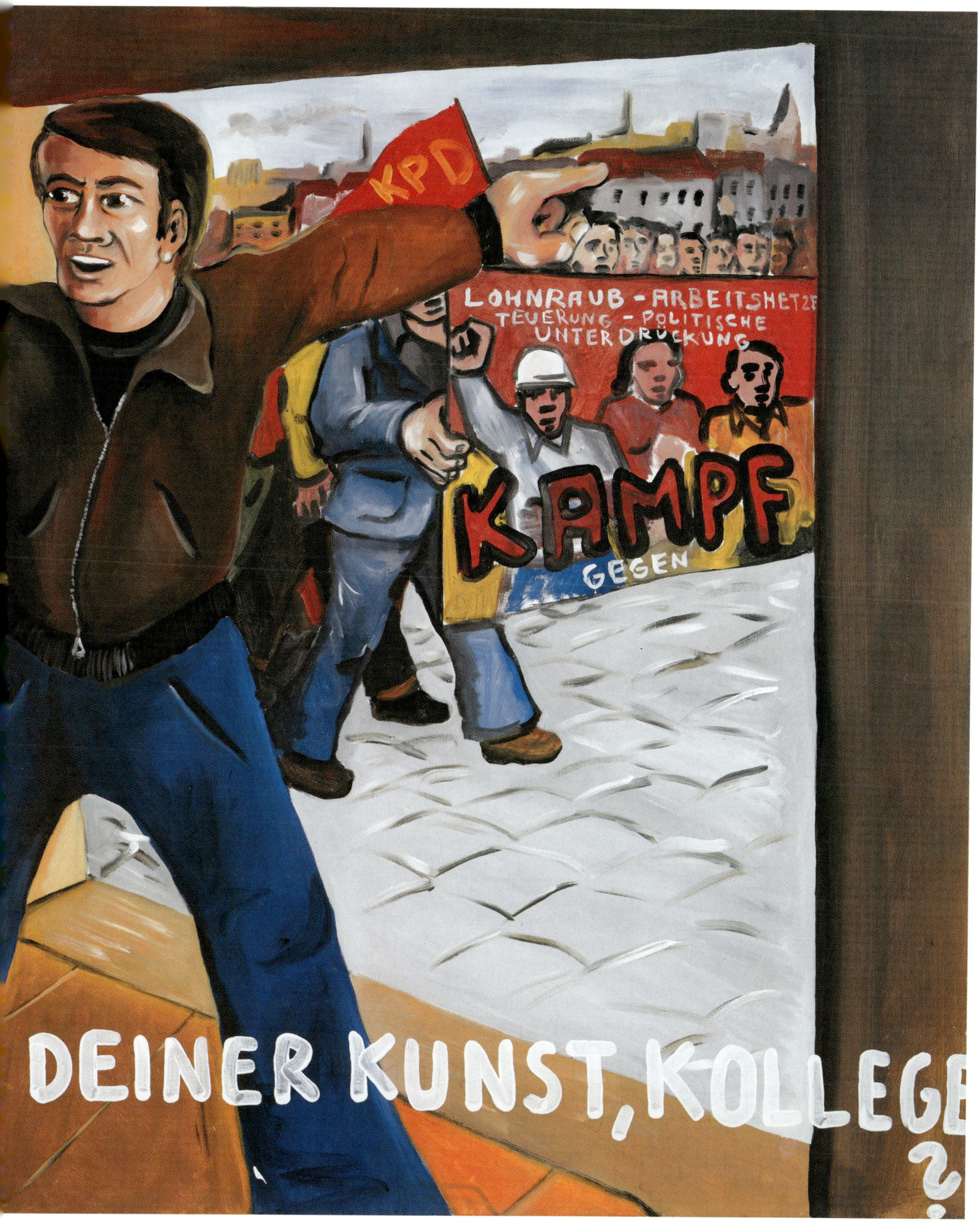
KPD
LOHNRAUB - ARBEITSHETZE
TEUERUNG - POLITISCHE
UNTERDRÜCKUNG
KAMPF
GEGEN
DEINER KUNST, KOLLEGE
?

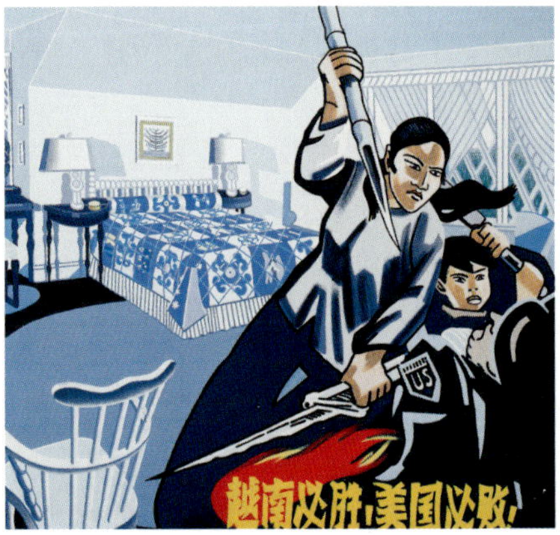

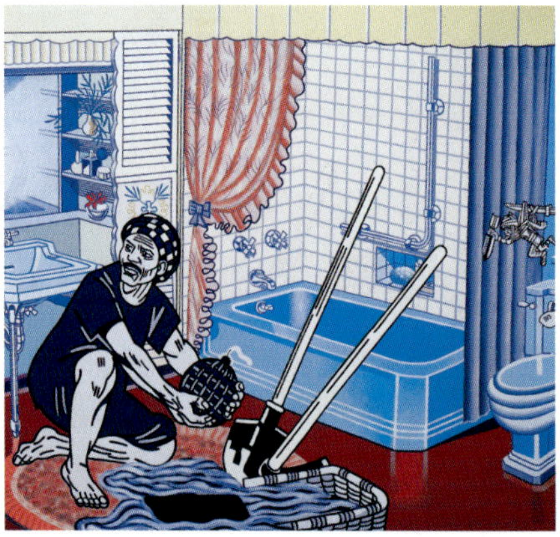

Erró,
»American Intérieur No. 5« und
»American Intérieur No. 9«, 1968

kunst gegen vietnam

Anfang der siebziger Jahre erweist sich die europäische Kulturrevolution von 1967/68 als endgültig gescheitert. Trotz Großer Koalition bleibt die Gesellschaft bürgerlich, in der Kunst hat selbst der lautstark verkündete Bildersturm von Konzeptkunst und Minimal Art der Malerei nicht den Todesstoß versetzen können. Anstelle von ideologischen Gewissheiten werden in den Siebzigern vor allem Fragen formuliert. Immendorff fragt sich vor allem eines: Malerisch oder politisch Farbe bekennen?

Der Vietnamkrieg, in den USA wie in Europa wichtigstes Feindbild der Kunst, ist erst im März 1973 beendet. Malerisch wird er nur in Europa attackiert, vor allem in Frankreich, wo die Gruppe der Figuration Narrative um Erró, Gilles Aillaud oder Gérard Fromanger eine politisch eindeutige, aber auch eindimensionale Malerei pflegt, inspiriert von Medienberichterstattung und Comic Strip.

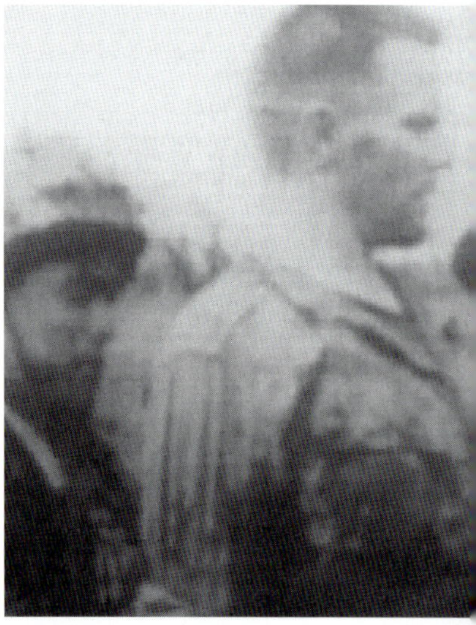

rechts:
Gilles Aillaud, »Vietnam – La Bataille du riz«, 1968;
oben:
die entsprechende Fernsehaufnahme

Der aus Island stammende und in Paris lebende Erró benutzt eine Mischung von Collage und Pop Art für seine bissige Serie der *American Intérieurs*, die 1968 die Vereinigten Staaten politisch angreift und malerisch verewigt. Der Franzose Gilles Aillaud malt 1968 mit *Vietnam – La Bataille du riz* eines der Schlüsselbilder der Kriegsberichterstattung nach. Nachdem in den ersten Jahren nur Fernsehbilder westlicher Agenturen über die europäischen Bildschirme flimmern, ändert sich dies im Kriegsverlauf. Hanoi beliefert die europäischen Medien mit eigenen Bildern, von denen die Filmaufnahmen eines vom Vietkong gefangenen und abgeführten GI um die ganze Welt gehen.

Doch verändert Aillaud die Botschaft dieser Bilder: In den Fernsehaufnahmen lässt der gefangene GI seiner Wut in einer obszönen Geste gegen seine Widersacher freien Lauf. Im Gemälde senkt er den Kopf – er wird zum geschlagenen Soldaten einer geschlagenen Armee.

Solch politisch gut gemeinte Malerei wirkt im Frankreich der 68er-Revolte nur auf bürgerliche Kunstsammler skandalös, die sich weiter mit Picasso und dem Informel beschäftigen. Gesellschaftlich zeigt sie keinerlei Wirkung, dafür ist sie – paradoxerweise – zu plakativ. Da sorgen Werke, die ihren Aufschrei gegen den Vietnamkrieg in nicht malerischen Bildern umsetzen, für sehr viel mehr Aufsehen. Etwa das heute im Kölner Museum Ludwig befindliche *War Memorial* des Amerikaners Ed Kienholz, der lange in Berlin gelebt hat und der in seinen begehbaren Environments Elemente der Pop Art mit sarkastischen Kommentaren zum American Way of Life würzt.

Das *War Memorial* ist eine Mischung aus Gedenkstätte und Café, es erinnert an das Design typisch amerikanischer Restaurants. Jedoch fügt Kienholz Soldaten hinzu, die die Kneipe im Sturm zu nehmen drohen. Und über allem thront Uncle Sam, der damals den jungen Amerikanern unter der Parole »Uncle Sam wants you!« mit Wehrpflicht und Verschiffung nach Asien droht.

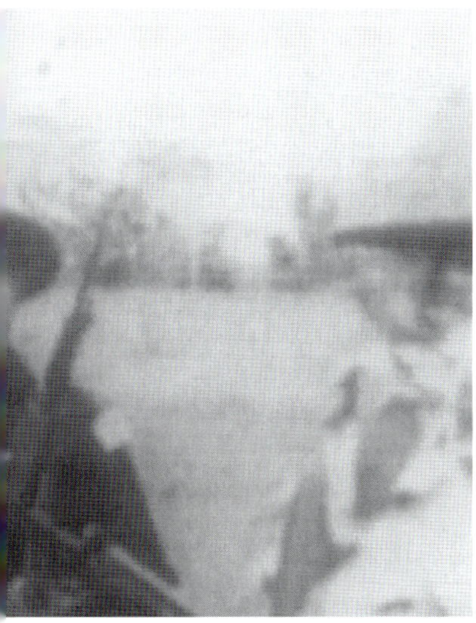

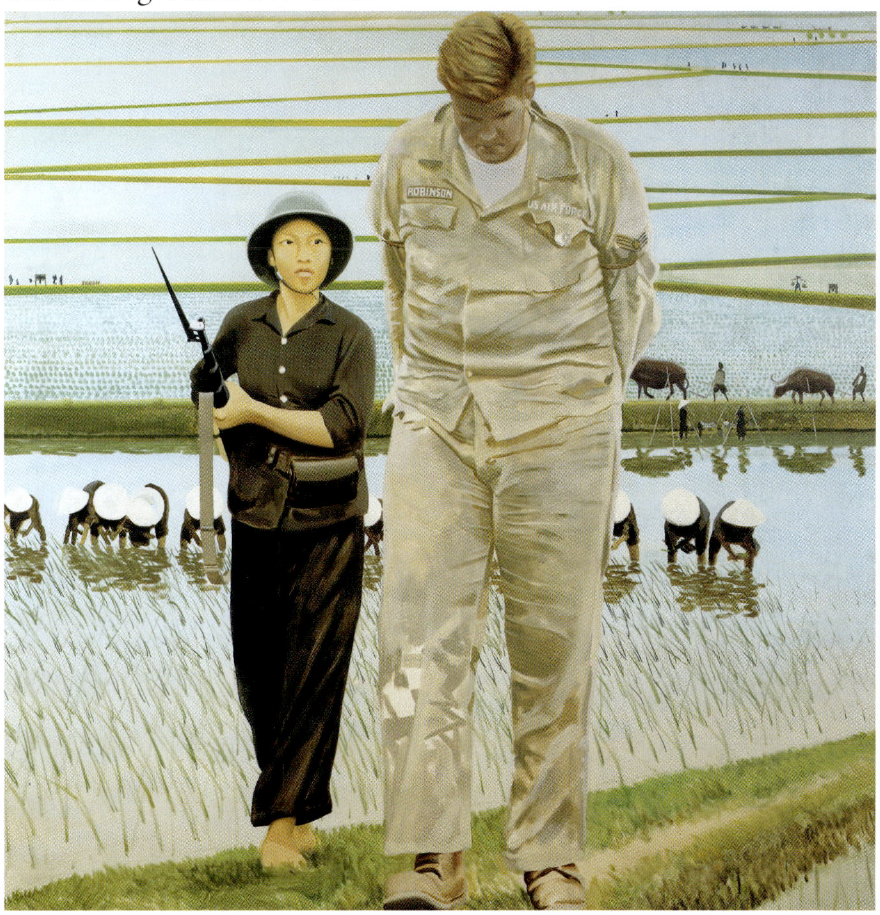

Edward Kienholz,
»The portable War Memorial«,
1968

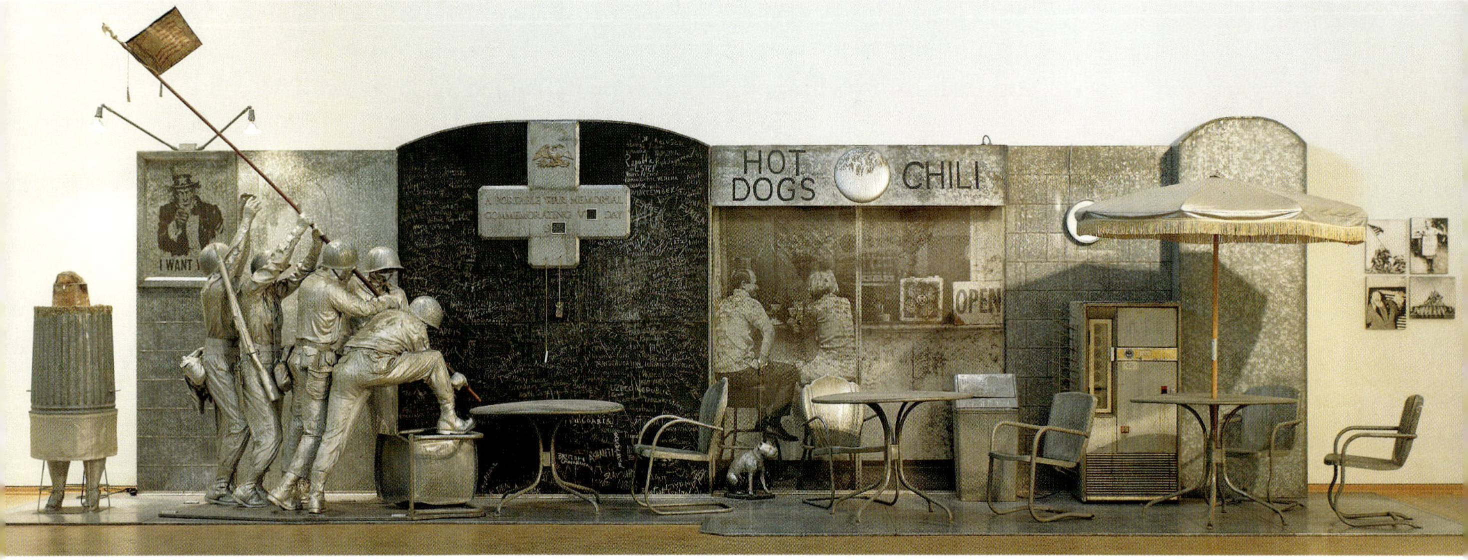

Kienholz – massig, laut, direkt – ist wegen provokativer, oft absichtlich vulgärer Ausfälle in seinem von Puritanismus und Kaltem Krieg geprägten Heimatland lange eine persona non grata der linken Kulturszene geblieben; bekannt wird er durch die Nachstellung einer Bordellszene mit Namen *Roxy*, doch richtet man ihm erst viel später eine längst verdiente Retrospektive im New Yorker Whitney Museum ein. Das ist einer der Gründe, warum er sich nach einem Stipendium entscheidet, in der damals noch amerikanisch »besetzten« Zone Westberlins zu bleiben.

Dort arbeitet er weiter mit realistisch nachgebauten Dekors amerikanischer Klischees wie Kneipe, Puff, Automobil, die zu künstlerischen Environments werden – eine dreidimensionale Pop Art mit gesellschaftskritischen Boshaftigkeiten, die auch das deutsche Exil nicht verschont. Etwa in der Serie *Volksempfänger*, die die populäre Massenkultur der Nazizeit anhand jenes Radiogeräts verdeutlicht, das die Kriegshetze von Goebbels oder Hitler live ans deutsche Volk übertragen hat.

Neben Kienholz wird für mich persönlich Anfang der siebziger Jahre eine Arbeit des Kaliforniers Chris Burden zum aufrüttelndsten Kommentar in Sachen Vietnam. Vor einer Videokamera lässt sich Burden in Los Angeles von einem Freund mit einem Kleinkalibergewehr in den Arm schiessen – Selbstverstümmelung mit der Kriegswaffe, eine blutige Substitution der Politik durch Kunst, die in ihrer Radikalität nicht nur mich, sondern eine ganze Generation von Kunstinteressierten mehr aufschreckt als alle noch so gut gemeinten Gemälde der Franzosen.

Burdens Aktion kommt erst als Gerücht, dann als – technisch mangelhaftes – Video nach Europa, wo nach Günter Brus und den Wiener

Carolee Schneemann, »Snows«, 1967

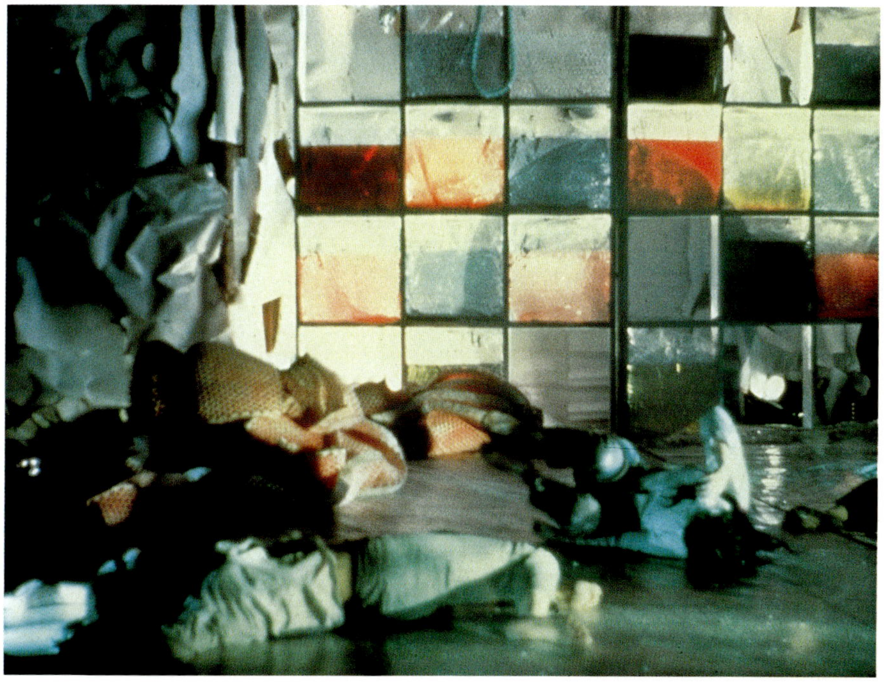

Aktionisten Pariser Künstler wie Gina Pane oder Michel Journiac die Selbstverstümmelung zur Kunstform machen. Doch ist Burdens Arbeit radikaler: Die Zeremonie des künstlerischen Akts dauert nur wenige Sekunden und entbehrt allen ästhetischen Charms. Sie findet unter Ausschluss der Öffentlichkeit statt und wird mit der Waffe ausgetragen – der Künstler spielt die Rolle der Rekruten, die für Uncle Sam in Vietnam bluten müssen.

Bis auf den spektakulären Fall von Chris Burden wird der Vietnam-Protest unkonventioneller amerikanischer Künstler erst sehr viel später in Europa bekannt. Etwa die Aktionen der Guerilla Art Action Group; die Bilder von Leon Golub, der damals gegen alle Trends malt; oder Performances der New Yorkerin Carolee Schneemann, deren Aktionen immer wieder von den amerikanischen Behörden zensiert werden. Ihre Aufführung von *Illinois Central*, einer Diaprojektion mit Gegenüberstellungen von idyllischen amerikanischen Landschaften und Fotos aus dem zerstörten Vietnam, wird 1968 in Chicago verboten, angeblich wegen mangelnder Sicherheitsvorkehrungen. Carolee Schneemann glaubt noch heute, solche angeblich rein bürokratischen Schikanen seien auf ihre Vietnam-Performance *Snows* zurückzuführen, in der sie 1967 während des New Yorker Performance-Festivals *Angry Week* ihren Film *Viet-Flakes* vorführt, eine zusammengeschnittene Horrorschau abgefilmter Pressefotos, die amerikanische Verbrechen in Vietnam zeigen.

Martha Rosler,
aus »Bringing the War home«,
1967–72

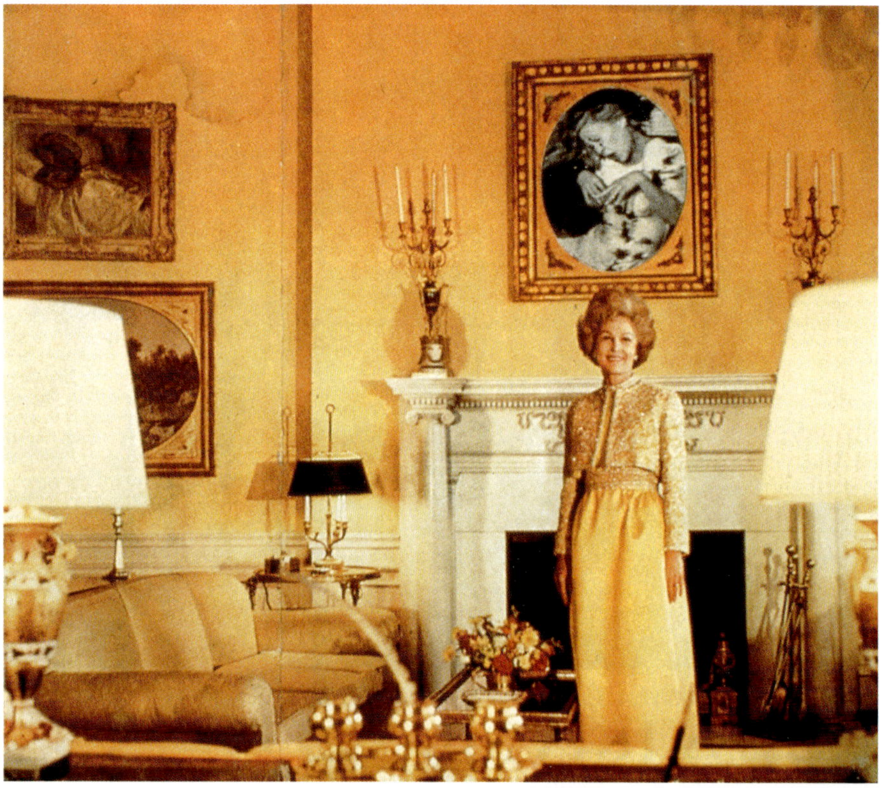

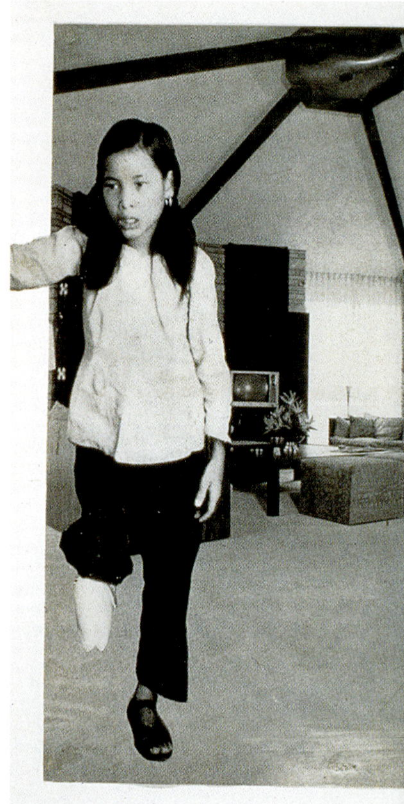

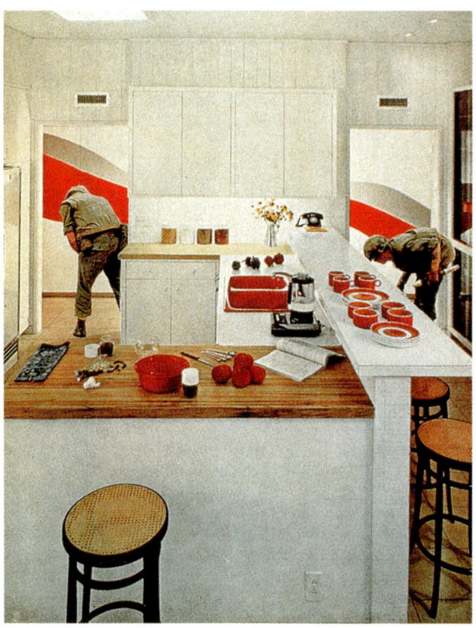

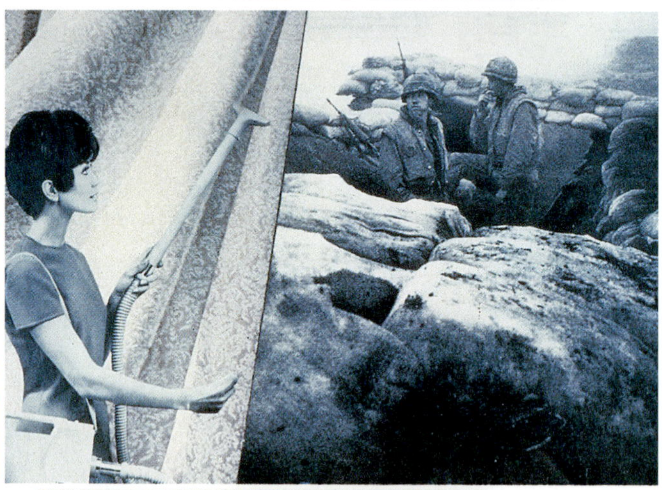

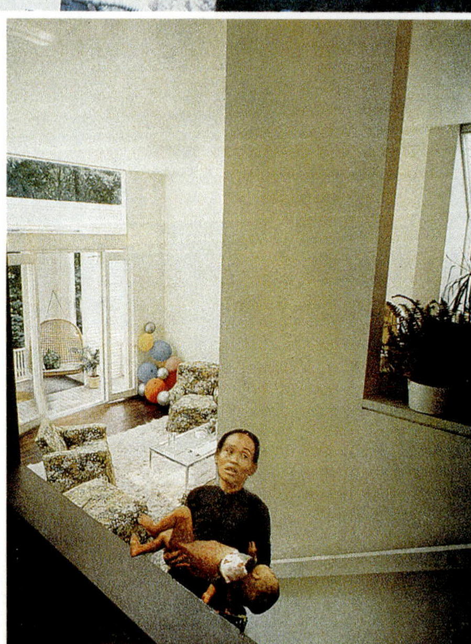

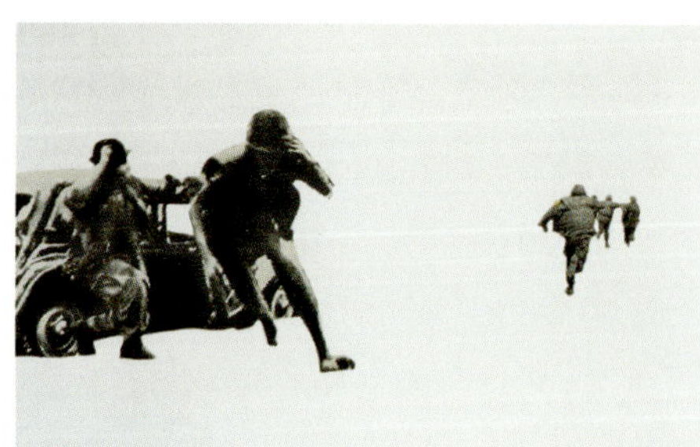

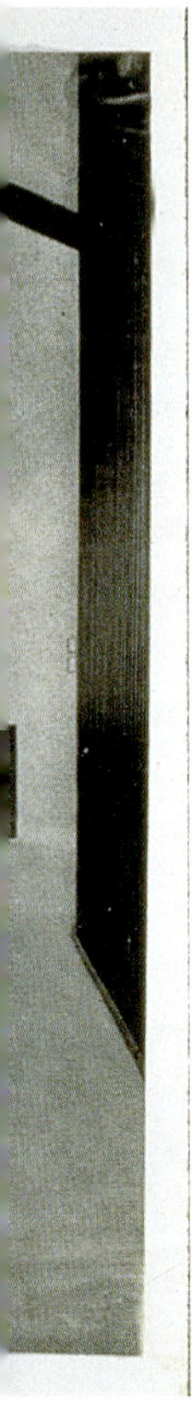

kunst und pathos

Der Vietnam-Protest amerikanischer Künstlerinnen ist ein bisher nur wenig erforschtes, aber faszinierendes Kapitel der Kunstgeschichte. Antikriegs- und feministische Kunst führen zu besonders radikalen – und künstlerisch überzeugenden – Resultaten, die vom damaligen Amerika aus politischen, aber auch sexistischen Gründen totgeschwiegen werden.

Die bekannteste Arbeit zu diesem Thema, *Bringing the War home*, stammt von Martha Rosler, die Medienmaterial aus Kriegsberichterstattung, Frauen- und Wohnmagazinen zu Collagen montiert. Soldaten in voller Rüstung stehen plötzlich in Mutters schicker Bauknecht-Küche; oder sie liegen, Maschinengewehr im Anschlag, hinter einem Designersofa.

Rosler sucht nicht die zeitlose Auseinandersetzung mit dem Thema Krieg, sondern sie spiegelt ihre Epoche und deren vermeintliche kulturelle Unschuld. In die für die Gattinnen reservierten Jagdgründe der Hausarbeit dringen kämpfende Mannsbilder in Uniform ein, die statt mit dem Staubsauger mit Granatwerfern hantieren.

Auch Roslers Video *Alphabet of the Kitchen* behandelt geschlechtsspezifische Konflikte. Martha Rosler steht frontal zur fixen Kamera hinter einem Küchentisch und mimt mit Hilfe von Pfannen, Teigrollen und Brotsägen das Alphabet von A bis Z. Ein künstlerischer zweiter Bildungsweg für das angeblich schwache Geschlecht, das den letzten Buchstaben Z bedrohlich mit dem Fleischermesser in die Luft ritzt.

Martha Rosler wohnt heute im New Yorker Stadtteil Brooklyn. Als ich sie 1996 besuche, steht sie nach einer langen Karriere ohne feste Galerie endlich vor ihrer Wiederentdeckung. Durchgeschlagen hat sie sich in den Jahren, als männliche Malerkollegen die Galerien stürmten, durch Kunstunterricht an New Yorker Gymnasien. Humorvoll, dem kommerziellen Kunstmarkt weit entrückt, zeigt sie mir Fotos von Inneninstallationen zum Thema Obdachlosigkeit. An die Wand gemalte Schlagworte, Zeitungsausrisse, Diaprojektionen, Statistiken und nachgebaute Pennerecken werden zu begehbaren Environments einer neuen Art der soziologischen Kunst.

In den achtziger Jahren benutzt Martha Rosler auch Werbeplakate und die großen Leuchtreklamen am New Yorker Times Square für Arbeiten über Immobilienspekulation in Manhattan. Das Verfahren, im öffentlichen Raum mit ansonsten für Reklame oder Börsennachrichten verwendeten Leuchtschriften zu experimentieren, hat Martha Rosler mit ihrer jüngeren Kollegin Jenny Holzer gemein, die schon 1979 den Times Square mit ihren heute berühmten *Truisms* bespielt, einer Art trivialen Alltagspoesie sprachlicher Gemeinplätze.

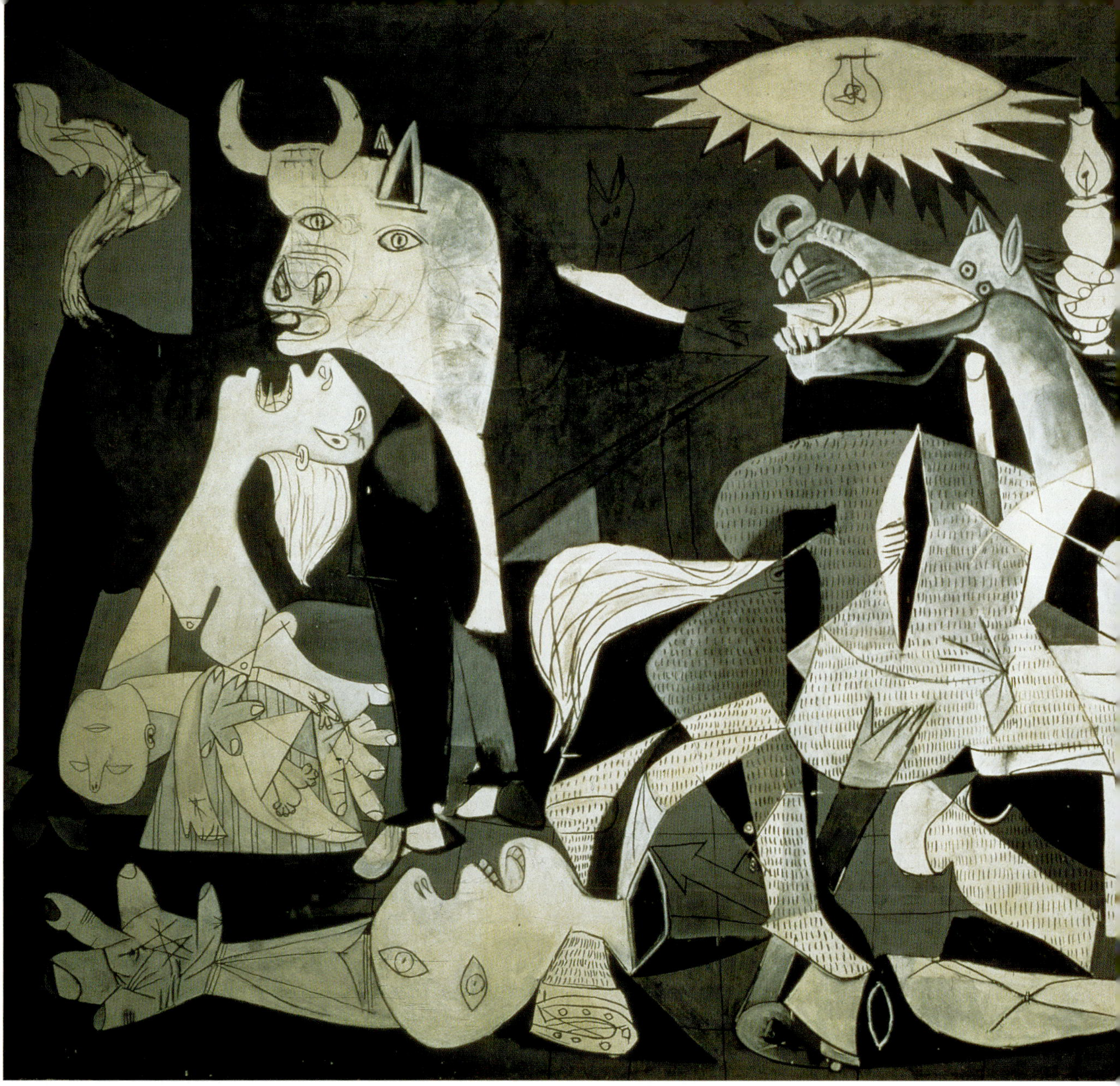

ein historisches vor-bild:
pablo picasso, guernica, 1937

Am 26. April 1937 wird die baskische Stadt Guernica von der deutschen Luftwaffe, die an der Seite des Generals Franco gegen die Republikaner kämpft, zerstört. Der in Paris lebende Pablo Picasso benutzt Fotos des Luftangriffs, veröffentlicht in der vom Dichter Louis Aragon herausgegebenen Tageszeitung Ce Soir, für ein großes Gemälde, das die damalige republikanische Regierung in Madrid für die Pariser Weltausstellung bei ihm bestellt hat. *Guernica* illustriert das grauenvolle Massaker und zeigt unter anderem eine Mutter mit ihrem toten Kind. Es greift aber auch eine Reihe von Motiven wie Stier und Pferd oder einen behelmten Krieger auf, die Picasso schon in vorherigen Werken wie der *Kreuzigung* von 1930 benutzt hat. Die Entstehung des Werks wird in allen Phasen von seiner damaligen Gefährtin Dora Maar fotografisch dokumentiert.

Guernica von Pablo Picasso wird wie geplant im Spanischen Pavillon der Weltausstellung gezeigt und stößt auf erbitterte Kritik vor allem seitens

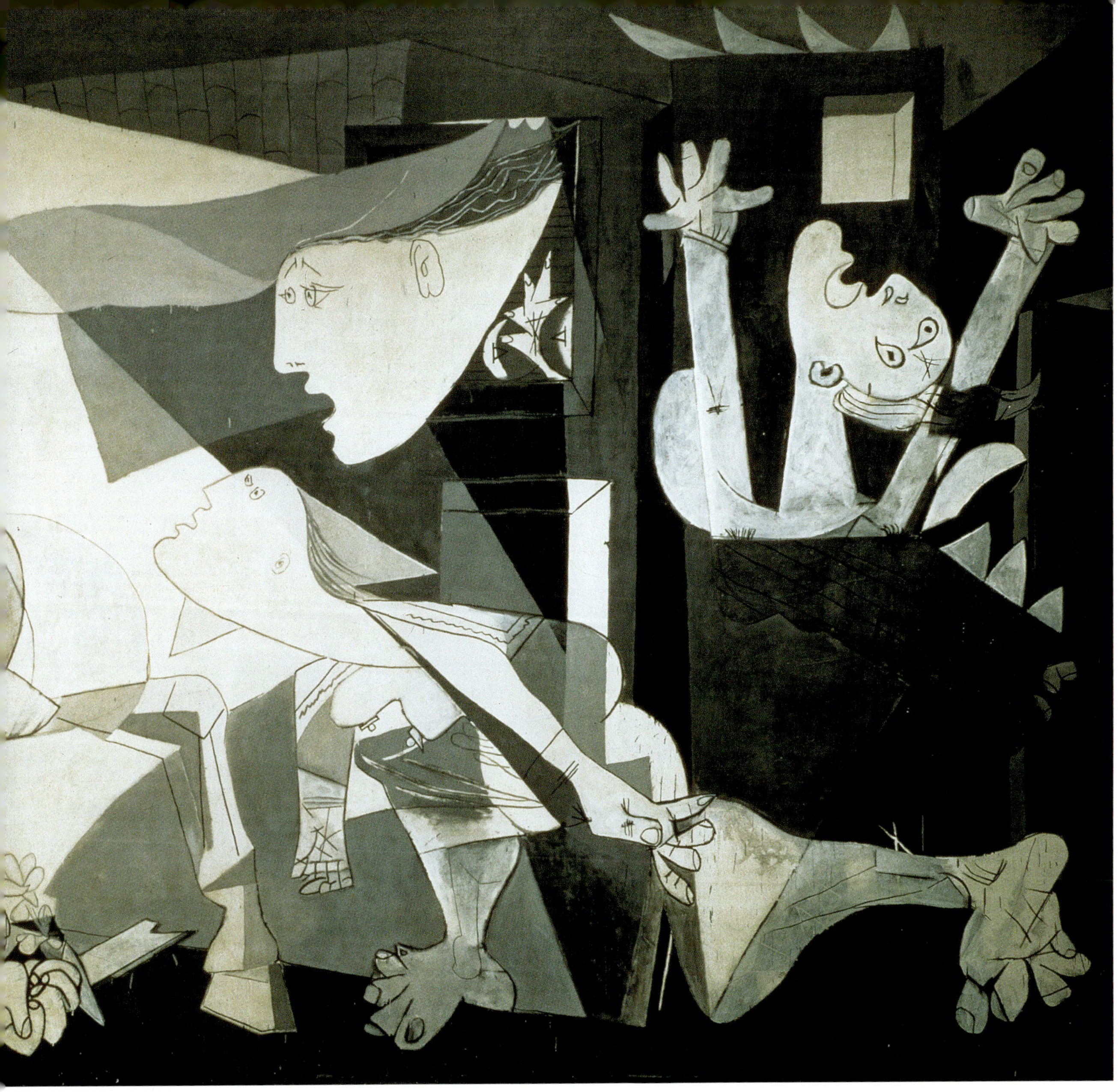

der französischen Kommunisten und der spanischen Republikaner, die das Bild für »antisozial, lächerlich und ungeeignet für das geistige Wohl des Proletariats« halten. Selbst die Kunstkritik kommt mit dem Werk nicht klar, da Picassos Arbeit der dreißiger Jahre nur bedingt bekannt ist und viele im falschen Glauben reagieren, Picasso habe sich bisher allen inhaltlichen Interpretationsversuchen verweigert.

Trotzdem geht das Bild auf Tournee durch Europa und bis nach New York, wo es im Museum of Modern Art verbleibt, da es, auf Picassos ausdrücklichen Wunsch, erst wieder in Spanien hängen soll, wenn »die öffentliche Freiheit wiederhergestellt ist«. Dies geschieht nach Francos Tod. Der Direktor des MoMA, William Rubin, überstellt als Testamentsvollstrecker Picassos das inzwischen berühmte und akzeptierte Gemälde 1981 an den Prado. Heute hängt es im Museo Nacional Centro de Arte Reina Sofía in Madrid.

Ähnlich wie Rosler stammt Jenny Holzer aus der feministischen Nische der New Yorker Kunstszene, doch hat auch sie sich schnell von jedem militanten Feminismus freigemacht. Holzer findet Inspiration bei der ursprünglich jedem Netzhautreiz misstrauenden Konzeptkunst eines Joseph Kosuth, die sie mit digitalen Medien und schlagwortartigen Werbesprüchen koppelt. Sätze wie *Money creates taste* stellen die Konsumgesellschaft in Frage; andere beschäftigen sich mit der Rolle der Frau in der Gesellschaft, mit sozialen Randgruppen und – natürlich – Krieg.

Holzer lebt mit ihrem Mann, einem Maler, und ihrer Tochter rund drei Autostunden nördlich von New York auf einer klassischen amerikanischen Ranch: Pferdekoppeln, Ställe, ein grau gestrichenes Wohnhaus mit kleinen, schlichten Räumen, dazu ein graues Atelierhaus. Das mit dem klassischen Arbeitsplatz des Künstlers wenig zu tun hat. Es besteht aus vier Büros, in denen Assistentinnen an Computern Korrespondenzen beantworten, Projekte logistisch vorbereiten und Entwürfe umsetzen.

»Meine Arbeit hat sich von einer abstrakten zu einer – meiner Ansicht nach – sehr persönlichen, soziale und politische Themen behandelnden Form entwickelt«, sagt Jenny Holzer. »Das hat natürlich auch mit meiner persönlichen Entwicklung zu tun. Damit, dass ich in den turbulenten sechziger Jahren politisch wach wurde. Und in den Fünfzigern mit zu viel Kriegsfilmen gefüttert wurde.«

Die Anspielung auf die Kriegsfilme bezieht sich auf eine Arbeit Jenny Holzers aus dem Jahre 1994, die im Magazin der Süddeutschen Zeitung erstmals vorgestellte Serie *Lustmord.* Thema ist der Bosnienkrieg, den damals kaum ein Künstler umsetzt. Holzer gibt erstmals ihre karge, konzeptorientierte Sprachkunst zugunsten einer theatralischen visuellen Installation auf, in der Fotos von mit Blut auf Haut geschriebenen Sätzen zusammen mit Ensembles von Skelettknochen ausgestellt werden.

Im SZ-Magazin werden vor allem die Hautfotos veröffentlicht.

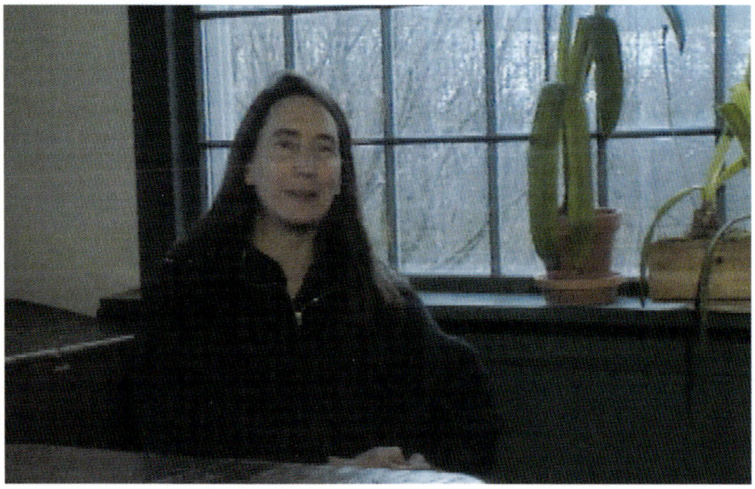

»Für mich braucht jedes Jahrzehnt eine gewisse Anzahl Künstler, die sich mit politischen und sozialen Themen beschäftigen. Trotzdem wäre es natürlich schrecklich, wenn jeder das täte. Für mich ist heutzutage genug Raum und Material für alle da. Schließlich kann man ja nicht gerade behaupten, in den Neunzigern wären irgendwelche Misstände geheilt worden. Und ich glaube, Frauen fühlen sich zu solchen Themen nicht nur aus biologischen Gründen, die ja offensichtlich sind, besonders stark angezogen. Schließlich schenken Frauen Leben und leiden dabei. Aber sie engagieren sich auch aus sozialen Gründen; sie können die Opfer sozialer Missstände verstehen, weil sie selbst gewöhnlich Opfer sind, in wirtschaftlicher und sexueller Hinsicht. Deshalb ist es nicht zu weit hergeholt für Frauen, sich um Themen wie universelles Leid und Ungerechtigkeit zu kümmern. Es ist Teil ihres Alltags.«

Jenny Holzer

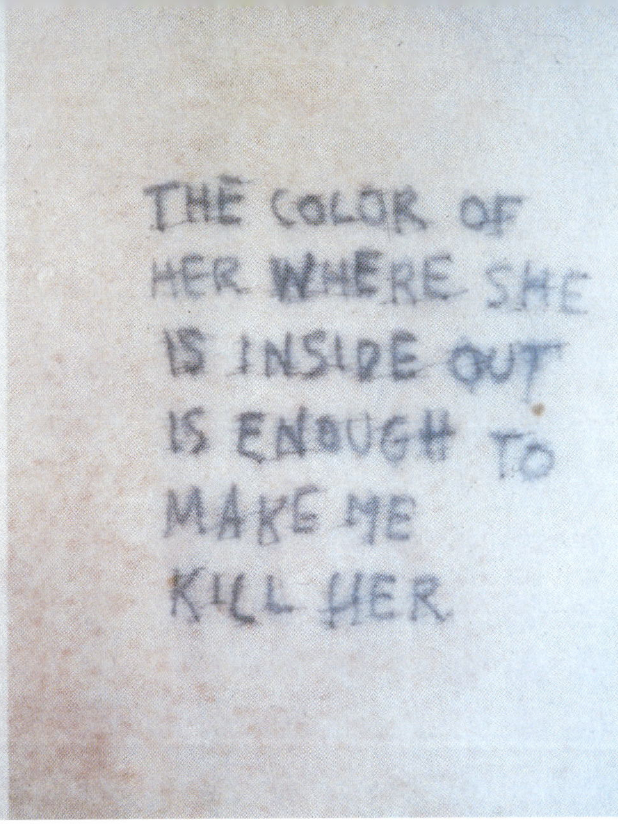

Jenny Holzer, »Lustmord«, 1993–94
links:
Jenny Holzer auf ihrer Farm in Hoosick Falls (Videostill)

Nackte Haut ist beschriftet, so Jenny Holzer, mit dem Blut im Krieg vergewaltigter Frauen. Holzers Arbeit provoziert nicht nur Protest seitens serbenfreundlicher Politiker, sondern vor allem Unbehagen in der Kunstszene. Als wären die eingesetzten formalen Mittel – Blut, Haut, Erzählungen von Opfern – zu pathetisch für ein am Minimalismus geschultes westliches Publikum.

Aber kann man angesichts von Krieg, Mord, Vergewaltigung überhaupt von zu viel Pathos sprechen? Kann eine formal abgekühlte Form engagierter Kunst in Zeiten von Internet, verführerischen MTV-Clips und leicht sättigender Unterhaltungsindustrie überhaupt noch greifen?

Jenny Holzer lässt die von den Massenmedien lange übersehenen Opfer des Krieges, die Frauen der Besiegten, zu Wort kommen. Weil diese, wie sie sagt, nicht nur im Ausnahmefall Krieg die Opferrolle spielen müssen. Und weil der Krieg der Männer immer auch das Blut der Frauen kostet. Bewusst wählt eine bisher als schwierig geltende Künstlerin den Weg simpler Dramatik – und befindet sich damit in bester Gesellschaft. Denn haben nicht vor ihr schon andere Künstler, allen voran Pablo Picasso, ihren strengen formalen Pfad zeitweise verlassen, um das schrecklichste Kapitel der Politik, den Krieg, auf effektvolle, jedes Schamgefühl verletzende und dennoch anspruchsvolle Art nicht nur in das Hirn, sondern auch in das Herz des Publikums zu tragen?

Offensichtlich ist die Kunst am Ende des 20. Jahrhunderts eingängiger geworden, zugänglicher. Sie will das Publikum nicht mehr vor den

Kopf stoßen, wie in den militanten sechziger und den experimentellen siebziger Jahren, sondern in einen Dialog verwickeln. Kommunikation anstelle von Provokation. Das gilt für die zeitgenössische Kunst, aber auch für Architektur, Literatur, Kino. Es werden wieder Geschichten erzählt – das geht auf Kosten neuer, radikaler Formen.

»Ich trage mit meiner Kunst eine Verantwortung, ich bemühe mich um bestimmte Inhalte, und ich möchte am Ende meines Lebens rückblickend das Gefühl haben, dass ich innerhalb des zwanzigsten Jahrhunderts auf kulturelle Fragen und Verschiebungen geantwortet habe.«
Katharina Sieverding

Vor knapp hundert Jahren begann das 20. Jahrhundert mit dem radikal bunten, gegen alle Konventionen gemalten Fauvismus, einer Bewegung, die als Namen ein von der Kunstkritik erfundenes Schimpfwort trägt. Die offiziellen Heroen des 19. Jahrhunderts waren damals der Revolutionen müde; sie malten zum Beispiel perfekt schöne, sentimentale Seerosen. Und wann wird das 21. Jahrhundert künstlerisch beginnen?

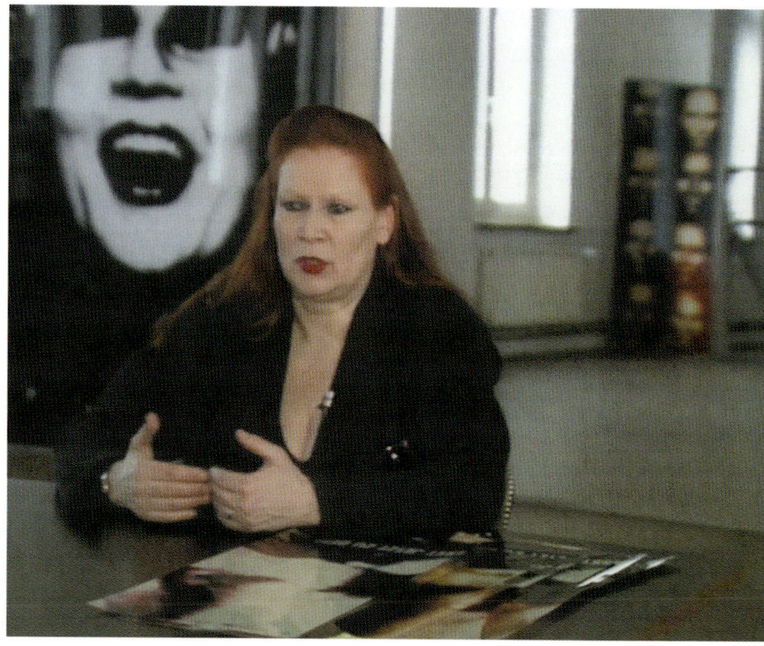

Katharina Sieverding in ihrem Düsseldorfer Atelier (Videostill)

»Es hat bereits begonnen«, erklärt 1997 stellvertretend für viele Künstler seiner Generation der Franzose Christian Boltanski, Jahrgang 1944. »Das 20. Jahrhundert ist mit dem Fall der Mauer und dem Ende des Kommunismus abgeschlossen. Jetzt sind keine großen ideologischen Systeme, keine allumfassenden Visionen mehr gefragt, sondern Alltagsthemen. Kunst über Menschen wie dich und mich. Meine Studenten machen politische Kunst, aber ohne politische Ideen. Sie entwerfen keine großen Utopien mehr, sondern kleine Modelle, die Alltag und Wirklichkeit zu verbessern suchen. Anstelle von Politik ist die heutige Kunst geprägt von der Utopie des Nächsten. Wir wollen keine Kopfkunst mehr – wir wollen die Leute berühren.«

Für Christian Boltanski, Jenny Holzer, aber auch Jörg Immendorff und sogar Hans Haacke sind seit den neunziger Jahren Politik und Gefühl in der Kunst unzertrennlich geworden.

Künstlerregister

Bildnachweis

Seite 2, 23, 33, 35: Courtesy Annette Messager, Paris; Seite 9, 69, 106, 117, 155: Musée national d'art moderne, Paris; Seite 13: Christie's, New York; Seite 14/15, 126, 162/163: Ludwig Forum für Internationale Kunst, Aachen, Fotos: Anne Gold; Seite 24, 25, 183: Courtesy Carolee Schneemann; Seite 26, 30/31: Art+Commerce Anthology Inc; Seite 32: Courtesy Gary Gross; Seite 36/37: Musée d'Orsay, Paris, Foto: Réunion des Musées nationaux, H. Lewandowski; Seite 38: Privatsammlung; Seite 40/41, 43, 44: Courtesy Jürgen Klauke, Köln; Seite 49: © Georg Baselitz, Derneburg, Courtesy Galerie Michael Werner Köln und New York; Seite 50: © Georg Baselitz, Derneburg, Foto: Regine Esser; Seite 53, 54: © Georg Baselitz, Derneburg, Foto: Frank Oleski; Seite 56: Museum Ludwig, Köln, © Georg Baselitz, Derneburg, Foto: Jochen Littkemann; Seite 58: Foto: Manfred Leve; Seite 60, 151: Museum Moderner Kunst Stiftung Ludwig, Wien; Seite 73, 146: Courtesy Jochen Gerz, Paris; Seite 75, 76, 79, 81, 82, 84: © Daniel Buren, Paris; Seite 87: Richard Serra, New York, Foto: Alexander von Berswordt; Seite 88, 92, 95: Courtesy Richard Serra, New York, Fotos: Dirk Reinartz, Buxtehude; Seite 89, 97: Marie de Paris; Seite 91: Courtesy Richard Serra, New York, Foto: Anne Chauvet; Seite 98, 100, 120, 122, 123, 152, 156/157, 182: Museum Ludwig, Köln, Fotos: Rheinisches Bildarchiv; Seite 99: Landesbildstelle Berlin; Seite 103, 104, 105, 169: Courtesy Hans Haacke, New York; Seite 114/115: Courtesy Bertrand Lavier; Seite 125: Kunsthalle Tübingen; Seite 128, 129, 135: Galerie ARLOGOS, Paris, Foto: Courtesy galerie ARLOGOS; Seite 137, 138/139, 140/141: Courtesy Christian Boltanski; Seite 142: Hamburger Kunsthalle, Foto: Elke Walford; Seite 145: Courtesy Wulf Herzogenrath; Seite 165: © Markus Lüpertz, Galerie Michael Werner Köln und New York; Seite 158/159: Courtesy Katharina Sieverding, Düsseldorf; Seite 170/171: ARGE Reichstag Kunstprojekt, Foto und Simulation: Bertram Hesse, Berlin; Seite 175, 176, 178/179: © Jörg Immendorff, Galerie Michael Werner Köln und New York; Seite 180: Courtesy Erró; Seite 181: Collection René Schneider, Paris, Courtesy Galerie de France, Paris, Foto: Archives Galerie de France; Seite 184/185: Jay Gorney Modern Art, New York; Seite 186/187: Museo Nacional Centre de Arte Reine Sofía, Madrid; Seite 189: Courtesy Jenny Holzer. Alle Videostills stammen aus Filmen von Heinz Peter Schwerfel.

Copyrightnachweis